本书受教育部人文社会科学研究青年项目（14YJC790014）资助

税制结构转型与经济发展方式转变

——中国税制与经济发展方式转变的协调性研究

陈少克　著

中国经济出版社
CHINA ECONOMIC PUBLISHING HOUSE
·北　京·

图书在版编目（CIP）数据

税制结构转型与经济发展方式转变：中国税制与经济发展方式转变的协调性研究／陈少克著．
—北京：中国经济出版社，2019．8
ISBN 978－7－5136－5718－1

Ⅰ．①税… Ⅱ．①陈… Ⅲ．①税收改革—研究—中国 Ⅳ．①F812．422

中国版本图书馆 CIP 数据核字（2019）第 109240 号

责任编辑　赵静宜
责任印制　巢新强
封面设计　华子图文

出版发行　中国经济出版社
印 刷 者　北京九州迅驰传媒文化有限公司
经 销 者　各地新华书店
开　　本　710mm×1000mm　1/16
印　　张　17．75
字　　数　264 千字
版　　次　2019 年 8 月第 1 版
印　　次　2019 年 8 月第 1 次
定　　价　68．00 元
广告经营许可证　京西工商广字第 8179 号

中国经济出版社　**网址** www．economyph．com　**社址** 北京市西城区百万庄北街 3 号　**邮编** 100037
本版图书如存在印装质量问题，请与本社发行中心联系调换（联系电话：010－68330607）

目录

第一章　导论

第一节　研究的背景和意义

对税收问题的研究往往都是在两个基本思路的矛盾与交织中进行的：其一，追求税制本身的完美性；其二，追求税制作用的合意性。完美的税收制度往往在其作用效果上并不尽如人意，而作用相对比较合意的税收制度又往往会在税收制度的层面存在诸多不足。于是，对税收问题的研究就一直在这样的冲突中行进着，当然，也确实是在进步着。本书的研究也不能逃出上述的矛盾与交织：税制需要转型，经济发展方式需要转变，税制转型要和经济发展方式协调起来。本书写作的过程中，一直在思考的问题是怎样能让税制结构本身美一点？怎样将税制结构问题与经济发展方式转变结合起来，让它们共同美一点？

一、税制结构调整需要整体性统筹考虑

我国现行税制是 1994 年分税制改革确立的，此后，税制的调整完善一直进行着。2003 年 10 月在《中共中央关于完善社会主义市场经济若干问题的决定》中，以“分步实施税收制度改革”为标题，将税制改革的主要内容概括为 8 个项目，即按照“简税制、宽税基、低税率、严征管”的原则，改革出口退税制度、统一各类企业税收制度、增值税转型改革、完善消费税、改进个人所得税、实施城镇建设税费改革、条件具备时对不动产开征统一规范的物业税、赋予地方适当的税政管理权等。2008 年末举行的

中央经济工作会议，则围绕保持经济平稳较快发展这一经济工作的首要任务，推出了“结构性减税”。其它税制领域的改革也在不断地推进：废除了农业税，统一了内、外资企业的所得税制度，推进了生产型增值税向消费型增值税的转型，调整消费税政策，进一步增强了消费税的调控功能，不断修订了个人所得税法等。然而，这些调整和改革仍然停留在对原有税制结构框架“小修小补”的状态，中国流转税独大的局面依然如故，以流转税为主体的税制结构没有发生根本性变化（见表1－1）。

表1－1　我国国内流转税和所得税的比重对比　　单位：亿元

年份	税收总额	国内增值税	营业税	国内消费税	关税	流转税比重	企业所得税	个人所得税	所得税比重
2002	17636.45	6178.39	2450.33	1046.32	704.27	72.21%	3082.79	1211.78	24.35%
2003	20017.31	7236.54	2844.45	1182.26	923.13	77.56%	2919.51	1418.03	21.67%
2004	24165.68	9017.94	3581.97	1501.9	1043.77	80.78%	3957.33	1737.06	23.56%
2005	28778.54	10792.11	4232.46	1633.81	1066.17	78.99%	5343.92	2094.91	25.85%
2006	34804.35	12784.81	5128.71	1885.69	1141.78	77.25%	7039.6	2453.71	27.28%
2007	45621.97	15470.23	6582.17	2206.83	1432.57	72.44%	8779.25	3185.58	26.23%
2008	54223.79	17996.94	7626.39	2568.27	1769.95	71.49%	11175.63	3722.31	27.47%
2009	59521.59	18481.22	9013.98	4761.22	1483.81	72.40%	11536.84	3949.35	26.02%
2010	73210.79	21093.48	11157.91	6071.55	2027.83	72.13%	12843.54	4837.27	24.15%
2011	89738.89	24266.63	13679.00	6936.21	2559.12	71.18%	16769.64	6054.11	25.43%
2012	100614.28	26415.51	15747.64	7875.58	2783.93	70.45%	19654.53	5820.28	25.32%
2013	110530.70	28810.13	17233.02	8231.32	2630.61	67.38%	22427.2	6531.53	26.20%
2014	119175.31	30855.36	17781.73	8907.12	2843.41	65.95%	24642.19	7376.61	26.87%
2015	124922.20	31109.47	19312.84	10542.16	2560.84	64.11%	27133.87	8617.27	28.62%
2016	130360.73	40712.08	11501.88	10217.23	2603.80	62.89%	28851.36	10088.98	29.87%

说明：表中流转税比重测算中流转税总额包括国内增值税、国内消费税、营业税、进口环节增值税和消费税以及关税、烟叶税和城市维护建设税。

资料来源：《中国统计年鉴2016》。

近年来，随着在个人所得税、增值税、营业税、资源税、房产税等领域的调整不断推进，税制改革的力度在不断加大，但问题是，这些短期的调整与长期改革的目标能否一致？虽然，对于中国税制改革的长期目标是

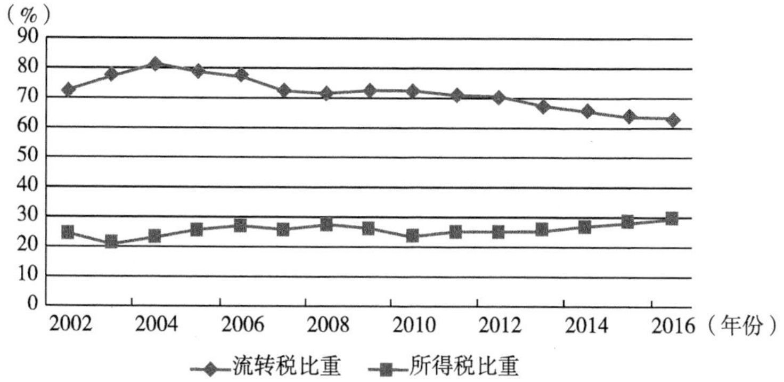

图 1-1　我国流转税与所得税占比（2002—2016）

什么，这一问题，我们无法明判，但从对税制结构发展趋势的相关研究中可以发现这些短期调整的背离之处（安体富，2010；安毅，2010；朱志刚，2011；崔志坤，经庭如，童大龙，2012；陈少克，陆跃祥，2012；等）。“十三五”规划中提出了建立现代税收制度的基本要求，即“按照优化税制结构、稳定宏观税负、推进依法治税的要求全面落实税收法定原则，建立税种科学、结构优化、法律健全、规范公平、征管高效的现代税收制度，逐步提高直接税比重。”尽管如此，如何科学界定现代税收制度，如何推进直接税比重的提高等问题仍处于摸索之中，中国税制结构转型还缺乏整体性的科学规划。同时也说明，税制结构转型是一个整体性的研究课题，忽视其中任何一个环节都将损害理论研究的科学性，都将对税制改革实践造成一定的危害。

二、税制结构调整需要与经济发展方式结合起来

一个国家的税制结构要与一个国家经济社会发展阶段相一致、相协调。因而，对税制结构的研究过程实际上也是结合本国国情对经济发展规律进行深入分析和研究的过程，因此，税制结构转型即是使一个国家的税制结构与其发展战略相协调的过程。中国共产党十七次全国代表大会报告指出，实现未来经济发展目标，“要在加快转变经济发展方式、完善社会主义市场经济体制方面取得重大进展”。因此，要加快转变经济发展方式，

推动产业结构优化升级。2010 年 10 月《国务院关于加快培育和发展战略性新兴产业的决定》中将战略性新兴产业定义为“以重大技术突破和重大发展需求为基础，对经济社会全局和长远发展具有重大引领带动作用，知识技术密集、物质资源消耗少、成长潜力大、综合效益好的产业”，[①] 并以此明确了我国未来产业发展的重点，即通过战略性新兴产业国际竞争力的提升带动我国整体国际竞争力水平的提升，以保持我国经济持续平稳快速发展。这一发展战略如何在税制结构调整中得以体现是一个重大的现实问题。与促进战略性新兴产业发展、加快经济发展方式转变相适应，调整中国税制结构已经成为一种社会共识。

虽然现有许多研究已经提出了发展战略性新兴产业的税收政策（蒋震，梁军，2010；杨森平，黎志杰，2011；邓宝生，2011；付广军，2011；尹小平，苏扬，2012；柳光强，田文宠，2012；等），许多学者已经对促进经济发展方式转变的税收对策进行了研究（岳树民，刘方，2010；刘海峰，2010；倪红日，靳军，2011；丛明，2011；等），但针对这些对策性研究，我们应该有一个基本的认识，即与我国新时期发展战略相适应的税制调整不能仅仅停留在对现有税制规则（特别是税收优惠条款）调整的层面上。特别是，目前以流转税为主的税制结构将税源集中在企业和产业，使企业成为 90% 的税收的纳税人（高培勇，2015），不但提高了企业的（名义）税负水平，也在一定程度上阻碍了企业创新能力的提升。同时，这种税制结构强化了区域之间对企业和产业的争夺，恶化了区域竞争格局，这构成了经济发展方式转变的税制制约。在经济进入新常态的背景下，研究促进经济发展已经不能继续停留在传统的税收政策的简单调整上，从根本上转变税制结构的性质已经成为时代提出的新的课题。

从适应新形势下经济社会发展要求的角度看，根本上改变我国现有税制结构的税制改革还一直停滞在“观望”或讨论的状态。这里的焦点问题

---

① 详见：《国务院关于加快培育和发展战略性新兴产业的决定》（国发〔2010〕32 号）。

是：我们该建立什么样的税制体系？这是一个涉及税制结构转型方向，进而决定税制结构转型路径的基本问题。

三、税制结构调整理论需要进行创新性发展

解决中国现行税制结构存在的问题，促进税制结构与中国经济社会可持续发展相协调，是新时代税制改革面临的重大课题。因而，研究中国税制结构转型具有重大的现实意义。但对税制结构转型问题的研究涉及两个基本的问题：其一，向什么方向转型？其二，如何转型？其中，税制结构转型的方向是一个根本性问题，决定着转型的路径和方法等。

针对中国税制结构现状及其存在的问题，研究的核心问题是：如何改变现有税制结构以促进经济社会可持续发展？这就需要对税制结构转型设定合意的方向，并在此基础上探求转型路径。从目前的研究看，虽然税收经济学在对税收效应的研究中，一直在努力寻求一种中性的税收（如最优税理论、中性税制假说以及次优课税理论等），但仍无法改变“凡属赋税都有减少积累能力的趋势”[①] 的现实。同时，由于“赋税最大的危害倒不在于课税目的的选择，而在于整体来说的总效果”[②]，因此，税制改革方向和路径的选择必须重新回归对税制结构的整体性考察。

税制结构是对一个国家税收体系中税种和税类搭配组合的一种反映。因而，不同的税制结构反映出来的税制结构的性质是不同的。由于税收是国家财政收入的主要来源，这就意味着，收入筹集是税收的基本功能，也应该是一个国家税制结构应该具有的基本性质。从这一角度出发，衡量一个国家税制结构有效与否的基本标准便是：这种税制结构能否带来稳定、充足且富有弹性的财政收入以满足政府或社会需要。但是，税收本身也具有各种调节作用，因此，一个有效的税制结构便是：要通过不同的组合（税种组合、税制要素组合等），将各个税种的调节作用加以协调，来发挥

① 斯拉发.李嘉图著作和通信集(第8卷)[M].北京:商务印书馆,1981:95.

② 西斯蒙第.政治经济学原理[M].北京:商务印书馆,1981:129.

税制结构整体的有效调节作用。这便引出税制结构的另一层次的性质，即通过不同的组合发挥不同的效应。既然不同的要素组合、税种组合、税类组合对不同税制结构整体性的总体效果会产生不同的影响，那么，结合经济社会发展的需要研究不同的组合方式，构建合意的税制结构框架便是研究税制结构，特别是探索税制结构转型方向的一个突破口。

本书根据这一思路，将税制结构性质用增长型税制结构和发展型税制结构来概括。本书认为，在增长型税制结构下，税制结构本身具有较强的增收功能，同时，这种税制结构本身在短期内会刺激经济增长，但这种增长是不可持续的，它的持续发展会对经济结构的优化升级、对资源、环境与经济社会之间的和谐发展、对收入分配差距的调节等产生诸多的危害。因此，需要在现代发展理念下通过税种组合、税制要素组合等途径，构造与经济可持续发展相轨制①的发展型税制结构。同时，由于这种税制结构能够通过调节社会价值流动方向促进经济平衡的实现，因而，这种发展型税制结构应该成为新时期税制改革的基本方向。于是，着眼于税制结构的性质，从可持续发展的角度出发，探讨税制改革的基本方向，即发展理念下的发展型税制结构，并在此基础上探讨中国税制转型又具有较强的理论意义。

第二节　发展理念与现代税制

从“以人为本”的角度看，经济发展应解释为在技术与制度创新驱动下，一个国家或地区通过扩大生产、改进分配、治理环境、改善人权等，实现结构性的经济质态演进，实现居民福祉持续增加的过程②。因此，“经济增长本身并不是目的，只是为人类谋福利的一种手段，而经济发展是用

① 此处用“轨制”一词强调税收制度与经济发展之间的双向互动关系，即经济发展方式和路径规范着税制结构的演变轨迹，同时，税制结构的性质和特性也对经济发展轨迹起到制约作用。下同。

② 贺立龙．转变经济发展方式的含义与动力探析[J]．社会科学辑刊，2011(2)．

于改善人民的生活质量、实现平等教育和社会包容性、保证平等的机会、减少人民的不安全感、解决腐败和破坏环境等，确保高质量基本社会服务的全面惠及是达成发展目标最有效方式之一”①。因此，如果将经济增长和经济发展看作两种不同的理念，那么，这两种理念之间的区别应该在于一个国家经济可持续发展所依赖的发展源泉构成、发展机制及路径等方面的不同。于是，经济发展方式转变首先要转变发展理念，同时，与之相关的税收制度安排也应该有相应的创新性调整。而税制结构上的创新性调整则应体现在税制结构性质是否能够与经济发展方式相协调上。

一、发展理念的界定

在传统经济学中，发展更多地被认为是一个国家的经济能力。因此，经济发展被认为是产生和维持国民收入。在这种理念下，衡量发展的主要指标通常是 GDP 或人均收入。伴随着经济增长与贫困、不平等、失业等现象共存及其持续存在，经济学开始意识到“从增长中重新分配”的重要性。因此，对发展的重新界定和理念更新便是一个重点。

达德利·西尔斯（Dudley Sees）对发展的含义做出了界定②：

关于一国发展，要问的一个问题是：贫困正在发生什么变化？失业正在发生什么变化？不平等又在发生什么变化？如果一国能将这三个问题都从高水平上降下来，那么毫无疑问，它就一定处于一个国家都希望的发展时期。但如果其中一两个问题变得越来越糟糕，尤其是如果三个都变得很严重，那么即便是人均收入翻倍了，将这种结果称为“发展”依然会令人感到不可思议。

然而，发展并不单是一个对收入、就业和不平等的定量测度，正像丹尼斯·古利特（Denis Goulet）所言，“如果继续仅仅将发展视为一个对低收入、低劣的住房、过早死亡或失业等的统计反映的话，恐怕就没有人能

---

① 世界银行．增长的质量[M]．北京：中国财经出版社，2001.

② Richard Brinkman. Economic growth versus economic development: toward a conceptual clarification[J]. *Journal of Economics Issues*, 1995(29): 1171 – 1188.

够理解欠发达到底意味着什么”①。

阿玛蒂亚·森提出了“功能的可行能力”（capability to function），解释了健康、教育等对发展的重要性，这意味着，对发展来说，真实收入水平确实是根本，但是，要将商品性质转化为功能，在很多情况下，良好的健康和教育水平等也是同等重要的。正如世界银行在《1991 年世界发展报告》中所指出的②：

发展的挑战……是改善生活质量。尤其是在那些贫困世界的国家，一种更好的生活质量当然需要更高的收入，但它包含的远不止于此。它还包括其他目标，比如更好的教育，更高的健康和营养标准，更低的贫困，更清洁的环境，更加平等的机会，更大的个人自由，更丰富的文化生活等。

因此，发展应该是一个多维的过程，从本质上看，必须包含全方位的变迁，整个社会体系转而面向其体系内所有个人和社会群体的多样化的基本需求和希望的满足，远离那种被广泛认为是不满意的生活状况，朝向那种无论是物质还是精神方面都更好的生活状态③。因此，作为一种理念，发展应该具有三个核心价值，即：通过发展满足人们的基本需要；通过发展使人们获取一种不被他人作为实现其目的的手段的价值感和自尊；通过发展使人们从疏离性的物质生活条件中解放出来，获取选择的自由。

中共十九大报告指出，“中国特色社会主义进入新时代，我国社会主要矛盾已经转化为人民日益增长的美好生活需要和不平衡不充分的发展之间的矛盾。”基于此，用发展的理念审视经济发展方式转变，即经济发展方式转变要“在继续推动发展的基础上，着力解决好发展不平衡不充分问题，大力提升发展质量和效益”，至少要在经济平衡可持续发展、缩小收入差距、环境和自然资源的可持续性、人口素质和科技水平的提升，并在经济发展中发挥应有的作用等方面取得进展。

---

① Denis Goulet. The Cruel Choice: A New Concept in the Theory of Development[M]. New York: Atheneum, 1971.

② Word Bank. Word Development Report 1991[M]. New York: Oxford University Press, 1991.

③ 迈克尔·P. 托达罗，斯蒂芬·C. 史密斯. 发展经济学[M]. 北京：机械工业出版社，2009.

二、用发展理念审视现代税收制度

单单从制度分析的角度看，税收制度作为一种制度规范形成了对相关行为主体的特定约束，因此，税收制度和其他制度规范一起构成了市场经济中个体行为主体的决策、行为的外部环境。税收体现的是政府和公众之间的一种分配关系，即政府通过税收规则占有社会资源一定的份额，参与国民经济分配。因而，只要税收制度规则确定并稳定地体现出公平性，便不会对经济效率产生影响①。然而，和其他制度规范相比，税收作为国家和公众之间的一种“交易”，涉及国家和纳税人之间的切实利益，因而，现实中的税收制度运行往往具有易变的特点：税收制度要不断根据公众和国家之间的博弈而进行调整，国家要不断地在各利益集团之间进行平衡。因而，税收公平性和效率的损失便不可避免。所以，如果公平和效率是发展理念的基础，那么，现代税收制度从其本身的特点上就表现出与现代发展理念的偏离。

同时，税收制度的易变性也说明税收制度可以具有足够的弹性。正因如此，在现代市场经济中，政府才往往通过税收制度（作为手段）的各种调整实现其特定的调控目标。因此，政府的调控意图及其预期实现的调控目标便在一定程度上决定了税收制度的性质。从一定意义上说，现代税制体系中所有税种的开征及其税制要素的安排，其初始动机都是为了获取财政收入。从一定程度上讲，现代税制体系中所有税收优惠和差别征税的规则，其出发点都是为了刺激增长（即使在一定程度上彰显了发展理念，也不过是“增长”诉求的副产品）。从财税制度发展史上也可以看出：征（或增）税的根本目的是维持政府运转，而减税的目标往往是促进经济增长。因此，在“增长”诉求的推动下，税收制度便根据实际需要不断地被

---

① 从根本上看，经济主体的行为都是在各种制度的约束下进行的，在此基础上，按照市场原则进行交易产生的便是帕累托最优。因此，如果税收制度和规则是稳定的，作为经济行为主体参与市场活动的预设制度，便不会影响市场效率。但现实中，税制规则是易变的，因此，便构成了经济行为主体决策的影响因素，进而对经济效率产生影响。

改造成为有效的“理财的工具和获取利益刺激的手段”①。因而，现代税收制度也在“增长”诉求的推动下，不断地偏离发展理念。

从近年来各国税制改革的实践来看，比如，世界金融危机以来，大多数国家采用减税的办法刺激经济增长、应对财政困难，2009 年一些国家更是将增值税税率提高 2 ~3 个百分点，高的达到 5 个百分点。虽然，在发展中国家的税制结构调整中，也在不断增加税制结构的收入再分配职能，使税制结构在一定程度上具有发展型税制的特性，比如，对社会保障税的重视程度增加等。尽管税制中性仍然是发展中国家税制改革的目标，但其中的税收公平特别是纵向公平已经被重新定义，即“转化成了为防止穷人更穷的目标”②。世界各国也不断增加对环境保护税的重视，通过税制结构调整促进经济可持续发展也是基本趋势，但税制的“绿化”仅仅依靠个别税种的开征和个别税制要素的调整，并不能从根本上改变税收制度与现代发展理念之间的差距。

当然，正如税收和经济之间的公理性关系所说明的，一个国家的税收制度要与其经济结构、经济发展水平相适应。这也说明，税制结构向发展型税制的转型最终要依靠经济转型。经济学分析认为，税收是为公共产品而生，而公共产品本身就包含环境可持续性、安全感、公平等隐性福利。因而，税收本身就与可持续发展有内在联系。税收制度作为一种预设制度，应该在促进经济发展方式转变方面起到引导和促进作用。因此，要有效地改变增长理念下的税制结构，就需要对税收制度进行根本性的调整。虽然，税收制度功能的发挥是以各个税种个体功能的实现为基础，但税收制度的总体功能并不等于各税种个体功能的简单相加，必须在各税种个体功能之间进行有效的协调，使税收制度在现代发展理念支配下，促进经济的发展转型。

① 郝春虹．多元目标约束下的中国税制优化研究[M]. 北京:中国财政经济出版社,2005.

② 威尼·瑟斯克. 发展中国家的税制改革[M]. 北京:中国人民大学出版社,2001.

第三节　主要概念界定

一、税制结构

税制结构反映的是一个国家税收体系的整体布局和总体结构。一般来说，税制结构是国家在特定的经济社会发展要求下，在特定税收制度下，由税类、税种、税制要素等组成的，分主次、相互协调的整体系统。对税制结构的研究分为以下几个层次：其一，税类结构。即以不同的税类为主体的税制结构的优点和缺点各是什么。从税收发展的历史过程来看，税制发展大体经历了三个重要的阶段，即以古老的直接税为主体的税制结构模式、以间接税为主体的税制结构模式、以所得税为主体的税制结构模式。这三个时期代表性的税类结构在不同的时期发挥了不同的作用。其二，税种结构。即一个国家税收制度主要由哪些税种构成？各个税种如何设置税制要素？哪一个或哪几个税种为主体税种？哪些税种为辅助税种？它们的调节方向及构成如何？税收公平和税收效率这两个税收原则在任何税种设置时，都不能同时兼顾，都将面临使用原则的取舍问题，选择哪一个或哪几个全体税种，这主要看某一税种设置时强调的是哪个方面。其三，税制要素的安排。税制要素是税种设置的基本内容，不同税制要素组合的安排影响到税种的性质，进而影响税类和税制结构的性质，因而，税制要素的安排是税制结构研究的基础。于是，对税制结构研究的目的是通过对税制要素、各税种的考察和对税种结构的合理安排，寻求一种合理的税制结构，进而优化税制结构。

从现有对税制结构的研究上看，对税制结构的研究不仅包括对税类和税种结构的研究，即对流转税、所得税和财产税之间比例关系的探究，或对直接税和间接税之间合理搭配的研究，还包括从税收归属的角度对中央税和地方税之间关系的研究等。本书对税制结构的研究也包括上述两个方面，但侧重于从税制结构的性质和税制结构的转型的角度进行研究。

二、税制结构的性质

税制结构的性质是由税制结构内部各组成部分的不同功能相互作用形成的。税制结构是一个复杂的体系，简单的税制结构是由不同的税种和税制要素相互作用的架构，这一架构通过税收的各种功能相互作用形成了税制结构的性质。

任何一个税种或税类又都有各自的性质，不同的税种调节功能各有侧重，于是，税种的不同搭配组合便形成了具有不同性质的税制结构。税制结构的性质是一个国家税收制度整体作用或效应的反映。因此，对税制结构性质的考察也必须建立在对税制结构整体性考察的基础上。一般情况下，以所得税为主体的税制结构反映出来的是侧重于收入调节的税制结构，而以流转税为主体的税制结构反映出来的是侧重于收入筹集的税制结构。

由于税制要素的不同安排会影响到各个税种的作用，因此，对税制结构性质的考察必须综合考虑税制要素设置、税种税类的设置——但必须强调，税制结构的性质是税制结构整体性功能的反映，尽管各个税种、各个税类有自身的功能和性质。

税收具有筹集财政收入的基本功能，因此，筹集收入是一个国家税制结构应该具有的基本性质。如果某一税制结构组合侧重于收入筹集，那么该种税制结构就可称为收入型税制结构。从税制结构性质的角度看，由于收入筹集是任何税制结构应具有的基本性质（不具有收入筹集功能，税收便失去其存在的意义），因而，收入型税制结构是基本的税制结构。从而税制结构形成的角度看，收入型税制结构是在税制结构调整过程中，强调最大化税收收入筹集功能的结果。因而，收入型税制结构的构建过程中可能会在损害发展的基础上实现税收收入筹集功能，也可能会根据某些特定的安排在促进发展的前提下实现收入筹集。从税收发展史的角度看，只是在人们意识到税收的各种调节功能并对之加以应用的时候，在收入型税制结构的基础上才派生出增长型税制结构和发展型税制结构，并在一定程度上轨制着经济结构的演变。

三、税制优化与税制结构转型

税制优化实际上是一个通过税制调整实现良好税制的过程。在税制优化理论中，最优税理论是主要流派之一，其核心理念是，税制结构优化过程就是尽可能减少课税效率损失、尽可能实现税收公平和税收效率这一目标的过程。虽然税制优化常常倡导对税收公平和效率原则的遵从，但不同时期税制优化内容的侧重点都有所不同：早期税制优化内容的侧重点是税收收入的提高，而现代税制优化理论内容的侧重点集中在税收调节作用上。因而，税制结构优化理论和实践的演进过程实际上反映的是不同时期对不同性质的税制结构研究和探索的过程。

本书所称税制结构转型是指，从具有既定性质的税制结构状态（架构）转向另一性质税制结构状态（架构）的过程。税制结构转型依赖于对税制结构性质的分析，由于税制结构的性质是税制结构整体功能的反映，因此，对税制结构转型的研究就是对作为整体的税制结构进行分析的过程。本书对中国税制结构转型的研究是探究如何实现中国税制结构由增长型税制结构向发展型税制结构转型。

同时，本书认为，税制结构转型与税制结构优化是相互联系又互不相同的。税制结构转型是在税制结构性质改善基础上的税制优化。因此，一个既定的税制优化过程如果没有改变税制结构的性质，特别是没有改变增长型税制结构的特性，那么，即便这个税制优化、完善了税制结构，也不能称为税制结构转型。同时，税制结构转型也要在对税制结构性质进行充分分析的前提下，在各种约束条件下（尽可能打破不合理的约束），通过税制优化原则（即对税收公平和效率原则的遵从）实现税制结构性质的根本性转变。

第四节　研究目标、框架与内容

本书的研究目标主要是：其一，通过梳理传统税制结构的相关研究，引入税制要素组合对税制结构性质的影响，对税制结构的性质进行界定，并在此基础上确定税制结构转型的基本分析框架与方法；其二，在税制结构转型框架下，通过对中国税制结构特性的分析，在对中国税制结构转型方向设定和约束因素分析的基础上对中国税制结构转型的基本路径进行分析。

本书的研究框架可以通过图 1－2 来反映。

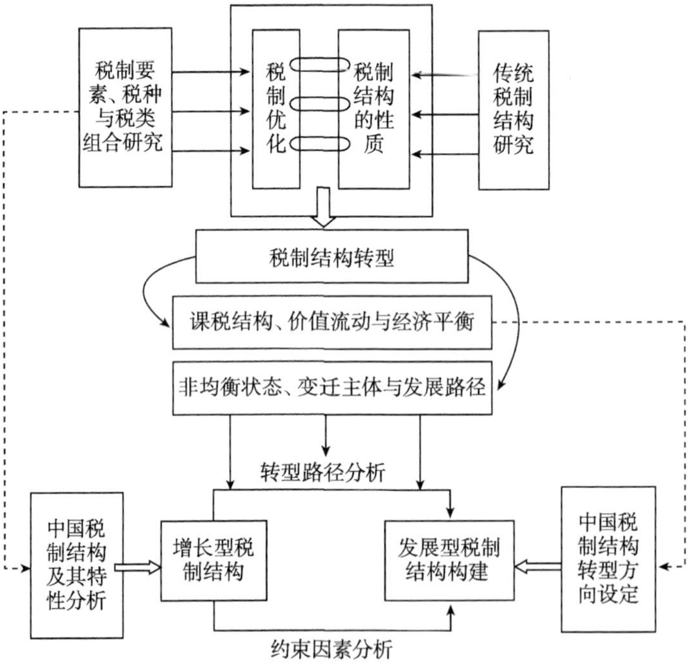

图 1－2　本书研究的思路框架

基于此，本书设定了如下研究内容：

第一章为导论。交代研究的背景和意义，将发展理念与现代税制进行融合分析，同时对本书涉及的税制结构、税制结构的性质、税制转型等概念进行界定，并确定本书的研究目标、框架与内容。

第二章为税制优化与结构转型：税制结构研究的思路重构。本章通过文献评述的方式对税制结构研究的传统思路进行了梳理，并在此基础上对税制结构研究思路进行了重构。本书认为，税收原则发展到现代，已经着力于从抽象的理论研究出发，寻找最优的课税原则。这为现实税制结构设置如何实现效率和公平的结合提供了理论支撑。但现实税制结构研究必须从整个税制体系的角度出发，从税制结构的不同性质出发来构造具有良好性质的税制结构。基于此，税制结构转型便成为税制结构研究的另一思路。本书认为，税制结构转型是税制结构性质基础上的税制优化，但不改变或重构税制结构性质的税制优化不能称之为税制结构转型。

第三章为税制结构转型的理论分析。本章对税制结构转型进行了理论分析，主要分四部分进行，即第一节利用马克思经济平衡模型从平衡发展的角度探讨最优宏观税负的设置，并认为这是税制结构转型的基础性问题；第二节仍然利用马克思两大部类之间的平衡关系建立了税制结构的整体性分析框架，并在该框架中引入价值流动探讨了课税结构、价值流动与经济平衡之间的关系；第三节利用新制度经济学的分析方法对税制结构的均衡状态（侧重分析非均衡状态的表现及其均衡化转变）、税制结构变迁主体进行了分析。

第四章为中国税制与经济发展方式转变的非协调性分析。本章利用税制结构的性质对中国税制结构发展演进进行分析，认为中国税制结构演进过程实际上是收入型税制结构确立和增长型税制结构发展的过程。通过对现行税制结构收入能力的实证分析以及对中国现行税制增长型税制结构特性及其与经济发展之间的矛盾的分析，本书认为，在现行税制结构不做根本性调整的情况下，增长型税制的发展将会成为经济发展方式转变的障碍。因此，构建适合经济发展与经济发展方式转变的具有现代发展理念的发展型税制将是税制改革的基本方向。

第五章为促进经济发展方式转变的税制转型方向。本章核心内容是梳理税制转型方向，本书认为，发展型税制结构的核心是通过税制结构的设置实现或促使经济社会趋向发展观念界定的目标。因此，发展型税制结构的内涵便需要从经济平衡、收入分配调节和资源环境的可持续发展等方面来界定，以使税制结构在经济社会可持续发展中起到轨制和调节作用。本书同时认为，发展型税制结构是一个开放的体系，它要随着“发展”理念的不断更新而变化，也将随着经济结构的合理化及优化升级而相应更新。而构建发展型税制结构的关键是在税收基本理论和税制改革实践的经验和教训的基础上，从整体性税制分析的角度入手，将可持续发展、收入分配合理化、绿色税制等“发展”理念融入到理论研究和税制改革实践之中，并伴随着经济社会发展条件和阶段特征的变化而柔性调整。

第六章为中国税制转型的制约因素分析。任何税制结构背后反映的都是相应的税收利益，税制结构转型也就意味着对原有税收利益格局的重新调整。税收制度是一个国家财政体系中的重要内容，一个国家的税收制度也常常要与整个财政体制相适应。因此，一个国家的财政体制往往成为税收制度调整的重要制度约束。一个国家的税收制度往往在和国家经济发展导向相结合的基础上，通过税种及其税制要素的设定，给不同产业、不同行业和不同地区带来不同的税收负担，进而形成不同的利益结构，这种不同的利益结构也形成了对税制结构转型的重要约束。固化了的税收利益格局需要在税收控制和税收意识的框架下，通过政府与公众在良好的税收法治环境下的有效沟通加以有效调整。显然，在确定了税制结构转型的基本方向的基础上，需要在对这些约束条件进行有效分析的基础上形成税制结构转型的基本思维，并在此基础上形成与财政利益分配、税收利益分布和税收法治环境相协调的税制结构转型路径。

第七章为促进经济发展方式转变的中国税制构建。基于上述分析，本章对促进经济发展方式转变的中国税制构建进行了框架性研究。从发展型税制结构的基本特征入手，并结合中国税制现状构想对中国税制结构进行整体性设计（一种构想）。考虑到现代税收制度和税收治理现代化，对我国现代税收制度建设中的直接税改革进行了框架性思考。同时，对税制绿化和资源税改革进行了探讨。

第二章　税制优化与结构转型：税制结构研究的思路重构

税制优化是税收经济学中一个持续性的热点话题。从理论研究进展上看，税制优化理论的发展经历了从关注税制具体问题到抽象化理论研究的过程。在这一过程中，税收公平和税收效率原则是权衡和争执的焦点。然而，税制优化毕竟是要和现实的税制设计结合起来的，因此，本书尝试将已经抽象化了的税制优化理论拉向现实，考察不同税制结构的性质，并从税制结构的性质入手讨论税制优化，本书称之为税制结构转型。对税制结构转型的界定与探讨是本书在传统税制优化理论研究的基础上对税制结构研究思路进行重构的尝试。

第一节　税制结构研究的传统思路概论：文献评述

税制结构研究的传统思路是围绕着税收公平和效率原则展开的。从早期税收原则到现代税收原则再到最优税制理论争鸣，从最优税制到税收中性再到次优税制，这些都体现着学者和税收实践家们对税制优化的探索。尽管这些探索或者太过具体不具有一般性指导意义（如对早期税收原则的探讨），或者由于抽象掉了现实因素使其缺乏现实可行性，但这些税制优化的探索及其一般性的结论对于税制结构研究仍有重要的指导意义。

一、税收原则与最优税制的研究评述

（一）税收原则思想的发展：从早期到现代的演进

在税收原则发展史上，威廉·配第（William Petty）较早地对课税公平和课税效率进行了探讨。在税收公平上，其观点主要体现在对按比例征收的阐释。即公平的课税应该是“每个人都应该按照他所得到和实际享受的多少而纳税”①。在税收效率方面，他从税制设置和税收征管两个方面进行探讨：在税收征管上主要是对征税节省的探讨，即“征收这种赋税所花的人力和经费，应力求节省”②。而在税制设置上的基本观点体现在：税种设置上，要在对经济结构和财富分布充分了解的基础上尽可能减少课税税种③；在税基选择上，强调以消费为课税基础而不是以所得为课税基础。此外，配第在对盐税、炉税等的考察中也提出了税基选择上的普遍性和稳定性原则。

弗朗斯瓦·魁奈（Francois Quesnay）主张征收土地单一税制，认为，向“耕作者”和“从事外贸的商人”征税“就会使租税失去对国民的财富和收入，以及对负担纳税义务的国民的生机有相适应比例的基准”④。虽然魁奈并没有提出合理的征税方式，但他认为“对国家造成巨大危害的不是征税本身，而是征税的方式”⑤。这与让·巴蒂斯特·萨伊（Jean－Baptiste Say）倡导的对征收方法研究的重要性是一致的，“在提出这些可适用于各种租税的一般意见之后，进而研究各种课税方法……也许是有益的”⑥。这对税制改革特别是其中征税方式设置的科学化具有一定的指导意义。毕竟，现代社会中，课税是不可避免的，通过课税方式的优化使经济扭曲最小化是值得探讨的很好的思路。

---

① 威廉·配第. 配第经济著作选集[M]. 北京：商务印书馆，1981：89.

② 同上，第 37 页。

③ 同上，第 32 页。

④ 魁奈. 魁奈经济著作选集[M]. 北京：商务印书馆，1981：340.

⑤ 同上，第 184 页。

⑥ 萨伊. 政治经济学概论[M]. 北京：商务印书馆，1982：516.

大卫·休谟（David Hume）在其《论赋税》之中推崇间接税，特别是消费税，因为这类税收有“不易被人们察觉”的特点，即透明度较低，所以，常常在“无形之中一点一滴地被缴纳了”①。休谟较早地对税收的经济效应（主要是收入效应）进行了分析，在其分析中，对消费品课征上的收入效应表现为“穷人提高其生产积极性，完成更多的工作，以保持原先的生活水平”②。据此可以看出，休谟推崇间接课税或对消费品课税的主要原因是看重这些税种的隐蔽性以及税收的收入效应。然而他却忽略了税收的替代效应可能带来的经济扭曲。

约翰·冯·尤斯蒂（Johann Von Justi）系统地提出了对后来税收原则发展起重要里程碑作用的课税六原则，即“让人民有能力缴纳捐税”原则、“公平合理的比例”原则、“不得损及国家和人民的福利，不得损及公民的自由权”原则、“按照国家性质和政府体制来组织税务制度”原则、“明确的和光明正大”原则和“最简便的方式”原则③。

亚当·斯密（Adam Smith）把税收原则系统化为平等、确定、便利和最小征收费用四原则，并用来指导和评价税制改革和税制设置的合意性。大卫·李嘉图（David Ricardo）继承并发展了斯密的税收原则，但更加注重平等原则，“任何形式的赋税都是流弊与流弊之间的选择问题……只要负担平均，不致妨碍生产，课加在哪一项上并不重要”④。李嘉图还强调要从整体上对课税的影响进行分析，“赋税的巨大危害倒不在于课税目的的选择，而在于整体来说的总效果”⑤。

西斯蒙第（Sismondi）在税收原则研究的过程中，已经开始深入到税制设计的具体方面，对税制要素开始进行较为全面的分析，因为“如果赋税接触到生活需要……最重要的是永远不能使赋税触及纳税人生活所需的

① 大卫·休谟. 休谟经济论文选[M]. 北京：商务印书馆，1984：75.

② 同上，第73页。

③ A. E. 门罗. 早期经济思想——亚当·斯密以前的经济文献选集[M]. 北京：商务印书馆，1985：333－372.

④ 斯拉法. 李嘉图著作和通信集（第1卷）[M]. 北京：商务印书馆，1981：141.

⑤ 斯拉法. 李嘉图著作和通信集（第8卷）[M]. 北京：商务印书馆，1981：129.

收入”[①]，所以，税制设计时对免征额和税收优惠的合理设计是必要的。因为“社会事业费绝大部分是为保护富人、反对穷人而支出的……不仅要他们按照他们的财产比例纳税是应该的，即使超过这个比例也是应该的。”[②]这就为税率设计特别是累进税率设置提供了基本的原则。因为“制定赋税标准不应该对每年的总产品和收入混淆”[③]，而总产品只有流转到最终环节实现了交换才具有收入的意义，因此，就对课税对象和课税环节做出了界定。

阿道夫·瓦格纳（Adolf Wagner）的研究基础有了较大的变化，主要表现在他主张政府对经济活动的积极干预，首次主张通过税收调节财富与收入再分配。在其《财政学》中他提出了“四项九端”的税收原则，把税收的调节功能、收入汲取功能和税收征管结合起来，认为，课税既要满足财政政策原则（财政收入充分且富有弹性）、国民经济原则（恰当地选择税源和税种，以利于经济发展）和社会正义原则（普遍课征和平等课征），又要满足税务行政原则（确定、便利和最小费用），国家在征税时要保护税本、培植税源，不能使税收影响经济发展。

现代公共经济学对现代税收原则的探讨也主要从税收效率和税收公平两大方面展开，其目的是探求公平与效率相结合的税制设计之路。其中，税收效率主要体现在税收对经济运行的扭曲最小化以及征收费用最小化两个方面。马歇尔（Marshall，1920）运用消费者剩余、供求曲线等工具分析了间接税引起的税收额外损失，为税收效率的研究提供了新的思路，即尽可能减小税收超额负担的过程即为税收效率改善的过程。此后很多经济学家沿着这条路子进行研究，并进一步发展出了最优商品税理论。哈伯格（Harberger，1964）提出了税收超额负担“三角”，并通过数理推导，得出了在线性需求曲线条件下测定税收超额负担的计算公式。其他经济学家，如布朗宁（Browning，1976）、芬德利和琼斯（Findlay and Jones，1982）、

---

① 西斯蒙第. 政治经济学新原理[M]. 北京：商务印书馆，1981：365.

② 同上，第 360 页。

③ 同上，第 368 页。

布莱德（Ballard，1985）、斯卡利（Scully，1995）等从哈伯格公式或利用其一般均衡模型对国别不同税种的税收超额负担进行了分析。

从现有教科书内容看，税收的经济影响，如税收对劳动供给、储蓄和投资等的影响也被纳入税收经济效率的考虑范畴。而在征收费用最小化方面，最初的研究主要侧重于税务行政，发展至今已经表现为对逃税的研究，对税务机构设置、税制本身设置等方面的研究①，这也表明，征收费用最小化延伸出来的这些问题不仅涉及税收效率，也将对税收公平产生影响。据此，维托·坦兹（Veto Tanzi，1998）认为，一个有效的税制结构须满足“高集中性指标”“低分散性指标”“低税基侵蚀指标”“低征收滞后”“低从量指标”“高客观性指标”“适当的罚则”“低征收成本”② 等条件。

税收公平原则主要从横向公平和纵向公平两个方面展开。横向公平要通过使同等纳税能力的人同等纳税以保证水平公平；而纵向公平则是通过不同纳税能力的人不同等纳税的机制设计来调节收入之间的差距。虽然，对纳税能力（受益原则和能力原则）有不同的争论且“同等”和“不同等”之间的衡量也存在诸多困难，但这两种公平理念在税制改革中都有不同的反映。

（二）最优税理论研究概论

最优税制理论以税收的效率原则和公平原则为基础，研究如何构建合理的税制体系，因此，通常被看作是对税制改革方向的一种探讨。其主要包括最优商品课税理论、最优所得课税理论以及对商品税与所得税的合理搭配问题的研究。

1. 最优商品课税理论

最优商品课税要解决的是如何设置商品课税（主要是税率的确定）以

---

① Alan J. Auerbach and Martin Feldstein. *Handbook of Public Economics*, Volume 2 and 3, New York: Elsevier Science B. V., 2002.

② 周全林. 政府课税公平的影响因素分析[J]. 当代财经,2007(7):35－40.

保证对商品课征所产生的税收超额负担最小化。拉姆齐（Ramsey，1927）对最优商品课税理论做出了创造性贡献，其研究的目标是如何设置商品课税税率以使税收的额外负担最小化。在一系列假设下，通过对单一家庭经济的分析，拉姆齐认为，最优商品课税应该使对各种商品课征的税率设置与该商品的价格弹性成反比（但这一结论是在对各种商品的需求相互独立的假设情况下得出的）[①]，这就是后来鲍莫尔和布莱德福特（Baumol and Bradford，1970）据此推出的商品课税"逆弹性法则"。虽然这一法则遵守了税收效率的原则，但同时也暴露出了它在收入分配上存在的内在的不公平性。

为改变逆弹性法则在收入分配上的不足，戴蒙德和米尔利斯（Diamond and Mirrlees，1971）在对最优税率决定因素的研究中引入了商品的收入弹性，他们认为，在多个家庭的经济中，如果需求相互独立，那么，最优课税税率就取决于商品的价格弹性和收入弹性，即如果面临价格弹性和收入弹性都比较低（高）的情况，那么，权衡高（低）税率设置而致的分配问题和低（高）税率设置产生的效率损失问题将是最优商品课税税率选择的重要问题[②]。科利特和黑格（Corlet and Hague，1953）在拉姆齐研究思路的基础上，将"闲暇"这种特殊的商品纳入到其研究视野之中，认为，由于不能直接对"闲暇"课税，因而应该对"闲暇"的互补产品课以重税，而对"闲暇"的替代产品进行轻税设置[③]。虽然这一结论能够减少税收的超额负担至最小化，但其效果却背离了"逆弹性法则"。

在考虑到税收征管问题时，雅萨奇（S. Yitzhaki，1979）认为，即使最优化商品税的税基能够拓宽，税收额外负担可以降低，但如果某些因素的存在能够使纳税成本提高时，则应按照"边际税收额外负担率 = 边际征

---

① F. P. Ramsey, 1927, "A Contribution to the Theory of Taxation", the Economic Journal, Vol. 37, No. 145 (Mar., 1927), pp. 47 -61.

② 邓力平. 优化税制理论与西方税制改革新动向[J]. 税务研究,1998(2):12 - 17.

③ W. J. Corlett and D. C. Hague, 1953, "Complementarity and Excess Burden of Taxation", the Review of Economic Studies, Vol. 21, No. 1 (1953 -1954), pp. 21 -30.

税成本”的原则，通过最小化课税成本的方式实现商品课税的最优化①。梅塞尔（Mayshar，1990）在其研究中承认了最优商品课税设置要满足“税收边际收入 = 税收边际超额负担”的一般性结论，只是要将防范偷逃税行为的管理成本和其他不确定性因素等加入到税收的边际超额负担之中②。詹姆斯（James，1996）从单一比例税率在政府管理、奉行成本和分担单一等方面的优点入手，否认了拉姆齐最优商品课税的可行性，认为商品税应该广泛实施单一比例税率③。斯林孟德（Slemrod，1990）也认为必须将优化税制理论与税收征管有机结合起来，因为现实中优化税制的选择必须考虑税种是否易于征管④。

2. 最优所得课税理论

在最优所得课税理论的研究中，埃奇沃斯（Edgeworth，1897）在个人效用最大化的假设下，认为，使社会福利最大化的课税选择应该使课税设置能够保证每个人税后收入的边际效用相同。据此，他提出了多级累进税率在所得税中应用的理论设想⑤。然而，即使不考虑埃奇沃斯对个人效用函数的假设问题，在他的研究中还存在一个重要的假设，即所得课税不影响产出。因而，当所得课征涉及在劳动和闲暇之间选择的问题时，超额负担将不可避免。

威廉·维克里（William Vickrey，1946，1968）在税制研究中率先引入信息不对称理论，从信息不对称对优化税制的约束条件入手，在公平和效率并重的条件下，分析了最优所得课征对经济主体的激励机制问题，探究了如何在既能促进收入分配目标实现，又能维持工作积极性的前提下，

---

① 邓力平. 优化税制理论与西方税制改革新动向[J]. 税务研究，1998(2)：12 – 17.

② Joram Mayshar，1990，“On Measures of Excess Burden and Their Applications”，Journal of Public Economics，Vol. 43 (Dec. 1990)，pp. 263 – 289.

③ James Alm，1996，“What is an ‘Optimal’ Tax system?”，National Tax Journal，Jan. 1996，pp. 157 – 178.

④ Joel Slemrod，1990，“Optimal Taxation and Optimal Tax Systems”，Journal of Economic perspectives，Vol. 4 (Winter，1990)，pp. 157 – 178.

⑤ F. Y. Edgeworth，1897，“The Pure Theory of Taxation”，the Economic Journal，Vol. 7，No. 25 (Mar.，1897)，pp. 46 – 70.

设计累进的个人所得课税问题。

米尔利斯（Mirrlees，1971）把单人经济的拉姆齐法则推广到多人经济，同时把公平问题纳入其考虑范围，在运用信息经济学的工具建立的所得课税优化模型的基础上，证明了收入分配问题的引进对“等比减少原则”的改变。他认为，最优所得课税问题就是在总预算约束和一定的工作与税后所得替代下提供劳动，使最优假设下个别凹性效用函数总和的最大化的问题。后来的研究者将米尔利斯的研究成果总结为三个方面，即“第一，边际税率处在0和1之间；第二，对最高收入的个人的边际税率应为0；第三，如果具有最低工资率的人是在最优状态下工作，那么对他们的边际税率也应为0”①。后来的研究者还通常认为米尔利斯的主要贡献在于他试图找出一个只对个人天赋课征的办法，以不影响产出，进而使课税的超额负担最小化②。另外，基于米尔利斯的理论模型所做的数值分析表明，“所得课税并不像我们通常想象的那样，是一项缩小不平等程度的有效工具”③。

戴蒙德（Diamond，1998）借助米尔利斯最优所得课税模型，集中讨论了线性关系的效用与消费关系的情况。他认为，“在不考虑收入效应的情况下，一定所得的最优边际生产率取决于该水平下劳动力的供给弹性”④，而在劳动力供给弹性与课税边际税率之间关系的权衡则要考虑课税人数（按纳税能力确定）占比以及不同课税方式（根据时间课征还是根据所得课征）选择下的工作能力水平。而斯特恩（Stern，1976）基于负所得税原则下的线性所得课税模型得出的基本结论是线性所得课税的最优课税税率与劳动力供给补偿弹性值成反比，与社会对于不公平厌恶感、税前工资水

① ［英］尼古拉斯·斯特恩. 最优商品税和所得税入门［A］.（英）大卫·纽伯里，尼古拉·斯斯特恩. 发展中国家的税收理论［M］. 北京：中国财政经济出版社，1992：54.

② 杨斌. 税收学［M］. 北京：科学出版社，2011：124.

③ J. A. Mirrlees, 1971, “An Exploration in the Theory of Optimum Income Taxation”, the Review of Economic Studies, Vol. 38, No. 2 (Apr., 1971), pp. 175－208.

④ Peter A. Diamond, 1998, “Optimal Income Taxation: An Example with a U－Shaped Pattern of Optimal Marginal Tax Rates”, The American Economic Review, Vol. 88, No. 1 (Mar., 1998), pp. 83－95.

平的不公平性程度、政府收入的需求成正比①。

桑德姆（Samdmo，1981）考虑了税收征管问题，将偷逃税问题纳入到其线性所得课税制度（含征收管理体制）的参数优化问题之中。他认为，由于存在偷逃税的情况，因而，优化的所得税的边际课税税率将降低。同时，由于此时正常的收入（比如存在隐匿收入等现象）不再能够正确反映纳税人的经济福利水平，因而，累进课税税率设置的收入分配职能将被削弱，而且，“逃税提高了劳动力供给的可补偿性工资弹性，最优累进课税程度被降低”②。

3. 商品税与所得税的合理搭配问题

现有文献还研究了商品税和所得税的最优组合问题。米尔里斯（Mirrlees，1976）的研究说明了制定最优税收制度的方法，即非线性所得课税和线性商品课税的搭配，这种搭配能够做到课税效率和公平的兼得。阿特金森（Atkinson，1977）的研究认为，“除非做出极严格的假定，那么最优的选择一定是所得课税与商品课税的某种结合”③。而阿特金森和斯蒂格利茨（Atkinson and Stiglitz，1976）对税制组合研究的侧重点也有所不同，他们认为，如果一个国家能够灵活地选择个人所得课税的税率结构，那么对不同的消费品就要施以同等的课税税率④。因为不同的税制组合会产生不同的效应，因而，这意味着在最优课税框架下对税制组合进行研究还有较大的空间。

艾曼纽尔·赛斯（Emmanuel Saez，2004）认为，生产函数中不同的劳动之间可以互相替代时，非线性所得课税下的统一商品课税和所得课税组

---

① Stern N. H. , 1976, “On the Specification of models of optimum Income Taxiation”, Journal of Public Economics, (Jul. , 1976), pp. 123 – 162.

② Agnar Sandmo, 1981, “Income tax evasion, labor supply, and the equity – efficiency tradeoff”, Journal of Public Economics, Vol. 16 (Dec. 1981), pp. 256 – 288.

③ A. B. Atkinson, 1977, “Optimal Taxation and the Direct versus Indirect Tax Controversy”, The Canadian Journal of Economics, Vol. 10, No. 4(Nov. , 1977), pp. 590 – 606.

④ Atkinson A. B. and J. E. Stiglitz, 1976. “The Design of Tax Structure: Direct vs. Indirect Taxation”, Journal of Public Economics 6, pp. 55 – 75.

合就不会满足再分配的目标①。马克·弗利贝利（Marc Fleurbaey，2006）发现，由于对商品课税可能无法对社会福利的改善起促进作用（即使所得课税不是最优的），因此，理想的课税制度应对某些商品免于消费课税，并且对工作中的穷人提供较高的补贴②。路易斯·卡波罗（Louis Kaplow，2006）提出了与阿特金森和斯蒂格利茨（Atkinson and Stiglitz，1976）不同的结论，认为，无论所得课税是否最优，差别的商品课税都不可能实现最优，因而，认为在任何商品课税和所得课税的搭配中，取消商品课税都可以得到一个帕累托改进③。威尼·瑟斯克（Wayne Thirsk，1994）发现在20世纪80年代发展中国家的税制改革中大多数是对现有税制在边际上的改革。他的研究表明“在不考虑直接税的情况下完成重大的间接税改革是可能的”，也正因如此，税收制度在收入再分配上便成为一种“极差的工具”，因而，他认为如果要实现“一致的结果”，直接税和间接税之间需要“某种程度的协调”④。

4. 最优税理论评价

西方最优税制理论是一个严密的逻辑体系，它提供的是西方理论界探求对课税公平和课税效率权衡的一种思考思路。正如罗森（Harvey S. Rosen）所说，“最适税收研究的结果并不是确立税制的‘蓝图’”⑤。它仅仅“提供了在非常严格假定下描述最优税制特征的理论和方法”⑥。而对税收公平和税收效率的研究还有其他的研究思路，这些理论和研究思路的共同之处是都有严格的与现实有较大距离的假设，但它对税制改革、税制设计特别是税制结构的安排和设计仍有一定的指导意义。比如，在和现实经济

---

① Emmanuel Saez, 2004, “Direct or Indirect Tax Instruments for Redistribution: Short – run Versus Long – run”, Journal of Public Economics, 2004(88), pp. 503 – 518.

② Marc Fleurbaey, 2006, “Is Commodity Taxation Unfair?”, Journal of Public Economics, 2006(90), pp. 1765 – 1787.

③ Louis Kaplow, 2006, “On the Undesirability of Commodity Taxation Even When Income Taxation is not Optimal”, Journal of Public Economics, 2006(90), pp. 1235 – 1250.

④ 威尼·瑟斯克. 发展中国家的税制改革[M]. 北京:中国人民大学出版社,2001:20 – 22.

⑤ 哈维·罗森. 财政学(第7版)[M]. 北京:中国人民大学出版社,2008:293.

⑥ 杨斌. 不能用西方最优税收理论指导我国的税制改革[J]. 涉外税务,2005(5):5 – 10.

的结合分析上，皮革特和惠利（Piggott and Whalley，2001）在最优课税的理论分析中引入对正式经济部门和非正式经济部门的分析，他们认为，应该对货物课以重税而对服务型产品课以轻税，并认为当不同的企业对金融部门有不同的依赖程度时，最优课税税率也将因企业的不同而不同①。埃姆兰和斯蒂格利茨（Emran and Stiglitz，2005）从这一角度出发，得出了关税可能会产生较小的经济扭曲②。Roger Gordon and Wei Li（2006）将非正式经济部门行为纳入到构建的格布 - 道格拉斯生产函数（Cobb - Douglas production function）中，得出了最优税率的约束条件③。同时，这一研究路径下的成果由于没有充分考虑到税制要素在税制构建中的作用（更多地考虑税率的问题），导致了由于现实中税制要素组合方式的不同，实际税制结构与理想的税制结构在税制结构性质上将不可避免地存在较大的差异。而且，直接税结构和间接税结构本身也是一个复杂的体系，不同税种的组合也将对不同税类的性质产生重大的影响。

二、税收中性与中性税制及其向现实税制的靠拢

一般而言，对税收中性和中性税制的探讨并不是一个独立的领域，而是贯穿于对税收原则和最优税理论的讨论之中。从理论上看，税制改革的目标之一是设计一套中性的税制结构，使税收制度对经济运行不产生扭曲性作用。这样，税收中性和中性税制的思想实际上“反映了主流经济理论在效率和公平兼顾的关系中主张效率优先的原则”④。

税收中性思想最早见于亚当·斯密（Adam Smith）的经济思想之中，但由马歇尔（Marshall）最早系统地提出。在倡导“看不见的手”的自由

① Piggott John and John Whalley，2001，“VAT Base Broadening，Self Supply，and the Informal Sector”，American Economic Review 91，pp. 1084 - 94.

② Emran M. Shahe and Joseph E. Stiglitz，2005，“On Selective Indirect Tax Reform in Developing Countries”，Journal of Public Economics 89，pp. 599 - 623.

③ Roger Gordon and Wei Li，“Tax Structures in Developing Countries：Many Puzzles and a Possible Explanation”，UCSD and University of Virginia working paper.

④ 吴俊培. 公共经济学[M]. 武汉：武汉大学出版社，2009：226.

市场经济理论中，任何有悖于自由市场经济原则的政府干预都是无效率的。因此，在税收是不可避免的情况下，探索对经济运行不产生扭曲作用的税收结构，即中性税制，便是自由市场经济理论的应有之义。但是，伴随着国家对经济调控职能的出现，税收作为宏观经济调控的职能便显现出来。虽然，随着供给学派等新自由主义经济学的产生并在政策领域发挥作用，税收中性重新复活，但税收中性与税收的经济调控职能之间的矛盾仍不可避免。因此，税收中性与税收调节作用的相互调和便成为中性税制理论和实践中面临的重要问题。

威尼·瑟斯克（Wayne Thirsk，1993）在对发展中国家税制改革进行分析的时候认为，实现更大中性的税制改革会和现实可能的结果产生很大的距离。因此，其分析中也暗含了税收的中性和效率不可能兼顾的倾向①。另外，税收不可避免地要具有收入差距调节的作用，而收入差距调节则意味着对税收中性一定程度的破坏。比如，斯特恩（Stern，1987）在对拉姆齐法则进行修订的研究中提出，无论弹性多高都应该对高收入阶层偏好的商品课以重税，而对低收入阶层偏好的商品可以轻税②。从这个意义上看，税收中性和中性税制也只是一种理论构想。这一点在我国税制改革相关理论研究中已经得到较为广泛的体现。

陈金池（2006）把完全的税收中性原则看作“只是一种理论构想”，因为，在设计税制、确定各税制要素时，任何一个方面考虑不周，都可能违背税收中性原则③。这从另一角度说明，税收中性原则对现实的税制改革仍然具有一定的指导意义，即虽然任何单一税种都不可能完全实现税收中性，但通过各税种的合理搭配，税种之间税制要素的合理设置却能够尽可能接近税收中性原则。

石金黄，韩东林（2007）分析了税收中性与税收调控的“矛盾性和统

---

① 威尼·瑟斯克. 发展中国家的税制改革[M]. 北京：中国人民大学出版社，2001：11 - 12.

② Stern, N. H. “The Theory of Optimal Commodity and Income Taxation: An Introduction”, Oxford: Oxford University Press, 1987.

③ 陈金池. 正确认识税收中性原则当代经济探讨[J]. 现代经济探讨，2006(5)：85 - 87.

一性”，他们认为，虽然税收中性与其宏观调控职能两者之间关系的不同侧重对税制结构模式选择、税基选择和税率设计等有不同的要求，但两者却不可避免地统一于税收的效率和公平原则的实现。因此，将税收中性理念对经济效率的追求与税收宏观调控对税收社会收益（外部收益）的追求相结合，并将税收中性理念对经济公平的追求与税收宏观调控对社会公平的追求结合起来的“相对税收中性论”① 作为税制改革的指导思想和理论依据，将是税制改革成功的关键。这一类似的看法在锡德里克·桑福德（Cedric Sandford，1993）对 20 世纪 80 年代世界性税制改革进行研究的时候就已经提到，桑福德认为，虽然税收中性原则要求税收制度要保证经济运行有一个“平坦的竞赛场地”，但由于自由市场本身也会出现扭曲，因而，需要通过税制设置来“铲平竞赛场地的坑坑洼洼”，在此基础上，他将这样的课税命名为“次优课税”②。而哈维·罗森（Harvey S. Rosen）在其《财政学》中认为“把所有的税率都定为相同的（中性），也许并不是有效率的”③。也正因如此，威尼·瑟斯克（Wayne Thirsk，1994）在其研究中认为，税收中性仍然是发展中国家税制改革的目标，但其中的税收公平特别是纵向公平已经被重新定义，即“转化成了为防止穷人更穷的目标”④。

这也说明，传统税制结构研究已经开始向现实世界靠拢，只是靠拢的方式是多样化的。早在 20 世纪 80 年代，我国一些财政学者就已经开始了类似的探索：王亘坚（1985）认识到不同的税种具有“不同和不等的经济杠杆作用”，因此，他认为税制优化要分析各税种的课税对象及其分别带来的影响，“恰当地选择和配套建立税种”⑤，这是税制设计和税制改革科

---

① 石金黄，韩东林．市场经济下税制改革的理论基础——税收相对中性论［J］．特区经济，2007（2）：157－159．

② ［英］锡德里克·桑福德．成功试制改革的经验与问题——成功的税制改革［M］．北京：中国人民大学出版社，2001：24．

③ 哈维·罗森．财政学（第 7 版）［M］．北京：中国人民大学出版社，2008：293．

④ 威尼·瑟斯克．发展中国家的税制改革［M］．北京：中国人民大学出版社，2001：20．

⑤ 王亘坚．我国税制改革的理论依据［J］．财贸经济，1985（11）：26－31．

学性的理论依据。杜萌崑（1986）从税收的经济调节和收入筹集相统一的角度提出，只有实现了经济调节的功能才能更好地发挥税收的收入筹集功能，并提出在税制优化中“必须把税收放在社会经济运行模式上去考察”①。这实际上提出了税制优化和经济调节之间的双向机制。与此相类似，邓子基（1988）跳出了中性税制的框架，提出了社会主义初级阶段的治税原则，即“发展经济”“辩证治税”“依法治税”和“主动改革”四大原则。虽然该篇论文主要针对20世纪80年代末的经济社会环境而提出，但其治税思想至今仍有重要的意义。特别是其在“发展经济”理念中提出的以“能否推动生产力的发展”的标准来衡量税收制度的完善与否、税制模式的合理与否以及税制改革成功与否②，这对当前促进经济发展方式转变背景下的税制改革仍然有重要的启发。如果从广义生产力发展的角度看，这一思路可以变为“以能否促进经济发展”作为税制完善与否的标准，这里边就有了将经济发展理念融入的意义。毕竟，税基随着经济发展的变化会引起税制结构的变化，税收政策目标随经济发展阶段的变化也会引起对判断良好税制结构准则的变化③。但他以及后来的研究者没有对促进经济发展或经济发展方式转变的税收制度做出明确的界定。比如，虽然Roger Gordon and Wei Li（2006）对发展中国家税制结构中存在的诸多疑惑进行了分析，基本结论仍然是最优税制结构应和经济发展结构相一致，即只要发展中国家的经济结构还没有达到完善的程度，最优税制结构就要受到约束④，但他们没有对税制结构对经济结构的促进作用进行分析。

邓力平（1997）在最优税理论的基础上对税制结构的“理想优化”和“现实优化”间的联系和区别进行了分析。他重点考虑了各类约束条件，并用“优化、现实、迫近”概括出了税制改革的路径，即不断创造条件尽

① 杜萌崑. 经济体制的转换与税收战略思想的转变[J]. 经济研究，1986(7)：67－70.

② 邓子基. 深化税制改革的理论分析与政策选择[J]. 财政研究，1988(5)：42－62.

③ 马斯格雷夫. 比较财政分析[M]. 上海：上海人民出版社，上海三联书店，1996：22.

④ Roger Gordon and Wei Li. “Tax Structures in Developing Countries: Many Puzzles and a Possible Explanation”, UCSD and University of Virginia working paper.

可能使“现实优化”向“理想优化”靠近①。这实际上是对传统税制结构研究的基本思路和方法进行重构的尝试。

三、传统研究范式的总结及进一步研究空间探讨

从税制结构的传统研究中可以看到，对税制结构的研究大概遵循这样一条路径：从现实税制问题出发解决现实税制问题，到从一般理论出发指导现实税制问题，再到向现实回归的理论趋向。早期的税制结构研究着眼于税制结构的现实问题，即从现实问题出发分析并解决现实问题。配第、魁奈、萨伊、休谟、尤斯蒂、斯密等都着眼于当时环境下该如何课税、对什么课税等具体问题（尽管人们从中提炼出了具有一般性的税收原则）。现代税收原则特别是最优税制理论侧重于对课税一般原则的探讨，尽管这些一般性的探讨对现实课税有较强的指导意义，但其抽象的理论意义显然强于现实意义。因而，在税制改革遭遇理论偏差时，对税制改革理论向现实回归的尝试，如次优课税等便开始形成。

对传统思路的分析也表明，对税制结构研究的思路具有较大的重构空间：

首先，税制改革和税制结构调整要遵循税收公平和效率的原则，这应该是税制改革的根本方向。最优税制理论在严格的假设下探讨了最优商品税和最优所得税及两大税类的组合问题，虽然从最优税的角度探讨了税制结构选择问题，但是，第一，其中的税制结构过于简单化，没有将现实税制结构的复杂结构、因素考虑进来；第二，最优税理论与现实有很大的距离，不能直接为现实税制改革提供依据。虽然，在此基础上税制改革实践所遵循的次优税制承认了税收的调节或调控作用，但由于次优税制还不具有完整的理论体系，也就不能对税制结构的设计确定明确的方向。因此，如何重新为税制改革确立合意的、与现实零距离的税制改革方向仍然是税

① 邓力平．“理想优化”还是“现实优化”——新时期税制改革思想的选择[J]．涉外税务，1997(01)：18-19.

制结构分析的重要内容。这一内容的核心应该是：税收公平和税收效率原则应该怎么样整体遵从？

其次，现有对中性税制的研究以及对税制与经济发展诸因素之间关系的研究都在不同程度上把握了现存税制的不足，但由于这些研究往往集中于对某一些税种的研究，其得出的结论也往往是“头痛医头，脚痛医脚”，缺乏全面性，而且往往在完善了某一个（些）税种的同时丧失了整体税制的效率或公平性。

再次，目前的相关研究主要集中在对某一税种或税类的公平性、效率性的讨论，缺乏整体性研究。税收公平原则和效率原则的实现要在整体税制协同的条件下才能够发挥作用。因此，税制改革方向的确定需要从税制结构整体性出发探讨税制结构的性质。确定整体性的分析框架便成为税制结构分析的重要内容，也是本书研究的一个突破口。税制结构分析的整体性框架确定，需要将税制结构与经济发展过程、经济稳定结合起来，使税制结构和经济发展过程形成相互轨制的机制。

最后，从总体上探讨税制结构的性质，并在对不同性质的税制结构进行分析的基础上，才能对中国税制进行科学的分析，进而为中国税制转型提供科学的导向。由于特定的税制结构在不同的经济社会环境下也会表现出不同的性质，因此，税制改革方向的确定需要在整体性分析的框架下，充分考虑税制要素不同组合、税种（类）组合的不同经济效应变化的基础上构建一个开放性的、弹性的税制结构框架，这是保持税制改革及其成果可持续性的重要保证。

第二节　税制结构研究思路重构

传统税制结构研究思路的核心是税制优化。上述内容表明，税制优化常常倡导对税收公平和效率原则的遵从，但不同时期税制优化内容的侧重点都有所不同：早期税制优化内容的侧重点是税收收入能力的提高，而现代税制优化理论中其内容的侧重点集中在税收的调节作用上。因而，税制结构优化理论和实践的演进过程实际上反映的是不同时期对不同性质的税制结构研究和探索的过程。从这个意义上看，本书从税制结构性质的研究入手探究税制结构转型实际上是在已有的税制优化理论基础上对税制结构研究思路进行的重构尝试。这就需要对税制结构的性质以及在此基础上如何推进税制结构转型进行界定。

一、问题的提出：为什么要引入税制结构的性质？

税制改革要遵循什么原则？要沿着什么样的方向进行？等等，这些一直是税制改革理论和实践中不断争论的问题。一般而言，对税收问题的任何研究都是在对一个国家税制结构或某一税类或某一税种改革方向的探索。因此，分析各个研究在确定税制改革方向上的优点和劣势是理论研究的一个重要方面。现有对税制改革的研究和讨论主要沿着三条路径进行：

第一，从税收原则（即税收公平和税收效率原则）的角度出发，对税制改革或税制结构进行公平性和效率性的理论设计。这是传统税制改革理论研究的基本路径。这一类研究的基本结论是构建既符合税收公平又符合税收效率原则的税制结构。最优税制理论从最优税的角度探讨了税制结构，在严格的假设下探讨了最优商品税和最优所得税及两大税类的组合问题，即将直接税的公平诉求和间接税的效率诉求相结合的税制结构相结合可以实现税收的公平和效率。但其中的税制结构过于简单化，同时最优税理论与现实有很大的距离，它提供的是西方理论界探求对税收公平和税收效率权衡的一种思考思路。正如罗森所说，“最适税收研究的结果并不是确立税制的‘蓝图’”①。同样，“所谓最优商品税、最优所得税也并不是意味着人们已经设计出了此类税收，而仅仅提供了并且在非常严格假定下描述最优税制特征的理论和方法”②。同时，这一研究路径下的成果由于没

---

① 哈维·罗森. 财政学(第7版)[M]. 北京：中国人民大学出版社，2008：293.

② 杨斌. 税收学[M]. 北京：科学出版社，2011：116.

有考虑到税制要素在税制构建中的作用，导致了由于现实中税制要素组合方式的不同，实际税制结构与理想的税制结构在税制结构的性质上存在很大的差异。而且，直接税结构和间接税结构本身也是一个复杂的体系，不同税种的组合也将对其性质产生重大的影响。

第二，对税制结构设计的研究。这一研究路径下的研究成果大多集中在对影响税制结构因素的分析上，比如，马斯格雷夫（Richard A Musgrave，1968）认为[①]，发展对税制结构的影响更多的是一个制度变化的函数，而更少的是具有内在的经济问题性质。因此，经济因素以两种方式影响着税制结构的发展，即税基随着经济发展的变化引起税制结构的变化，税收政策目标随经济发展阶段的变化而引起对判断良好税制结构准则的变化。Roger Gordon and Wei Li（2006）对发展中国家税制结构中存在的诸多疑惑进行了分析，基本结论是最优税制结构应和经济发展结构相一致，即只要发展中国家的经济结构还没有达到完善的程度，最优税制结构就要受到约束。但他们没有对税制结构对经济结构的促进作用进行分析。所以，这一研究路径对税制结构影响因素的分析对现实中的税制设计具有重要的意义，但税制结构与这些影响因素（特别是经济发展）之间的关系是双向的而非单向的。因而，这些单向的研究往往忽略了税制不同结构的调节作用。锡德里克·桑福德（Cedric Sandford，1993）考虑到发展中国家的具体问题，对税制改革指导原则发展为“次优课税”，使税收中性原则发展为“相对税收中性论”[②]，但由于次优税制还不具有完整的理论体系，也就不能对税制结构的设计确定明确的方向。我国一些学者对中性税制的研究以及税制与经济发展诸因素之间关系的研究都在不同程度上把握了我国现存税制的不足，但由于这些研究往往集中于对某一些税种的研究，其得出的结论也往往是“头痛医头，脚痛医脚”，缺乏全面性，而且往往存在完善了某一个（些）税种的同时丧失了整体税制的效率或公平性的问题。

---

① 马斯格雷夫. 比较财政分析[M]. 上海：上海人民出版社，1996.

② 石金黄，韩东林. 市场经济下税制改革的理论基础——税收相对中性论[J]. 特区经济，2007(2).

第三，对单一税种（类）的研究。比如，刘怡，聂海峰（2004）分析了间接税对收入分配的影响，安体富等（2007）分析了税收在收入分配中的功能、机制与政策。马海涛（2011，2010，2009），岳树民（2004），岳树民，李建清等（2007），高培勇（2009）从不同税种（类）的性质及其对经济的影响等方面出发对税制结构由间接税为主向以直接税为主转变进行了全面的分析。这些研究包括对单一税种（类）的公平性和效率性的评价、对单一税种（类）税制设计的探讨以及对经济增长、收入分配等关系的研究。但税收作用的发挥需要税制结构整体的作用。

因此，对税制改革方向的确定需要从整体上分析并确定税制结构的特定性质，从影响税制结构性质的各个因素入手促进税制转型。只有从总体上探讨税制结构的性质，并在对不同性质的税制结构进行分析的基础上构建能够融合现代发展理念，并不断改善人们福利及其与资源环境关系的具有发展型性质的税制结构，才能为中国税制转型提供科学的导向。

二、对税制结构性质考察的基本框架

事物的性质往往通过其功能来反映，通常情况下，事物的性质是由其内部的不同功能相互作用共同形成的。因而，税制结构的性质也是由税制结构内部各组成部分的不同功能相互作用形成的。税制结构是一个复杂的体系，简单的税制结构是由不同的税种和税制要素相互作用的架构，这一架构通过税收的各种功能相互作用形成了税制结构的性质。因此，把握税制结构的性质需要综合考虑三个层次的问题：

第一，税制要素安排对税种性质的影响。通常情况下，税制要素并不是随机搭配的，而是在税收制度设计中按照其内在的规定性进行组合的。但基于对税制要素内在规定性的不同理解，税制要素组合安排往往是不同的，因此，税制要素安排也常常表现出差异性，甚至易变性。比如，在课税环节设置上，缺乏对财产保有环节课税将影响财产税本有的性质。而在个人所得税纳税人安排上，以个体为单位计税和以家庭为单位课税将影响个人所得税的收入分配调节功能甚至收入筹集功能。因此，税种的性质，进而税制结构的性质便受到税制要素安排或税制要素组合的影响。

第二，税种组合与税类的性质。税种结构是税制结构的核心内容。各个国家的税制结构及其变迁通常都通过税种的不同组合及其变化来反映。然而，在税种设置上，不同国家有不同的表现：其一，在不同的国家或地区，同样性质的税种有不同的名称。比如，同样对工资、薪金课税，在香港称为“薪俸税”，而在大陆则是个人所得税中的一个税目。其二，同样名称的税种可能具有不同的性质。其中最简单的例子，比如，同样是增值税，有的国家或地区采用生产型增值税，有的国家或地区采用消费型增值税。即使是生产型增值税或消费型增值税，在不同的国家或地区其表现形式也各有不同。其三，同样名称和性质的税种，由于课税方式或税制要素设置不同，其产生影响的方式和程度会有所不同。比如，同样是个人所得税，设置超额累进税率和比例税率虽然都能体现出累进性[①]，但它们所表现出来的税收征管成本、收入差距调节力度以及所秉持的公平理念都有明显的不同。因此，在讨论税种性质及其对税制结构性质影响上，最简单的方式是考察不同税种性质变化对其所对应的税类性质的影响。比如，营业税改征增值税将增强流转税的中性特征。遗产税、赠与税的缺失将影响财产税调节作用的有效发挥等。

第三，在上述两个层次基础上，从各税类之间的综合关系上确立税制结构的特定性质。其他因素不变的情况下，各税种之间比例关系决定了税制结构的性质。因此，需要对税制结构进行综合的整体性分析。后文的分析框架表明，不同税种安排下的税制结构对经济平衡的不同作用反映出整体税制结构的不同性质。

对税制结构性质的考察实际上可以通过图 2 - 1 来反映。同时，图 2 - 1 也反映出对税制结构性质界定的复杂性：其一，对税制结构的性质进行分析，其目的就是在传统税收分析中引入现实税制因素（如税制要素等），使传统税制优化理论与现实的税制改革相衔接。因此，对税收经济效应的

① 所得税中通过比例税率与免征额（或费用扣除标准）的结合也能体现出累进性。

重新分析便是税制结构性质分析的重要内容。税制结构的性质要通过税收效应反映出来，但在传统税收经济效应分析中加入税制要素组合的变动因素时，某一税种的经济效应一定会发生变化，进而税类、税制结构的经济效应就不能再从传统的分析维度进行①。其二，税制结构的性质本身就包含着这样一层含义，即必须建立一个整体性的分析框架。把税制结构作为一个整体进行分析是税制结构研究中常见的内容之一，但不同的思路和方法以及不同的理论依据的选择往往决定了特定的整体性分析框架能否全面把握税制结构的性质，同时也决定了对税制结构性质的研究能否以及从什么角度对税制结构优化做出政策性贡献。对税制结构的研究要专注于税制结构及其构成因素上，但同时也要将税制结构与现实的经济社会结构相结合，把握税制结构与经济发展相轨制的关系。

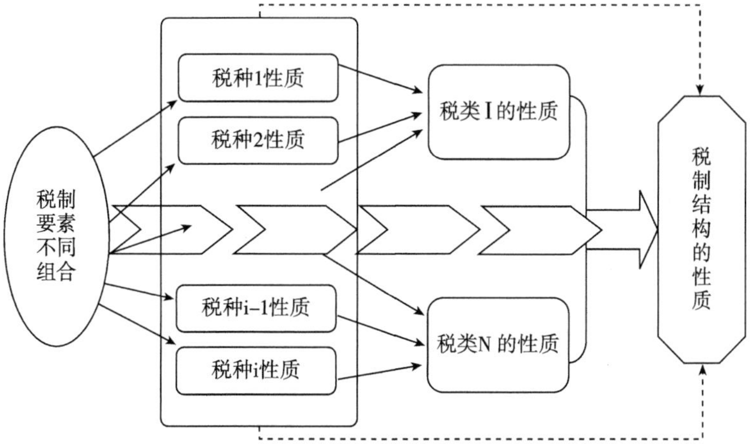

图 2－1　税制结构性质的研究框架示意

本章后文将在税制演化的背景下对税制结构的不同性质进行界定，在此基础上，进一步界定税制优化、税制结构的性质与税制转型之间的关系。

① 这一内容在拙作《税制结构的性质与中国税制改革研究》一书中已经做了详尽的分析，因此，本书在下文相关分析中提及基本思路，但不再对此进一步展开分析。陈少克，陆跃祥．税制结构的性质与中国税制改革研究［M］．北京：经济科学出版社，2013：58－80.

三、税制结构不同性质的界定与分析

从税收发展史上看，税制结构的发展呈现出一定的规律性，即从早期的以古老的直接税为主的税制结构体系发展为以商品和劳务税为主体的税制结构模式，再到以所得税为主体的税制结构模式，并进一步呈现向以商品、劳务税和所得税为双主体的税制结构模式演进的趋势。尽管税制结构的这些演化过程在客观上与经济结构的发展过程呈现出较强的一致性，但从税制结构性质上看，这些演化过程不过是由早期的收入型税制结构向增长型税制结构演化而已。因此，对税制结构性质的界定与分析可以从重新分析税制结构的演化过程入手。

（一）早期收入型税制结构分析

收入型税制结构是对税收本源意义的反映，即当一个国家的税制结构能够保证税收是政府财政收入的主要来源时，这种税制结构便可称为收入型税制结构。

“国家存在的经济体现就是捐税”①，税收的基本定位常常是为政府获取充足的财政收入，但在资本主义社会形成之前的漫长社会中，一方面，由于社会经济结构比较简单，能构成税源的课税对象和社会财富有限；另一方面，政府收入来源多元化，税、费、罚没等形式长期共存，使税收的主体作用难以发挥。在税收的本源功能无法充分实现的条件下，税制结构也就谈不上是以筹集收入为主的收入型税制结构。但在税收发展史上，仅以课税对象的某些外部标识（土地、房屋和人身等）为标准而设置的古老的直接税制为主体的税制结构模式在长期相对稳定的经济结构状态下确实能够带来相对充足的税收收入，因此，我们可以近似地称之为早期收入型税制结构。同时，称其为早期收入型税制结构的另一层原因在于，早期的统治者在对税制结构进行调整的时候所考虑的核心问题也是尽可能实现收入的最大化。

---

① 马克思恩格斯全集(第4卷)[M].北京:人民出版社,1958:342－343.

从税制结构的构成上看，早期的收入型税制结构在税种（类）上主要是土地税（田赋）、房屋税、人头税以及部分商业类税种等。这些税种都具有直接税的性质。比如，土地税（田赋）一般是以土地所有者为纳税人，以土地数量为计税依据从量课征，土地所有者通常通过提高地租等手段将税收负担转嫁给佃户等，但这些税收负担却较少通过商品价格进行转嫁。早期收入型税制结构中的商业类税收通常对商贩核定征收（通常与经营状况脱钩），比如，清道光二十四年（1844 年）的材料："西山 16 村庄，买卖牲畜……征税银 40 两"。而京城通州坐粮厅则"凡水陆货物……分别落地、起京计数课税"①，这些所征之税"实对于货物之消费而征收"②，便具有直接税的性质。

在这些以早期直接税为主体税类构成的早期收入型税制结构中，由于税收的征收具有较强的随意性，因此，很难通过公平和效率原则对其进行评价，但可以在税制变革过程中，通过税制变革前后制度安排的公平性、效率性的对比进行评判。比如，以中国清代"摊丁入亩"为例，将人头税"摊"入土地中进行课征，一方面，减少了政府税收征管中所必须面对的庞大的纳税人数量（由于土地相对集中），因此，便体现出税收征管上的效率；另一方面，使税收课征的依据与纳税人的纳税能力相挂钩（土地作为社会财富的重要内容更能代表纳税能力），因此，便提高了税制结构的公平程度。然而，正像一般的研究所认为的，这种古老的直接税加速了农业的破产，政府往往采取加重对城市工商业课税的办法维持财政收入，因而，诸如执照税、资本税等城市的直接税便又成为阻碍工商业发展的重要因素。在现代税收思想还没出现之前，由于这种税制结构很少考虑对经济社会发展可能的影响，因此，当经济结构发生变化进而税源结构改变时，税制结构才从收入筹集的角度出发进行相应的变化，否则，税制结构一般表现为相对稳定。但正因为这种税制结构的相对稳定性，它往往在经济结

---

① 《清会典事例》卷 234"户部八三·关税"，第 757－758 页。丰若非，刘建生. 清代杀虎口的实征关税与北路贸易[J]. 中国经济史研究，2009(2)：15－26.

② 李景铭. 中国财政史[M]. 北平：华北大学，1936：444.

构变动时产生很强的阻碍作用。在经济史上，随着资本主义的发展，经济（税源）结构不断发生变化，因而，不同时期为满足政府财政收入不断增长的要求，税制结构也在不断地发生变化。资本主义发展早期，在税制结构上表现为以具有较强收入筹集功能的间接税为主。18 世纪末为了应付拿破仑战争带来的财政压力，法国最早开征个人所得税等。但这些税种变化的初始动机是强化收入型税制结构。

（二）收入型税制结构的增强及其向增长型税制结构的演变

收入型税制结构的性质是一切税制结构所应具有的基本性质——否则国家税收便毫无意义。特别是，在现代国家，税收是财政收入的主要来源，任何国家构建或重构税制结构必须从其收入筹集功能上充分考虑。因此，可以说，税制结构最初的演化过程实际上是收入型税制结构不断强化的过程。

增长型税制结构是在现代收入型税制结构的基础上，随着对税收的调节功能的强调，特别是通过税制设置调整或刺激经济增长的背景下产生的税制结构。因此，增长型税制结构往往同时具有两个基本的特征：其一，增长型税制结构要不断增强税制结构收入筹集的功能。最突出的表现是税收收入随着经济发展不断增长（甚至超过 GDP 的增长速度）。其二，增长型税制结构特别强调其对经济增长的刺激作用。这些刺激作用往往通过税收优惠等表现出来（但不单表现在税收优惠一个方面）。因此，这两个方面的结合不可避免产生理论上的悖论和现实中的矛盾：首先，随着税收收入增长率不断提高，一个国家宏观税负水平将不断提高，这将阻碍经济增长，但在税制结构设置上却又能够在一定程度上刺激经济增长，这就是与传统“经济—税收”关系相比较的一个理论悖论。其次，这一理论悖论产生的现实依据是税制结构与经济结构之间的失衡，即税制结构的刺激作用往往导致税制结构、经济增长和经济发展的失衡。

一般情况下，增长型税制结构产生于现代税制之下，因此，在增长型税制结构体系中，各个税种互相组合，使课税范围覆盖了所有生产交易活动，这种广覆盖的税制结构首先增强了收入型税制结构，为税收收入的持续增加和现代税收国家的形成奠定了坚实的基础。但增长型税制的产生主要是由于在不同的课税环节，对不同纳税人的不同纳税事项有了弹性的规定，比如，商品税中往往对特别的商品规定优惠税率，对不同行业规定不同的税收优惠等；所得税中则主要体现在税收优惠条款的不断复杂化等。这些弹性的规定一方面增强了纳税人的可选择空间，另一方面造成不同纳税人不同的税负结构。这两方面的影响其共同点在于对一些纳税人产生刺激作用的同时，在一定程度、一定范围内抑制了另一些纳税人。而增长型税制结构的常见表现是，整体上看其刺激作用的增长效应远大于其抑制效应。因此，课税结构伴随着社会价值流动不断扭曲着经济中的平衡因素。

从税制结构演化的角度看，随着商品经济和国际贸易的发展，“间接税制度就同社会消费发生了双重的冲突”，即关税保护破坏了国际之间的自由交换关系，而在国内，间接税“破坏各种商品价值的对比关系，损害自由竞争和交换”[①]，这也说明，正是从促进资本主义经济增长的角度出发，税制结构才开始从间接税制转变为直接税制。随着现代税收理论和税收原则的不断发展，税收的调节作用特别是税收对经济的刺激作用不断显现，税制结构设置中对经济增长的考虑越来越多，也因而不断丰富并不断完善着税制结构。特别是在税制设置（或设计）中对税收效率原则的强调的突出，促使增长型税制结构不断发展。

如图2－2、图2－3、图2－4、图2－5、图2－6所示[②]，20世纪初期之前，虽然各国税制结构也不断发生变化，但总体上以间接税为主。不考虑具体的税制要素设置，单就间接税的性质来看，由于间接税税收负担的可转嫁性，因而，这样的税制结构可以减轻企业的税收负担，进而有利于资本主义工商业的资本积累，并对经济增长起到促进作用。由于间接税的计税依据往往是对流转全额课征，因而，随着经济增长进而投资和其他投

① 马克思恩格斯全集（第8卷）[M]. 北京：人民出版社，1961：543－544.

② 图2－2、图2－3、图2－4、图2－5和图2－6数据均转引自李华罡. 税制结构变迁与优化的政治经济学分析[M]. 北京：中国税务出版社，2009：101－113. 其中，图2－6数据做了调整，用的是奥地利、加拿大、法国、德国、日本、英国和美国各年度相关数据的平均值。

入规模的增加，便也保证了税收收入的增加，即这种税制结构在增加税收收入的同时并不会根本上妨碍经济增长，这就构成了增长型税制结构的基本特征。

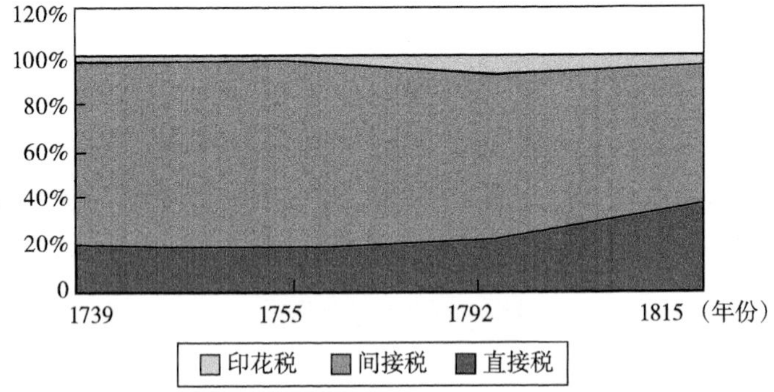

图 2－2　英国分税类收入比重（1739—1815）

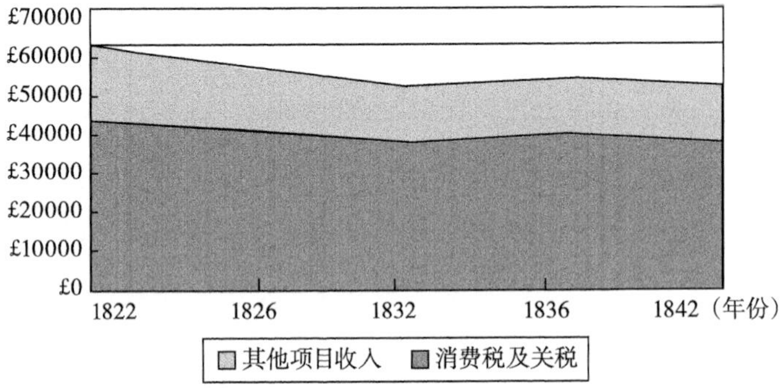

图 2－3　英国分税类收入构成（1822—1842）

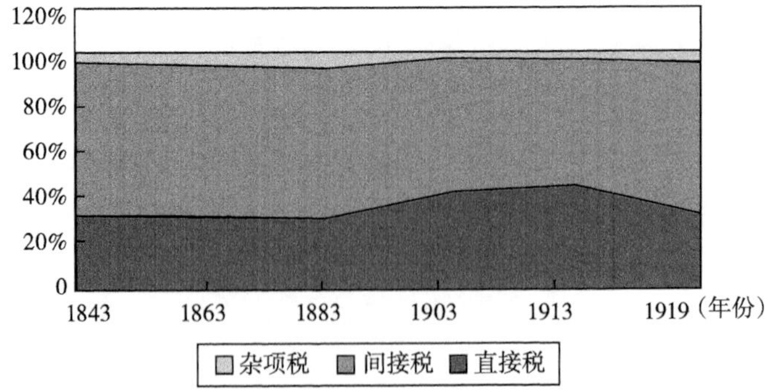

图 2－4　英国分税类收入比重（1843—1919）

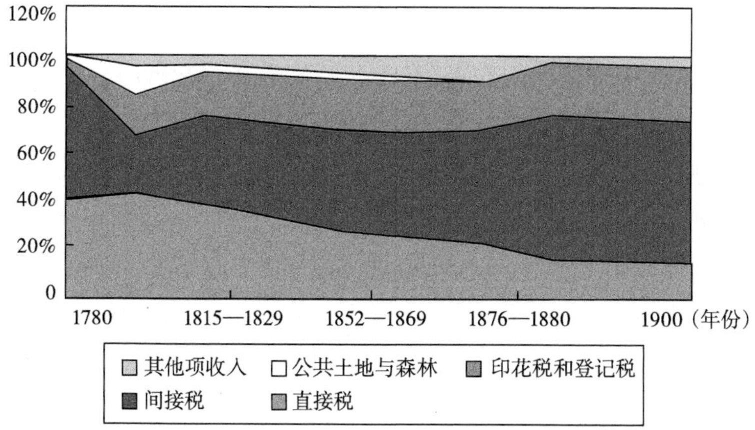

图 2－5 法国财政收入构成分布（1780—1913）

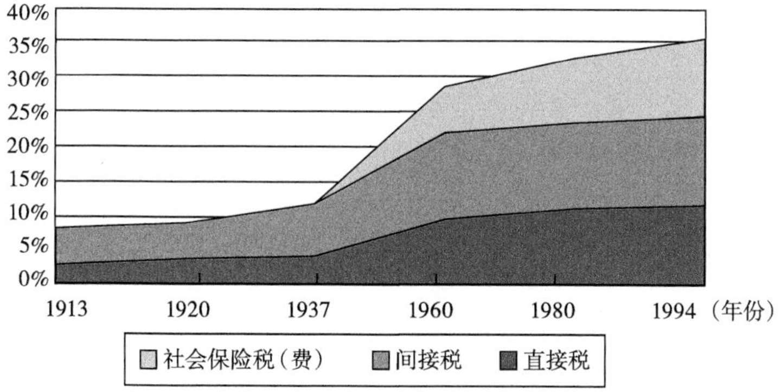

图 2－6 主要发达国家分税类税收收入占 GDP 比例变化（1913—1994）

所得税的最初引入是为增加财政收入考虑，伴随着所得税税收收入规模的不断增长，它并不能改变整体税制结构增长型的特性。但随着累进税率的引进，所得税调节收入分配功能不断增强，加之其他直接税，如财产税和社会保障税等税种的不断完善，税制结构能够更好地促进社会公众福祉改善，因而，伴随着经济发展和所得税、财产税等税种的引入，这种增长型税制结构开始呈现出向发展型税制结构转型的趋势。

但就所得税而言，它在多大程度上能够改变税制结构的性质，还需进一步分析，可以进行如下分析[①]：令 Π 为经济利润，R 为企业总收入，W 为包括工资、原材料等的现时成本，C 为包括利息支付和折旧的资本使用者的成本。则：

企业的经济利润可以表示为 $\Pi = R - W - C$

资本使用者的成本可表示为 $C = \gamma_A K + D$，其中，D 为经济折旧，K 为已投资资本的数量，γ_A 为加权平均融资成本。

在资产负债表中，$K = B + E$，其中，B 为借入资本的数量，E 为所有者（股东）投入的资本数量。

令 γ_B 为借入资金的实际利率，γ_E 为所有者资本金可挣得的实际利率，则：

$$\gamma_A = \frac{B}{K} \cdot \gamma_B + \frac{B}{K} \cdot \gamma_E$$

然而，理论上讲，企业所得税是对企业的经济所得课征，而经济所得中是不包含隐含的利息成本的，因此，经济所得（Π_e）可表示为 $\Pi_e = \Pi + \gamma_E \cdot E$。

但现实中，企业所得税的计税依据（应纳税所得）则需要根据经济所得进行调整，其中，主要调整的是折旧的处理方式。令 D_r 为税法规定的可税前扣除的折旧，则应纳税所得（TI）可表示为 $\mathrm{TI} = \Pi + \gamma_E \cdot E + (D - D_r)$。

据此，可得出以下结论：其一，由于借入资金的成本可以扣除，因此，企业所得税的课征鼓励了企业的债务融资。其二，由于对公司支付的股息重复课税（这些股息在负担了企业所得税之后还要由获得该项收益的个人缴纳个人所得税——目前是由支付方扣缴），因此，所得税的课征鼓励了企业的再投资而非分配。其三，获得加速折旧的投资将受到较大的激励。于是，古典制下的企业所得税对经济增长也具有刺激作用。因而，从

① 陈少克，陆跃祥. 增长型税制简论：对中国税制特性的分析[J]. 税务与经济，2012(1)：68－73.

税种结构上看，在所得税没有采用完全归属制[①]之前，税制结构的性质还是以收入型税制和增长型税制为主。

在现代税收原则的基础上税制结构不断完善，特别是在强调税收公平的背景下，税制结构在调节收入分配上的作用日益增强（特别是在个人所得税、社会保障税等日益成为许多发达国家主要收入来源的情况下），并随着资源税、环保税等的开征，税制结构在促进经济社会可持续发展方面所发挥的作用日益显现，但从世界各地税制改革上看，税制改革的基本理论依据仍然是在效率与公平、增长与发展之间徘徊。特别是当税收被当成"逆经济风向调节"的财政政策主要工具的时候，税收往往成为刺激经济增长的灵活工具，这样，税制结构愈加复杂的同时，增长型税制结构也不断巩固。20 世纪 80 年代以来，各国税制改革日益倾向于对税收效率的强调，而税收公平也主要被定义为"防止穷人更穷"的纵向公平。资源税和环境保护税在大多数国家提上日程甚至付诸实施，但理论和实践中（特别是政府税制设计中）对这些税种可能对经济增长产生阻碍作用的担忧从未消除。总体上看，各国税制改革的基本方向的设定仍然没有走出增长型税制结构的框架（虽然增长型税制没有固定的模式）。因而，从税制结构的性质入手，探索一个具有与经济可持续发展相一致、相轨制性质的税制结构，并促使税制结构转型，是税制结构研究的一个重点。

四、税制结构转型：考虑税制结构性质的税制结构优化

税制结构转型，是由既定性质的税制结构向另一更优性质的税制结构转变的过程。因此，税制结构转型过程实际上是税制结构性质转变的过

---

① 在税收理论中，企业所得税（公司所得税）通常按照归属的程度和对已分配利润是否适用低税率而划分为古典制企业所得税、归属制企业所得税和分率制企业所得税。古典制企业所得税即对公司取得的所有利润都要缴纳公司所得税，支付的股息不能扣除，股东取得的股息所得必须作为投资所得再缴纳个人所得税，即古典公司税制意味着对已分配利润、股息存在重复的所得税课征。而归属制企业所得税则将公司所支付的一部分（部分归属制）或全部（完全归属制）归属到个人所得税的计征范围，不再重复课征企业所得税。分率制则是对公司已分配利润和保留利润按不同的税率进行课征的所得税制。

程，也是税制结构优化的过程。其中，“更优性质的税制结构”是税制结构转型的方向，代表这一种优化了的税制结构状态。而转型过程则包含了税制结构转型过程中所需分析的内容，如税制结构转型方向设定（更优性质的税制结构界定）、各种约束条件、转型路径等。其基本框架如图 2 –7 所示，其中，箭头指向既是转型过程，又是税制优化过程。

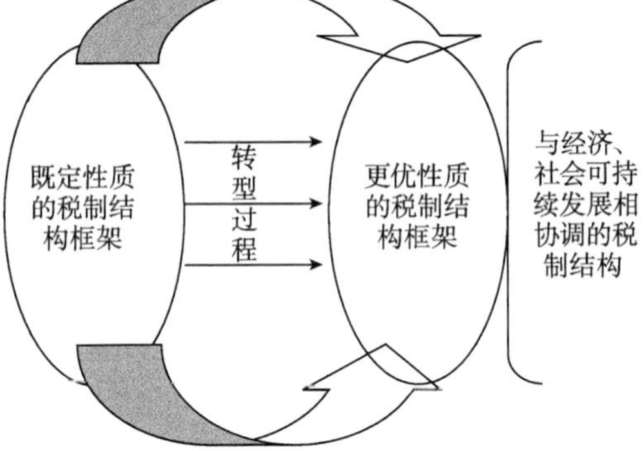

图 2 –7　税制结构转型的基本框架示意

对税制结构转型，本书做以下基本界定①：

第一，税制结构转型要建立在对税制结构性质进行分析的基础上。因此，虽然税制结构转型包含着税制结构的优化，但这个优化过程是税制结构性质转变的过程，或者，这个税制结构优化的过程中伴随着税制结构整体功能及其外在反应的变化。比如，如果既定的税制结构是增长型税制结构，那么，经过税制结构转型过程，新的税制结构性质应该摒弃增长型税制结构的不足，通过各税种及其税制要素的优化、税种与税类的组合重构，形成与经济、社会可持续发展相一致的更优性质的税制结构。但如果一个税制改革优化了税制结构，但没有改变原有税制结构的性质，那么，这种税制优化就不是税制转型意义上的税制优化。

第二，税制结构转型框架下的税制结构优化要遵循现代税收原则，即税收公平和税收效率。但税制结构优化过程中表现出来的应该是税制结构

① 本节仅做框架性界定，详细内容将在后文相关章节中展开分析。

在整体效果上对现代税收原则的遵循。中性税制仍然是税制结构优化过程中的目标，但各个税种、各个税类在运行过程中要通过税制要素的重新组合发挥其在税制结构“大盘”中应有的调节作用，这是税制结构性质分析的关键，也是税制结构转型方向构建的关键。

第三，税制结构转型要在一个整体性分析框架下进行，这个整体性的分析框架应该为分析税制结构转型提供分析框架与分析方法。由于税制结构的性质与经济结构密切相关，且税制结构常常通过作用于经济结构反映出其特定的性质，因而，这一分析框架的建立应该使税制结构通过社会价值流动与经济结构相连接，因此，构建“课税结构—价值流动—经济平衡”的分析框架是税制结构转型分析的基本内容，也是分析税制结构的基本方法。同时，由于税制结构转型涉及利益结构的调整，因此，税制结构转型需要在对利益结构进行分析的基础上，从如何调节社会价值流向的角度入手具体分析税制结构，以保持课税结构与经济社会之间的平衡与可持续性关系。

第四，税制结构转型方向的设定是税制结构转型的基本问题之一。其所涉及的是：什么性质的税制结构是现实可供选择的税制结构？如上文分析，增长型税制结构发展的结果将使经济结构和税制结构的失调，因此，一个更优性质的税制结构，其本身应该具有可持续性，同时要与经济、社会可持续发展相协调。本书将具有这种性质的税制结构称为发展型税制结构。本书认为，在传统税收效率和税收公平原则的基础上，发展型税制的特征可总结如下[①]：首先，发展型税制应该实现税收收入与经济增长的和谐关系，即税收收入随着经济增长而适度增长，但税制结构本身的内在增收功能以及税制结构对经济增长的刺激作用（而非调节作用）弱化或中性化；其次，在前述基础上，发展型税制应实现其本身应有的调节作用，通过税制结构内部设置不断促进经济结构的优化；再次，发展型税制结构的

① 陈少克，陆跃祥．增长型税制简论：对中国税制特性的分析[J]．税务与经济，2012(1)：68－73.

合理化还体现于在促进经济结构优化的同时实现经济、资源、环境的可持续发展；最后，发展型税制结构应该保证发展理念的最终目的，即在人们福祉水平改善上发挥相应的调节作用。

由于发展型税制结构的构建要建立在特定的发展理念之下，因此，发展型税制结构是一个开放的体系，即它要随着“发展”理念的不断更新而变化，也将随着经济结构合理化及优化升级而相应更新。从目前来看，构建发展型税制结构的关键是在税收基本理论和税制改革实践的经验和教训的基础上，从整体性税制分析的角度入手，将可持续发展、收入分配合理化、绿色税制等“发展”理念融入到理论研究和税制改革实践之中。这将是深化对税制结构基本理论和税制改革思想认识和研究的重要课题。

本章小结

早期的税制结构研究往往从现实税收问题出发，着力解决现实税制结构问题，并在此基础上抽象出了早期的税收原则。税收原则发展到现代，已经着力于从抽象的理论研究出发，寻找最优的课税原则。最优税理论从抽象的税制结构出发提出了最优商品课税理论、最优所得课税理论以及商品税和所得税的相互配合，这为现实税制结构设置如何实现效率和公平的结合提供了理论支撑。但税制结构是一个复杂的体系，不仅涉及税种、税类组合问题，而且其中税制要素的不同组合将影响税种的性质，进而影响税类和税制结构的性质。现实税制结构研究必须从整个税制体系的角度出发，从税制结构的不同性质出发来构造具有良好性质的税制结构。基于此，税制结构转型便成为税制结构研究的另一思路。本书认为，税制结构转型是考虑税制结构性质的税制优化，因此，如果一个特定的税制结构优化过程没有改变税制结构的性质，特别是继续保留了增长型税制结构的特性，那么这种优化便不是税制结构转型。本书从税制结构的性质出发，将税制结构分为收入型税制结构、增长型税制结构和发展型税制结构，并认为，收入型税制结构是税制结构中的一种最基本的形式，是增长型税制结构和发展型税制结构的基础。本章在税制结构性质的基础上对税制结构演化做了新的分析，税制结构的演化过程是收入型税制结构形成并强化的过程，在这一过程中，出于对税收调节功能的强调，在收入型税制结构的基础上逐渐形成了增长型税制结构。这种增长型税制结构是对人们追求经济增长的一种回应，但增长型税制结构与现代社会中人们所追求的收入分配合理化、资源环境可持续发展等理念是不协调的，因此，税制结构转型研究的便是在税制结构优化的基础上，推动增长型税制结构向发展型税制结构的转变。显然，这需要对税制结构转型的分析框架和方法进行界定。

第三章　税制结构转型的理论分析

税制结构转型分析的最终目标是确立税制结构转型的方向（即目标税制结构），这需要在对税制结构性质界定的基础上确定。然而，如前文所述，影响税制结构性质的因素是多方面的，特别是，考虑到融入经济发展理念的发展型税制结构的构建更是一个系统性工程。因此，必须有一个整体性的框架进行界定。税制结构转型方向的确定是一个基础性问题，同时，税制结构转型也不可避免地涉及转型过程的分析，税制结构转型过程中的各种影响因素，以及在这些影响因素下税制结构转型基本路径的形成机理是税制结构转型分析的重要内容，决定着既定税制结构方向能否在转型过程中得以实现。

第一节　税制结构转型的基础：最优宏观税负的确定

“十三五”规划中，对财税体制改革提出了基本的要求，即“按照优化税制结构、稳定宏观税负、推进依法治税的要求全面落实税收法定原则，建立税种科学、结构优化、法律健全、规范公平、征管高效的现代税收制度，逐步提高直接税比重。”其中“稳定宏观税负”常被看作宏观税负水平不变，而且基于这种理念，税制改革中优化税制结构常常被简化成了一个结构性的“加减法”。税收是财政收入的主要来源，因此，任何税制设置或税制改革都需要预设一个合理的宏观税负水平。因而，如何确定一个合理的宏观税负水平便成为税制改革的方向的基础或前提。这就需要对宏观税负及其影响因素有一个科学的认识。

一、相关文献综述与基本假设界定

许多文献对宏观税负的界定主要围绕不同口径宏观税负的适用性进行，许善达（1999）考虑到宏观税负是规模问题与结构问题的综合，将宏观税负界定为：一国纳税人整体所缴纳的税款总额占该国同期社会剩余产品的比重及其内部结构状况①。而从税收的性质上看，最优宏观税负水平不仅要考虑满足政府支出的需要，还要有促进经济发展的考虑。李俊生（1994）从宏观税负与财政支出的关系出发，认为最优宏观税负是指“一个财政年度内税收收入总额与理想效率条件下的财政支出总额基本相等”②。Marsden（1983）较早关注了基于经济增长的最优宏观税负问题，就税收比率的高低对经济增长率的影响进行了研究，认为低税负有利于经济增长，但在考虑到投资增长率和劳动力增长率之后，税负水平对经济增长的影响明显减弱③。黄景国（1995）认为，最优宏观税负的选择应以经济发展最快、GDP 最大为依据④。郭玉清等（2007）通过扩展 Barro 模型，构建了将消费者、企业和政府行为全部纳入的分析框架，从理论上得出了政府干预经济运行的最优宏观税负测算公式⑤。贺俊，范小敏，曹苏（2014）在离散时间 Ramsey 模型的分析框架下引入政府的公共开支，通过实证分析对我国理论上的最优宏观税负水平进行估计⑥。罗富政，罗能生（2016）构建了基于税负层次和规模视角的产业结构调整模型，分析了宏观税负、产业税负和生产要素税负对产业结构的影响路径及其区域化差

① 许善达．中国税收负担研究[M]．北京：中国财政经济出版社，1999.

② 李俊生．财政效率论[M]．大连：东北财经大学出版社，1994.

③ K. Marsden. Link between Taxes and Economic Growth: Some Empirical Evidence, World Bank Staff Working papers, No. 605, 1983.

④ 黄景国．对我国宏观税负问题的若干思考[J]．财经理论与实践，1995(5).

⑤ 郭玉清，连晨浩，蒋冉．中国最优宏观税负规模的估算[J]．统计与决策，2007(19).

⑥ 贺俊，范小敏，曹苏．基于内生增长模型的中国宏观税负研究[J]．天津大学学报(社会科学版)，2014(2).

异，并探讨了宏观税负的最优区间[①]。杨灿明，詹新宇（2016）构建包含宏观税负的 DSGE 模型，从研究宏观税负政策偏向对中国经济波动产生的冲击及其传导机制入手探讨宏观税负的稳定效应[②]。

十九大报告中指出，我国社会主要矛盾已转化为人民日益增长的美好生活需要和不平衡、不充分的发展之间的矛盾。这意味着新时代中国特色社会主义要着力在平衡发展的基础上实现充分发展，以充分满足人民日益增长的美好生活需要。这就为税制改革提出了新的要求，即税制改革应该能够促进经济平衡充分发展。因此，将宏观税负置于平衡发展框架中考虑便是新时代中国特色社会主义税制改革的基本要求。基于此，本书利用马克思再生产理论对平衡发展视角下的最优宏观税负及其影响因素进行探讨。为了更好地运用马克思再生产理论进行税收问题的分析，本节做出如下假设：

假设 1：剩余价值的用途仅包括用于扩大再生产的追加投资和缴纳税收。即 $M = T + M_r$（M 为剩余价值，T 为税收，M_r 为税后剩余价值），$M_r = \Delta C + \Delta V$。

在马克思经济学中，剩余价值是被资本家无偿占有的，因此，追求剩余价值最大化是资本家的基本目标。资本家占有的剩余价值在用途上包括资本家个人的消费和资本积累（考虑税收问题的话，一定包括缴纳税收）。因此，为了保证假设 1 的成立，需要假设资本家（或企业所有者）是社会劳动者的一部分[③]，其个人消费问题包含在劳动力价值之中。因此，剩余价值的用途只能是用于扩大再生产的追加投资和缴纳税收。特别是，在社会主义社会中，由于消灭了剥削，剩余价值只能由整个社会占有，按照社

① 罗富政，罗能生．税收负担如何影响产业结构调整——基于税负层次性和规模的讨论[J]．产业经济研究，2016(1)．

② 杨灿明，詹新宇．中国宏观税负政策偏向的经济波动效应[J]．中国社会科学，2016(4)．

③ 这一假设考虑两个方面问题，其一，出于简化分析的考虑，如果既考虑资本家的个人消费又考虑到投资，在下文分析将非常复杂；其二，在社会主义社会中，由于消灭了剥削，因此，不存在资本家这个阶层，每个人都是社会劳动者的一部分；其三，在现实中，资本所有者、企业家等也存在“站在机器旁边的劳动”的性质，因此，在一定程度上也是社会劳动者的一份子。

会需要进行合理分配。从社会主义的生产目的上看，剩余价值分配只能考虑如何通过追加投资和政府支出（对应纳税因素）以满足社会发展和人民日益增长的物质文化需要。

假设2：政府获取的税收收入仅仅是为满足政府非生产性活动（消费性支出）的需要。因此，在社会再生产中，政府的消费性支出表现为税收收入转化成消费品（第Ⅱ部类的产品）。

本书在做出这一假设的时候，并没有否认政府生产性活动的存在，只是将政府的生产性活动纳入再生产理论分析时，并不改变马克思再生产理论的实质①。比如，以简单再生产为例，假设政府支出形成的社会需求分为消费需求（g_c）和投资需求（g_i），则对于简单再生产条件下的经济平衡模型来说，其基本形式可重写为：$\begin{cases} \text{I}(C+V+M)=\text{I}(C)+\text{II}(C)+g_i \\ \text{II}(C+V+M)=\text{I}(V+M)+\text{II}(V+M)+g_c \end{cases}$。由于政府支出从根本上看也可以分为在第Ⅰ部类和第Ⅱ部类中的支出。因此，用$\text{I}(g_i)$、$\text{II}(g_i)$分别表示属于第Ⅰ部类和第Ⅱ部类中的投资需求，$\text{I}(g_c)$、$\text{II}(g_c)$分别表示属于第Ⅰ部类和第Ⅱ部类中的消费需求，则$\begin{cases} g_i=\text{I}(g_i)+\text{II}(g_i) \\ g_c=\text{I}(g_c)+\text{II}(g_c) \end{cases}$，如果将$\text{I}(g_i)$、$\text{II}(g_i)$分别糅合进$\text{I}(C)$、$\text{II}(C)$，同时将$\text{I}(g_c)$、$\text{II}(g_c)$分别糅合入$\text{I}(V+M)$和$\text{II}(V+M)$（在扩大再生产的基本模型中做同样的处理），马克思再生产理论的基本形式和内涵将都不会发生变化。

本书假设税收收入是满足政府非生产性活动（消费性支出）需要，考虑假设1的规定，在下文相关分析中将政府的税收因素和消费性支出列示在模型中，而将政府生产性活动（投资性支出）糅合进原来的两大部类即可。在社会主义市场经济中，一方面，政府的生产性活动应当尽可能压缩（至公共部门）；另一方面，即使政府存在生产性活动，这一生产性活动也应该和市场中其他微观主体一样按照市场法则来运行。正是从这个意义上

① 陈少克，陆跃祥．课税结构、价值流动与经济平衡——一个马克思经济学的分析框架［J］．马克思主义研究，2012（7）．

考虑，本书将政府的生产性活动融入到（或等同于）非政府的生产活动之中。

二、最优宏观税负规模的决定分析

（一）最优宏观税负总公式

需要说明的是，按照马克思经济学的分析，扩大再生产顺利进行的基本条件是两大部类都能够顺利地实现扩大再生产所需要的实物补偿和价值补偿，如果该条件满足，则可认为此时经济处于平衡状态。本节对宏观税负的一般分析将用马克思经济学的生产函数进行，假设 $Y = C + V + M$ 是经济平衡状态下的生产函数，即从宏观上看，在经济平衡状态下，再生产过程中的实物补偿和价值补偿都能够顺利实现。在这一状态下引入课税因素，保证课税仍能保持经济均衡状态的实现。于是，能够保证经济平衡的宏观税负水平应该可以称为最优宏观税负①。

按照前文分析设定平衡状态下马克思经济学的生产函数：$Y = C + V + M$，定义 θ 为资本有机构成，即 $\theta = \frac{C}{V}$，故 $C = \theta V$。定义 p 为平均利润率，则按照马克思经济学的分析，$p = \frac{M}{C + V}$，由于 $M = M' \cdot V$（M' 为剩余价值率），所以，$p = \frac{M}{C + V} = \frac{M}{(\theta + 1)V} = \frac{M'}{\theta + 1}$，于是有 $M' = p(\theta + 1)$，$M = p(\theta + 1)V$，因而，马克思经济学的生产函数可转变为：$Y = (\theta + 1)(p + 1)V$。

在扩大再生产的分析中，基期的生产函数记为：$Y_0 = (\theta + 1)(p + 1)V$。

考虑到目前宏观税负水平（t）均是用税收收入占 GDP 的比例来衡量②，因此，引入税收因素：假定基期国家税收收入总量为 T，宏观税负水

① 根据最优税原理，最优的税负水平应包含效率和公平两大因素，但当我们将公平问题内涵于工资（V）的决定之中的话，这一宏观税负就可以看作最优宏观税负。

② 目前对宏观税负的衡量有大口径、中口径和小口径的核算差别，其核心的差别是对政府的收入不同形式考虑不同。

平为 t ，则 $T = tY_0$ 。但是，税收是国家参与剩余价值分配的重要形式，所以，不管课税形式如何①，从整体上看，课税的结果一定是私人部门可支配的剩余价值的减少②，因此，$M = tY_0 + M_r$（其中 M_r 为税后剩余价值）。即 $M_r = (\theta + 1)[p - t(p + 1)]V$ ，进而，$Y_0 = (\theta + 1)[1 + t(p + 1)]V + M_r$ 。

假设剩余价值率 M' 、资本有机构成 θ 都不发生变化，同时，假设基期税后剩余价值 M_r 全部用于积累，即用于扩大再生产所需要追加的不变资本 ΔC 和可变资本 ΔV 。因而，第一个时期的生产函数可表示为：

$$Y_1 = C + \Delta C + V + \Delta V + M'(V + \Delta V)$$

由于 $M' = p(\theta + 1)$ ，$\Delta C + \Delta V = M_r$ ，$\theta = \frac{C}{V} = \frac{\Delta C}{\Delta V}$

所以，$\begin{cases} \Delta C = \frac{\theta}{1 + \theta}M_r \\ \Delta V = \frac{1}{1 + \theta}M_r \end{cases}$

因而，$Y_1 = (\theta + 1)V + M_r + p(\theta + 1)(V + \frac{1}{1 + \theta}M_r)$

记 $\Delta Y = Y_1 - Y_0$ ，用 μ 表示经济增长率，则 $\mu = \frac{\Delta Y}{Y_0}$ ，可以计算出经济增长率 $\mu = (1 + p)(1 - t) - 1$ 。

由此，$t = 1 - \frac{\mu + 1}{p + 1}$ 。

据此，平衡发展所要求的最优宏观税负水平取决于经济增长率和平均利润率水平两个基本因素。我们称之为最优宏观税负总公式。

（二）最优宏观税负的形成机理分析

根据前文分析，最优宏观税负总公式 $t = 1 - \frac{\mu + 1}{p + 1}$ ，因而，在设定最

① 实际上，单单考虑宏观税负的核算，课税的形式便可忽略不计，尽管课税形式会对宏观税负产生影响。

② 刘玉龙（2002）在此基础上认为真实的宏观税负水平应该是剩余价值税负率。刘玉龙．最优课税问题研究：劳动价值论的观点[J]．厦门大学 2002 年博士学位论文。

优宏观税负水平时需要充分考虑经济增长率和平均利润率水平两个核心要素。这意味着，准确认识宏观税负水平需要把握两个方面的基本问题：其一，宏观税负不是一个静态的概念，要随着一个国家经济增长率和平均利润率水平的变化而变化；其二，如果考虑不同国家在平衡时的经济增长率和平均利润率水平不同，那么简单就宏观税负大小进行国际对比是没有意义的。

第一，在最优宏观税负总公式中，经济增长率与最优宏观税负水平呈反方向变动。即经济增长率提高，要保证经济平衡，最优宏观税负水平必须相应下降。这样的宏观税负水平不但能保证经济平衡发展，而且能够保证政府财政支出的需要：一方面，由于前文假设中经济平衡公式里包含了政府收支因素，所以，这一公式决定的宏观税负水平已经包含了经济平衡和政府收支平衡；另一方面，从经济政策的角度看，由于我们规定宏观税负是税收收入占 GDP 的比重，即 $t_i = \frac{T_i}{Y_i}$，定义 τ 为税收收入增长率，即 $\tau = \frac{T_i - T_{i-1}}{T_{i-1}}$，在经济增长率 μ 提高的情况下，由于保证经济平衡的宏观税负水平要下降，即 $t_i < t_{i-1}$，这意味着 $0 < \tau < \mu$，反之，当经济增长率 μ 下降时，最优宏观税负水平 $t_i > t_{i-1}$，此时，$\tau > \mu > 0$①。所以，这样的最优宏观税负水平整体上能够保证政府支出规模不断扩大②的需要，同时由于前文假设的是政府税收收入全部用于支出，实际上也是假设税收收入是财政支出的约束因素，所以这也从支出的角度内设了宏观经济的自动稳定机制。但经济增长率在最优宏观税负决定中的作用究竟如何，需要结合

---

① $\tau = \frac{T_i - T_{i-1}}{T_{i-1}} = \frac{t_i Y_i - t_{i-1} Y_{i-1}}{t_{i-1} Y_{i-1}}$，$\mu = \frac{Y_i - Y_{i-1}}{Y_{i-1}} = \frac{t_{i-1} Y_i - t_{i-1} Y_{i-1}}{t_{i-1} Y_{i-1}}$，所以，经济增长率增长要求宏观税负下降，即 $t_i < t_{i-1}$ 时，$\tau < \frac{t_{i-1} Y_i - t_{i-1} Y_{i-1}}{t_{i-1} Y_{i-1}} = \mu$，反之，当经济增长率下降要求宏观税负提高，即 $t_i > t_{i-1}$ 时，$\tau = \frac{t_i Y_i - t_{i-1} Y_{i-1}}{t_{i-1} Y_{i-1}} > \frac{t_{i-1} Y_i - t_{i-1} Y_{i-1}}{t_{i-1} Y_{i-1}} = \mu$。

② 现代财政学理论从理论和实证的角度证明了政府支出的扩张趋势，代表性的观点如瓦格纳定律等。

平均利润率进行综合考虑。

第二，在最优宏观税负总公式中，平均利润率与最优宏观税负水平呈同方向变动。即，平均利润率提高时，经济平衡下的最优宏观税负水平必须相应提高，反之，平均利润率下降，最优宏观税负水平必须相应下降。

由于经济增长率 μ 是平均利润率水平 p 的函数，即 $\mu = (1 + p)(1 - t) - 1$，因此，最优宏观税负水平取决于经济增长率和平均利润率水平的综合作用。由于 $p > \mu$，$0 < \frac{d\mu}{dp} < 1$，而且在最优宏观税负总公式中，总是有 $\frac{\partial t}{\partial p} > \frac{\partial t}{\partial \mu}$，因而，总体上看，宏观税负水平取决于平均利润率水平 p 的变化：当平均利润率下降时，最优的宏观税负水平需要下降；平均利润率的下降会引起经济增长率的下降，而经济增长率下降要求最优宏观税负必须提高，但由于 $0 < \frac{d\mu}{dp} < 1$ 且 $\frac{\partial t}{\partial p} > \frac{\partial t}{\partial \mu}$，因而，总体效果一定是宏观税负水平的下降。反之，平均利润率水平提高时，最优宏观税负水平需要提高；平均利润率水平提高会引起经济增长率的提高，而经济增长率提高要求宏观税负必须下降，同样由于 $0 < \frac{d\mu}{dp} < 1$ 且 $\frac{\partial t}{\partial p} > \frac{\partial t}{\partial \mu}$，总体效果一定是宏观税负水平的提高。因此，从根本上看，最优宏观税负的变化方向取决于平均利润率的变动方向。

第三，最优宏观税负水平会呈什么样的发展趋势？因为最优宏观税负取决于平均利润率的变化，因此，本质上讲这是一个政治经济学的话题。按照马克思经济学的一般结论，随着资本有机构成的提高，平均利润率呈下降趋势①。马艳、李真（2007）和马艳（2009）在其研究中对该趋势做出了发展，认为技术进步不仅影响劳动的客观条件，同时也影响劳动的主观条件，社会必要劳动要分为自然社会必要劳动和密度社会必要劳动，可变资本相应区分为外延可变资本（v_t）与内涵可变资本（$\hat{v}_t$），并在此基

---

① 资本论(第3卷)[M]. 北京:人民出版社,1995:236－237.

础上将资本有机构成区分为绝对资本有机构成（$\sigma = \frac{c}{v}$）和相对资本有机构成（$\beta = \frac{\hat{v}_t}{\hat{v}_{t-1}}$），并认为，当$\beta > 1$时，内涵式可变资本价值进一步增加导致平均利润率呈上升趋势；当$\beta < 1$时，平均利润率呈下降趋势；当$\beta = 1$时，平均利润率不变①。因此，在马克思的语境中，由于技术的进步并没有改善劳动的主观条件，因而单单绝对资本有机构成的提高产生的基本趋势便是平均利润率水平呈下降趋势②。在新时代中国特色社会主义条件下，技术进步和经济发展要提高人民的获得感，随着技术的进步，劳动的主观条件（劳动的技术含量或劳动密度）将不断提高，技术进步将与平均利润率呈相同的发展方向。因此，最优宏观税负也只有在这种条件下才有提高的可能。

三、最优宏观税负的结构性分析

前文对最优宏观税负总公式的分析实际上有一个基本的假设，即经济发展过程中，经济中的各部门都可以顺利实现其再生产过程中必需的实物补偿和价值补偿（当然，这是经济平衡的基本内涵）。若考虑不同部门之间的经济关系，观察最优宏观税负的角度及其结论将会有所不同。

（一）短期分析

马克思经济平衡理论分析的基本前提和再生产顺利进行的基本条件是，再生产过程的推进需要两大部类都能够实现其实物补偿和价值补偿，即第Ⅰ部类的产出要能够满足整个社会（第Ⅰ部类和第Ⅱ部类）再生产（含扩大再生产和简单再生产）所需的生产资料；第Ⅱ部类的产出要能够满足整个社会（第Ⅰ部类和第Ⅱ部类）再生产（含扩大再生产和简单再生

---

① 马艳，李真．马克思主义平均利润率变动规律的动态模型[J]．海派经济学，2007(2)．
马艳．马克思主义资本有机构成理论创新与实证分析[J]．学术月刊，2009(5)．

② 马克思在《资本论》中说："一般利润率日益下降的趋势，只是劳动的社会生产力的日益发展在资本主义生产方式下所特有的表现"。资本论（第3卷）[M]．北京：人民出版社，1995：237．

产）所需的生活资料。因此，考虑上文假设2，可以将扩大再生产的基本公式表示为：$\begin{cases} Y_{10}-C_1-\Delta C_1=V_1+\Delta V_1+T_1 \\ Y_{20}-V_2-\Delta V_2-T_2=C_2+\Delta C_2 \end{cases}$，且 $V_1+\Delta V_1+T_1=C_2+\Delta C_2$，这实际上是课税条件下经济平衡的基本条件，也是后文分析的着力点。

在上述公式中，Y_{i0} 为第 i 部类（$i=1,2$，…，下同）基期产出，C_i 为第 i 部类基期投入的不变资本（扩大再生产中需要补偿），ΔC_i 是第 i 部类扩大再生产中需要追加的不变资本；V_i 为第 i 部类基期投入的可变资本（扩大再生产中需要补偿），ΔV_i 是第 i 部类扩大再生产中需要追加的可变资本；T_i 是来自第 i 部类的税收。

定义 θ_i 为第 i 部类的资本有机构成，并假设 $\theta_i=\frac{C_i}{V_i}=\frac{\Delta C_i}{\Delta V_i}$。

定义 p 为平均利润率，根据马克思对平均利润率形成的分析，经济平衡条件下，部门之间的平均利润率是相同的①，因此，根据前文分析，$Y_{i0}=(1+\theta_i)(1+p)V_i$。

定义 M_i 为第 i 部类产生的剩余价值，则有 $M_i=p(1+\theta_i)V_i$。

定义两大部类的产出比为 λ，则 $\lambda=\frac{Y_{10}}{Y_{20}}=\frac{(1+\theta_1)V_1}{(1+\theta_2)V_2}$。

考虑税收因素，根据上文对宏观税负的处理，并考虑到不同部门存在不同的税负率水平②，定义 t_i 为第 i 部类的税负率，因此，政府获得的税收收入可表示为：$T=T_1+T_2=t_1Y_{10}+t_2Y_{20}$。整个社会的宏观税负水平 $t=\frac{t_1Y_{10}+t_2Y_{20}}{Y_{10}+Y_{20}}$。因而，根据前文分析可得，$t=\frac{t_1Y_{10}+t_2Y_{20}}{Y_{10}+Y_{20}}=\frac{\lambda t_1+t_2}{1+\lambda}$。

对第Ⅰ部类而言，基期结束后，可以用来积累的剩余价值 $M_{r1}=M_1-t_1Y_{10}$，

---

① 若部门之间存在利润率的差异，资源在部门之间的流动将持续存在，经济均衡进而经济平衡便不能实现。

② 从理论上看，出于税收效率和税收公平的考虑，对不同的部门应同等课税，因此，从平均或宏观的角度看，各个部门的税负率水平和宏观税负应该一致。但现实中，出于税收政策或产业政策调整的需要，税制体系中往往存在大量的针对性的优惠条款，因此，不同部门、不同产业存在不同的税负率水平。因此，假定不同部类税负率不同，便于观察不同部类税负率水平与宏观税负之间的关系。

于是，$M_{r1} = M_1 - t_1Y_{10} = p(1+\theta_1)V_1 - t_1(1+\theta_1)(1+p)V_1$，即 $M_{r1} = (1+\theta_1)V_1[p - t_1(1+p)]$，所以，$\Delta V_1 = \frac{M_{r1}}{1+\theta_1} = V_1[p - t_1(1+p)]$。

同样，第Ⅱ部类基期结束后税后剩余价值 $M_{r2} = (1+\theta_2)V_2[p - t_2(1+p)]$，所以，$\Delta C_2 = \frac{\theta_2}{1+\theta_2}M_{r2} = \theta_2 V_2[p - t_2(1+p)]$。

于是，将上述定义代入前文引入税收后的平衡条件 $V_1 + \Delta V_1 + T_1 = C_2 + \Delta C_2$，可得最优宏观税负决定公式：

$$\begin{cases} \frac{1+\theta_2}{1+\theta_1} \cdot \lambda = \frac{\theta_2(1-t_2)}{1+\theta_1 t_1} \\ t = \frac{\lambda t_1 + t_2}{1+\lambda} \end{cases}$$

由于该式区分了两大部类的资本有机构成并包含了两大部类的产出关系和税负关系，因此，我们称之为最优宏观税负结构式。

于是，经济平衡条件下最优宏观税负水平：

$$\begin{cases} t = \frac{\frac{\theta_2(1+\theta_1)}{1+\theta_2} + 1 + (\frac{1+\theta_1}{1+\theta_2} - 1)t_2}{\theta_1(1+\lambda)} - \frac{1}{\theta_1} \\ t_1 = \frac{1}{\lambda} \cdot \frac{\theta_2(1+\theta_1)}{\theta_1(1+\theta_2)} \cdot (1-t_2) - \frac{1}{\theta_1} \end{cases} \quad (3-1)$$

如果定义经济平衡下的最优的产出比为 λ^*，最优宏观税负水平是 t^*，则最优宏观税负 t^* 以及两大部类各自的最优税负率水平 $t_1{}^*$ 与 $t_2{}^*$ 便由(3－1)式共同决定。由于资本有机构成的变化往往是一个长期的过程，因此，从短期看，资本有机构成可以看作一个常量。于是，如果两大部类的实际产出比大于经济平衡条件下的最优产出比，即 $\lambda > \lambda^*$，根据（3－1）式，这种结构失衡需要通过降低宏观税负 t 的方式实现新的经济平衡：

第一，根据上述条件，这种宏观税负的降低机制可通过降低第Ⅱ部类的税负水平 t_2 的方式得以实现：降低第Ⅱ部类宏观税负水平 t_2，将使实际宏观税负 t 向最优宏观税负 t^* 靠近。同时，由于 $\frac{dt_1}{dt_2} < 0$，在 $\lambda > \lambda^*$ 的情况下，第Ⅱ部类税负水平 t_2 的合适程度的下降将保证第Ⅰ部类的最优产业税负水平条件的实现，即 $t^*{}_1 = \frac{1}{\lambda\uparrow} \cdot \frac{\theta_2(1+\theta_1)}{\theta_1(1+\theta_2)} \cdot (1-t_2\downarrow) - \frac{1}{\theta_1}$。

第二，在扩大再生产的条件下，要保证两大部类的平衡关系，客观上要求两大部类之间剩余价值增长率必须相等①，假设经济平衡条件下，两大部类之间剩余价值的比例系数为 $\hat{\alpha}$，两大部类的剩余价值率分别为 m'_1 和 m'_2，积累率分别为 g_1 和 g_2，因此，$\hat{\alpha} = \frac{\frac{\theta_2}{m'_2} + \frac{\theta_2 g_2}{1+\theta_2}}{\frac{1}{m'_1} + \frac{g_1}{1+\theta_1} + 1 - g_1}$，由于 $g_i = \frac{M_i - t_i Y_i}{M_i} = 1 - \frac{1+p}{p} t_i$，$m'_i = p(1+\theta_i)$。则：

$$\hat{\alpha} = \frac{\left(1 - \frac{1}{1+\theta_2}\right)(1-t_2)}{\frac{1}{1+\theta_1}(1+\theta_1 t_1)} \tag{3-2}$$

于是，由 $\hat{\alpha} = \frac{\left(1 - \frac{1}{1+\theta_2}\right)(1-t_2\downarrow)}{\frac{1}{1+\theta_1}(1+\theta_1 t_1\uparrow)}$ 可知，宏观税负 t 的下降可以通过降低 t_2 的同时提高 t_1 共同完成。这一变化不会破坏经济平衡关系，而且通过降低第Ⅱ部类的相对税负水平将在一定程度上引导社会资源流动，实现新的经济平衡。这实际上构成了“结构性减税”的理论依据。

（二）长期分析

从长期的角度观察宏观税负结构式需要考察资本有机构成的变化对宏观税负的结构性影响。这就需要考察资本有机构成的长期动态变化。借用马艳等（2007，2009）的分析，定义广义的资本有机构成为 γ_i（$i=1, 2$），$\gamma_i = \frac{c_t^i : v_t^i}{c_{t-1}^i : v_{t-1}^i} = \frac{c_t^i : c_{t-1}^i}{v_t^i : v_{t-1}^i}$，则 $\gamma_i = \frac{c_t^i : v_t^i}{c_{t-1}^i : v_{t-1}^i} = \frac{\theta_t^i}{\theta_{t-1}^i}$，假设两大部类的剩

① 这一方式与上文(3－1)式分析的实质是一致的。程恩富，等．现代政治经济学新编[M]．上海：上海财经大学出版社，2012：210.

余价值率相同且不变，第Ⅰ部类初始预付总资本为1，初始产出比为 λ ，即 $\lambda = \frac{Y_{10}}{Y_{20}}$ ，则利用两大部类的平衡条件 $V_1 + \Delta V_1 + T_1 = C_2 + \Delta C_2$ ，并令 $\theta_{t-1}^{i} = 1$ ，可得新的宏观税负结构式：

$$\begin{cases} t = \dfrac{\dfrac{\gamma_2(1+\gamma_1)}{1+\gamma_2} + 1 + (\dfrac{1+\gamma_1}{1+\gamma_2} - 1)t_2}{\gamma_1(1+\lambda)} - \dfrac{1}{\gamma_1} \\ t_1 = \dfrac{1}{\lambda} \cdot \dfrac{\gamma_2(1+\gamma_1)}{\gamma_1(1+\gamma_2)} \cdot (1 - t_2) - \dfrac{1}{\gamma_1} \end{cases} \quad (3-3)$$

这与上文（3－1）式是一致的①。同时，由于广义资本有机构成的变化必将改变产出比 λ ，在（3－3）式中不能判断广义资本有机构成的变化对整体宏观税负的影响②，也不能明确两大部类各自税负的变化方向。因此，考察结构性税负问题，可以通过改造（3－2）式进行分析，即根据上述原理，将（3－2）式改造为：

$$\hat{\alpha} = \frac{(1 - \dfrac{1}{1+\gamma_2})(1 - t_2)}{\dfrac{1}{1+\gamma_1}(1 + \gamma_1 t_1)} \quad (3-4)$$

据此，长期来看，两大部类之间的税负关系应该保持经济平衡条件下既定的比例系数 $\hat{\alpha}$ ，随着技术的进步，不变资本 c_t 增加，外延式可变资本减少，如果可变资本内涵价值增加③，且增加幅度大于外延式可变资本的增幅，那么从资本价值构成的角度看，广义资本有机构成可能不变，甚至

---

① 这是因为马艳等（2007，2009）考察资本有机构成的长期动态变化只是告诉我们资本有机构成变化的形成机理，而不影响宏观税负结构式的分析。

② 对整体宏观税负的影响需要关注的是最优宏观税负总公式而不是这里的结构式。

③ 根据马艳（2007）可变资本内涵价值主要是因为，随着技术的进步可变资本所支配的活劳动量发生了变化（也就是劳动复杂程度、熟练程度、强度在提高），其可变资本的内涵与上一时期相比就发生了变化。

降低①。

据此，如果第Ⅰ部类广义资本有机构成不变或降低（不变资本 c_t 增加，外延式可变资本减少，但可变资本内涵价值增幅大于外延式可变资本减幅，使 $v_t:v_{t-1}=c_t:c_{t-1}$ 或 $v_t^i:v_{t-1}^i>c_t^i:c_{t-1}^i$），而第Ⅱ部类广义资本有机构成提高（不变资本 c_t 增加，外延式可变资本减少，但可变资本内涵价值增幅小于外延式可变资本减幅，使 $v_t:v_{t-1}<c_t:c_{t-1}$）②，此时，（3－4）式中两大部类之间的比例系数将变大，不能继续保持经济平衡，为此，必须通过提高 t_1 或 t_2 或同时提高 t_1 和 t_2 的方式才能保持经济平衡条件下的比例系数。

因而，从长期看，最优税负结构的选择需要和相应的政策导向相结合以保持经济的平衡：第一，可以通过提高 t_1 的方式保持经济平衡。一方面，在第Ⅰ部类广义资本有机构成不变或者相对（第Ⅱ部类）下降的条件下，由于第Ⅰ部类可变资本价值增加而致利润率水平提高（或相对提高），提高了第Ⅰ部类的纳税能力；另一方面，提高 t_1（相对降低 t_2）又可以通过税负引导机制保证两大部类均衡发展。第二，根据（3－4）式，t_2 提高也将有助于经济平衡发展，但整体提高第Ⅱ部类的税负水平与纳税能力相对下降相悖，也将不利于两大部类均衡发展，因此，t_2 不宜一刀切地提高，以免破坏经济平衡，可以考虑第Ⅱ部类结构性增税的方式提高 t_2，比如，重点关注第Ⅱ部类需要调节的内容（如奢侈品），提高税负水平以便于特定的调节。这同时意味着，在两大部类资本有机构成变化方向不一致的情况

---

①　利用 $\gamma_i=\frac{c_t^i:v_t^i}{c_{t-1}^i:v_{t-1}^i}=\frac{c_t^i:c_{t-1}^i}{v_t^i:v_{t-1}^i}$，如果可变资本内涵价值增加抵消了外延可变资本减小后使 $v_t^i:v_{t-1}^i=c_t^i:c_{t-1}^i$，表现出来的便是资本有机构成 γ_i（本文中仍用 θ_i）不变；如果可变资本内涵价值增加抵消了外延可变资本减小后使 $v_t^i:v_{t-1}^i>c_t^i:c_{t-1}^i$，表现出来的便是资本有机构成减小；如果可变资本内涵价值增加抵消不了外延可变资本的减小，则 $v_t^i:v_{t-1}^i<c_t^i:c_{t-1}^i$，表现出来的便是资本有机构成提高。因此，资本有机构成的变化可以侧重比较分析 $v_t^i:v_{t-1}^i$ 与 $c_t^i:c_{t-1}^i$ 的大小。

②　本文选择这样的“如果”，主要是考虑到第Ⅰ部类更多的是资本密集型产业，对劳动者的熟练程度和技术水平要求高于第Ⅱ部类，这实际上也是从可变资本优先增长的角度为“第Ⅰ部类优先增长”提供的解释依据。

下，特别是第Ⅱ部类广义资本有机构成下降的条件下，保持经济平衡的税负结构需要考虑把提高 t_1 和结构性提高 t_2 相结合。

四、结论

通过在平衡发展的视角下对最优宏观税负进行分析，可得出以下结论：

第一，最优宏观税负规模不存在一个固定的最优值或最优区间，而是一个伴随经济增长率和利润率水平的变化而变化的概念。因此，“稳定宏观税负”也不意味着宏观税负水平保持不变或相对稳定，如果将“稳定宏观税负”固化，一定会破坏平衡发展的实现，因此，“稳定宏观税负”应该从平衡发展的视角下进行优化变化。

我国经济进入新常态的基本表现是经济增长率进入中高速增长（和以前的高速增长相比，经济增长率下降），同时平均利润率水平也呈下降趋势，比如，赵磊，刘河北（2017）对我国1998—2014年的利润率水平进行了测算，利润率水平的上升趋势（存在小幅波动）在2007年达到峰值后，开始大幅度下降。同时，利润率与经济增长率变化趋势在数值上高度一致，其峰值也出现在2007年，之后开始大幅度下滑，并据此论证了我国经济进入新常态[①]。从最优宏观税负总公式上看，经济增长率下降要求宏观税负水平提高（主要考虑政府支出的需要），然而，现实中即使宏观税负不变，也会出现宏观税负过高的“抱怨”，其根本原因是相对于平均利润率水平下降而言，企业出现了超额税负（超出其纳税能力）。因此，考虑到利润率水平下降的因素，平衡发展要求现阶段税制调整应着力降低宏观税负水平而不是静态地“稳定”宏观税负。

第二，从平衡发展的角度考虑，最优宏观税负要走出一个“正确的误区”。长期以来，在税收学领域中形成的一个基本的看法，即税制结构要

① 赵磊，刘河北．利润率下降与中国经济新常态［J］．四川大学学报（哲学社会科学版），2017（1）．

解决的是税负的分配。这一观点无疑是正确的。但过分强调这一正确的观点将在实践中形成误区，即最优宏观税负仅关注总量而不关注结构。最优宏观税负不单单是规模的最优，而是要将规模的优化与税负结构的优化相结合考虑。比如，在上文宏观税负结构式中，如果假设部门之间不存在税负的差异，即两大部类税负水平相等，这将产生什么后果？随着技术的进步，没有任何一种力量能够保证两大部类资本有机构成同方向同比例变化，也就意味着两大部类之间的利润率水平将会存在差异，将利润率之间的差异与相同的税负水平结合意味着，这种课税设置一方面违背了税收横向公平（纳税能力相同的同等课税）和税收纵向公平（纳税能力不同的不同等课税）的基本原则；另一方面，利润率水平低的部门与其他部门同等课税也就进一步抑制了该部门的发展，破坏了平衡发展的基本理念。平衡发展本身就是一个结构性问题，经济平衡发展意味着各经济部门要按照最优的比例平衡发展。因此，最优宏观税负要考虑部门之间的内在联系确定部门之间的最优税负结构，只有如此，才能够使税制结构的调整更有方向感。

因而，在建立现代税收制度、推进税制结构改革的过程中应该科学地理解宏观税负。稳定宏观税负需要在整体上动态地设定最优规模（考虑经济增长率和利润率水平），还需要在此基础上，依据产出比并考虑资本有机构成的变化结构科学设定最优宏观税负结构。

第二节 税制结构转型的结构：课税平衡分析

税制结构转型方向的设定不仅要分析税制结构本身，还要充分考虑到税制结构与其外部因素相互轨制的作用。据此，税制结构转型方向确定的分框架需要将课税结构与社会价值流动相结合进行分析，同时考虑经济平衡的因素。我们仍然选择用马克思社会总资本再生产理论进行分析，主要原因有：其一，经济可持续发展是各国追求的基本目标，这一基本目标可以表现为经济各部门的协调发展。对经济平衡的研究文献可谓汗牛充栋，尽管，理论界对该模型的评价仍然褒贬不一，但并不能因此否认这样一个事实，即马克思经济平衡模型中所反映的两大部类按比例协调发展的思想是现代经济学和经济政策的宝贵财富。其二，马克思的该项研究主要是对两部门经济的考察（其基本结论是要求两部门之外的另一部门进行适当调控）——没有政府，更没有税收。然而，在现代社会中，课税已经是不可避免的事情，正如现代经济学研究经济平衡问题的时候总是不可避免地要加入税收变量一样。因而，在不考虑其他因素的情况下，将课税因素引入到马克思经济平衡模型中来探讨经济平衡对课税结构的要求以及课税结构对经济平衡的影响等，将是构建税制结构整体性分析框架的一个重要思路①，这将对与课税结构相关的税收政策起到积极的作用。

一、税收等价关系说明

税收等价关系是考察课税结构安排的一个基本的视角。通常情况下，税收等价包含两个方面基本含义：其一，从课税效应的角度看，如果通过不同的税种课征，产生了相同的经济效应，那么，这种不同税种之间便具有等价关系。然而，不同税种的课征由于纳税人、课税环节等税制要素安排的不同，不可避免地会产生不同的税收负担分布，进而产生不同的经济效应。因此，现实中很少出现这一意义上的税收等价。其二，从税收总量关系上看，等量的税收收入可以通过不同的课税安排来实现。比如，尽管由于流转税和所得税具有不同的性质，因而两类课税安排常常产生不同的经济效应，但在其他条件不变的情况下，通过降低流转税税负并同时相应

① 在税制结构整体性分析中，理论上曾经有过一些重要的尝试性研究。马斯格雷夫（1984）从国民经济中的流转过程入手，对税种分布点以及课税对象选择进行了研究（详见 Richard A. Musgrave, Peggy B. Musgrave: Public Finance in Theory and Practice, Mc Graw-Hill Book Company, 1984．），他在货币资金运动所反映的社会资金流向图中选择一些课税点或课税环节，并以此形成了一个税制结构循环系统图。然而，该循环系统侧重于税种安排的有效性分析，因此，税收因素的引入只能保证税源的可得性和税制结构（主要是税种组合）的可行性，并不能保证税收和宏观经济的平衡关系等问题。陈少克，陆跃祥．税制结构的性质与中国税制改革研究[M]．北京：经济科学出版社，2013：83－87.

提高所得税税负水平便可以保持税收收入总量不变。

虽然，我们认为不同的课税安排会对整体税制结构的性质产生不同的影响，但在税收等价关系上，侧重于接受上述第二方面的含义，即从总量关系上把握税收等价：一方面，这层意义上的税收等价能够从静态的角度与课税结构相对应；另一方面，更重要的是，便于从马克思社会总产品价值构成角度把握课税结构与经济平衡之间的关系。

在马克思经济学中，社会总产品价值构成通常表示为 $W = C + V + M$ ，因此，通过对等式两边同时课以相同的税率 t ，并通过不同的组合便可以得到不同的税收等价关系，这是后文分析的一个基础。

首先，$tW = t(C + V + M) = tC + tV + tM$ 表明，对生产环节课以全额流转税等价于对资本、工资和利润同时同等（量或比例）课税。

其次，$tC + t(V + M) = t(C + V) + tM$ 表明，同时同等地对资本课税和对商品流转增值额（ $V + M$ ）课税等价于对要素投入课税和对利润课税。需要说明的是，因为 $V + M$ 指的是在商品价值中扣除了所有的流动资产和固定资产折旧，所以，对 $V + M$ 课税相当于课征的增值税（假设固定资产在一个生产周期中全部损耗，下同）。

最后，由于 $V + M$ 最终构成了社会成员的收入（用 Y 表示），即 $Y = V + M$ ，于是，$tY = t(V + M)$ 便意味着，在商品流转环节所征收的增值税等价于在分配环节对收入所课征所得税。而由于收入最终是要转化为消费和储蓄的，因而，$t(V + M)$ 也等价于对社会消费和储蓄课税①。

同理，通过商品价值的不同组合，将会得出不同的税收等价公式。在税收原理中，因为 C 、V 、M 的不同组合形成了不同的课税基础，因此，这些税收等价公式便反映了不同税种（类）之间的等价关系，进而对税制结构优化起到一定的指导性作用。

---

① 这里只是基本原理上的说明，与现实税制存在一定的距离，比如 $C = \gamma_A K + D$ 在理论上可以代表对所得课税，但在具体税制分析上却必须考虑相应的费用扣除等，因此，在对税制结构进行具体分析的时候需要进一步使之与现实相衔接。详见下文。

二、保持经济平衡的课税逻辑分析

在马克思的模型中，经济平衡关系主要通过几个等式或不等式所反映的经济中的比例关系来考察。因此，如果考虑政府课税，那么，从保持经济平衡的角度出发，课税应继续保持原有等式和不等式中所反映的比例关系不变。把整个社会总产品的价值构成仍表示为 $C+V+M$，则从课税对象的角度看，马克思经济平衡模型等式或不等式两边反映的内容也恰恰是不同性质的课税基础，比如，$C+V+M$ 反映的是商品的流转全额，因此，以 $C+V+M$ 为税基反映出来的便是全值流转税，而以 $V+M$ 为税基实际上可以表示理论上的增值税，等等。因此，在保持经济平衡的条件下便能看出经济平衡对课税结构的要求。

在课税的情况下，要保持简单再生产的平衡，需要对简单再生产平衡公式两边同时课以相同的税率。于是，$t\text{Ⅰ}(V+M)=t\text{Ⅱ}(C)$ 表明，国家对第 Ⅰ 部类课征增值税的同时，需要同等地对第 Ⅱ 部类的资本投入课税才能保持经济平衡；$t\text{Ⅰ}(C+V+M)=t\text{Ⅰ}(C)+t\text{Ⅱ}(C)$ 则表明，为保持经济平衡，在对第 Ⅰ 部类课征全值流转税的情况下，也应对两大部类的资本投入同时、同等地课以资本税；而 $t\text{Ⅱ}(C+V+M)=t\text{Ⅰ}(V+M)+t\text{Ⅱ}(V+M)$ 表明，对第 Ⅱ 部类流转全额课税的同时应同等地对两大部类课以增值税。由于这三个等式中已经涵盖了增值税、资本税和全额流转税，因此，在简单再生产的情况下，税制结构的优化至少需要增值税、资本税和全额流转税之间比例关系的恰当确定。

在扩大再生产的模型中，课税并保持经济平衡需要：

$$t\text{Ⅰ}(V+\Delta V+M/X)=t\text{Ⅱ}(C+\Delta C)$$

$$\text{s. t.}\begin{cases}t\text{Ⅰ}(C+V+M)>t\text{Ⅰ}(C)+t\text{Ⅱ}(C)\\ t\text{Ⅱ}(C+V+M)>t\text{Ⅰ}(V+M/X)+t\text{Ⅱ}(V+M/X)\end{cases}$$

进一步即：

$$\begin{cases}t\text{Ⅱ}(C+V+M)=t\text{Ⅰ}(V+\Delta V+M/X)+t\text{Ⅱ}(V+\Delta V+M/X)\\ t\text{Ⅰ}(C+V+M)=t\text{Ⅰ}(C+\Delta C)+t\text{Ⅱ}(C+\Delta C)\end{cases}$$

$$\text{s. t.}\begin{cases} t\,\text{I}\,(C+V+M) > t\,\text{I}\,(C) + t\,\text{II}\,(C) \\ t\,\text{II}\,(C+V+M) > t\,\text{I}\,(V+M/X) + t\,\text{II}\,(V+M/X) \end{cases}$$

此时，对 $V+\Delta V+M/X$ 课税实际上是对扩大再生产条件下的社会消费课税。因此，保持经济平衡的课税安排，需要将对第 Ⅱ 部类课征全值流转税的同时，同等地对两大部类所产生的社会消费进行课征；对第 Ⅰ 部类课征全值流转税应同时同等地对两大部类的投资课征投资税。同时，如果将前文简单再生产课税模型中的 $t\,\text{II}\,(C+V+M) = t\,\text{I}\,(V+M) + t\,\text{II}\,(V+M)$ 和 $tI(C+V+M) = t\,\text{I}\,(C) + t\,\text{II}\,(C)$ 结合在一起考虑，意味着在税制结构设置上应该是对整个社会产品课征全值流转税的同时，同等地课以增值税和资本税。于是，不管是在简单再生产还是扩大再生产条件下，保持经济平衡的课税所需要的是不同税种的结合，即通过税制结构的合理化实现三部门条件下的经济再平衡。可以展开从以下五个方面进行分析：

第一，尽管简单再生产的平衡公式表明，对社会产品征收增值税的同时要同等地对社会消费品征收全额流转税，但是，基于扩大再生产平衡条件的课税原则：

$$\begin{cases} t\,\text{I}\,(V+M) > t\,\text{II}\,(C) \\ t\,\text{II}\,(C) + t\,\text{II}\,(V+M) > t\,\text{I}\,(V+M/X) + t\,\text{II}\,(V+M/X) \end{cases}$$

进而，$t\text{I}(V+M) - t\text{I}(V+M/X) + t\text{II}(V+M) - t\text{II}(V+M/X) > 0$ 表明，在对社会产品征收增值税的同时，对社会消费进一步开征消费税是保证经济平衡的条件。这也意味着，在课税不可避免的情况下，经济平衡客观上要求在税制设计中设置扭曲性的税种。而 $t\,\text{I}\,(V+M) + t\,\text{II}\,(V+M) > t\,\text{I}\,(V+M/X) + t\,\text{II}\,(V+M/X)$ 则从课税范围的角度直接反映出了普遍课征增值税与对特定消费品课征消费税这种扭曲性税种之间的关系。

从增值税的课征来看，按照理论增值额（$V+M$）课征增值税意味着在商品流转的每一个环节都要核算增值额，在市场经济日益复杂的情况下，这无疑增加了纳税人的核算成本和国家的征管成本，因而，各个国家都规定了法定增值额，以提高征纳效率，尽可能保持增值税的中性税种的性质。在各国的实践中，几乎没有法定增值额与理论增值额相同的情况。但是，如果我们在这里假设固定资产价值在一个生产周期内全部实现转移（尽管这个假设与现实存在偏差），那么，$t(V+M) = t(C+V+M) - tC$ 便与现实中通过销项税［$t(C+V+M)$］减进项税（tC）课征的增值税相一致。

第二，现代税收经济学认为，对资本品课税不利于经济增长和经济效率的提高，因此，不赞成对资本品课税。但动态地看，对资本品课征相当于对资本品价值全额课征。在对社会产品普遍课征流转税的情况下，作为中间产品的资本品已经纳入课税范围之中。同时，资本投入中的自然资源，如将矿产品、土地、房产等纳入课税范围也是各国税收实践中的惯例。但对 M/X 课税和对 ΔC 课税虽然意味着对上一环节价值的重复课征，但在再生产过程中，该类课征却也是税制公平的一个主要的内容。从经济发展的角度看，只要课税不改变消费倾向或投资倾向，经济平衡是不会发生改变的。这意味着对 ΔC 和上一生产环节 $M - M/X$ 的同等课征，即对社会储蓄的课征。

目前，各国税制已经脱离了单一税制的原始课税状态，普遍进行复合课征，即不同性质的税种（类）相结合的方式。因此，既然理论上对增值税形式（对 $V+M$ 的课征）的假设与增值税课税实践存在偏差，而根据税收等价公式，对两大部类课征增值税等价于以市场主体的收入为课税对象课征的所得税。于是，在不考虑增值税的情况下，在税制结构设置上可以将全值流转税（如流转环节的消费税或商品税、营业税）、土地税、房产税等财产税、资源税和所得税（含储蓄税）按一定的比例结合起来以保持经济平衡。而 $t\,\mathrm{I}\,(C+V+M) > t\,\mathrm{I}\,(C) + t\,\mathrm{II}\,(C)$ 表明，对资本（这里可表现为土地、房产等）课税的税率或者课税深度应该低于流转税。

第三，结合现实课税选择，对所有产品课征全额流转税不现实，因此，结合上文的基本模型，可以做如下判断：其一，假设生产性服务业[①]

① 《北京市统计年鉴》(2002)在主要统计指标解释中如此界定生产性服务业，即“生产性服务业指以市场化的中间投入服务为主导的行业，生产性服务业具有经营性和可贸易性的特点，不仅为制造业提供中间投入服务，也为第一产业和第三产业提供中间投入服务。”因此，可以近似将生产性服务业的部门看作特殊的物质资料生产部门。

属于第 Ⅰ 部类，那么，对生产性服务业课征全额的营业税，需要同时按比例对社会的资源、土地等生产投入品课征资本税，但课征比率应低于全额营业税比例；其二，假设消费性服务业属于第 Ⅱ 部类，那么，对消费性服务业课征全额营业税的同时，应对两大部类同时课征增值税或所得税；对特定消费品课征全额的消费税（生产流转环节），应对对应的两大部类课征增值税或所得税；其三，对其他现实中不能进行全额课征流转税的，可以通过增加课征增值税或所得税的方式来保证经济平衡。

第四，从固定资产更新的角度看，由于在上文分析中假设固定资产周转期为一个生产周期，但现实中，固定资产更新方式是不同的，常有的情况是，在生产中总有一部分固定资产使用寿终正寝，折旧完毕，需要购买生产资料进行物质替换，另一部分则仍处于使用之中，价值还在逐步折旧过程中。因此，固定资产的更新方式将影响经济平衡。各个企业固定资产更新方式是不同的，按照马克思的分析，这种不同将给社会调节带来较大的调控难题。考虑到两大部类之间的平衡关系：$\mathrm{I}(C+V+M)=\mathrm{I}(C')+\mathrm{II}(C')<\mathrm{I}(C)+\mathrm{II}(C)$（$C'$ 表示需要更新的固定资产。从价值构成的角度看，C' 包括了用于积累的 $M-M/X$），因此，在课税结构设置上，要保证经济平衡，也需要充分考虑固定资产更新方式。从现实增值税的基本原则上看，由于 $C-C'+V+M$ 可以看作一个法定增值额[①]，而如前文所述，由于 $t(C-C'+V+M)=t(C+V+M)-tC'$[②]相当于现实增值税计税方式，即销项税减进项税的进项税额抵扣制。于是，$t(C-C'+V+M)$ 便可用来表示对每一时期新增固定资产进行进项税额抵扣之后的法定增值税，那么，由

$$\begin{cases} t\,\mathrm{I}(C+V+M)=t\,\mathrm{I}(C')+t\,\mathrm{II}(C') \\ t\,\mathrm{II}(C+V+M)>t\,\mathrm{I}(V+M/X)+t\,\mathrm{II}(V+M/X) \end{cases}$$

进而 $t\,\mathrm{I}(C-C'+V+M)+t\,\mathrm{II}(C-C'+V+M)>t\,\mathrm{I}(V+M/X)+$

① 理论上讲，各个国家法定增值额的处理方式都是不同的，理论分析上不需要对处理方式的细节进行过多的细化。因此，这里的 $C-C'+V+M=(V+M)+(C-C')$ 仅仅意味着这种法定增值额大于理论增值额（$V+M$）。

② 显然，这里的分析暗含了这样的假设，即货物销售（实现了销售额 $C+V+M$）和需要更新的设备购买（支付了不含税货款 C'）是同一个纳税时期。

$t\text{Ⅱ}(V+M/X)$ 表明，通过对社会产品普遍征收某一个法定增值税的同时，对收入课以收入所得税便可保持经济平衡，但增值税的税负应重于收入所得税。同时也表明，在税制结构设置或改革中，增值税税负的增加必须伴随所得税税负的减轻。

第五，以上分析是从保持经济稳定的角度出发考虑的，这个思路用简单的供求关系来反映就是，当课税对供给产生抑制的同时，必须同等地抑制需求，这样才能保持经济始终处于总供给等于总需求的平衡状态。但是，其一，由于这样的平衡关系保持了市场价格不以课税而发生波动，因而，在这一平稳关系中，对税制结构分析的一个前提条件是纳税人和负税人的统一，否则，一旦纳税人在市场竞争中通过价格关系将税收负担全部或部分转嫁出去，那么经济的平衡关系将不复存在。其二，即使纳税人的税收负担不会在市场竞争中进行转嫁，税收给整个社会带来的负面影响还是在这一模型里得到了体现：平衡关系保持相对价格的稳定（图3－1中，课税前后价格保持不变），对市场主体的经济决策不会产生影响，进而一定程度上体现出了税收中性，但征税前后带来的福利损失缺口（如图3－1中的阴影部分所示）却是在考虑社会成本[①]时不能忽视的（除非供给和需求都缺乏弹性）。这也正是马克思对税收“剥夺论”[②] 的真正内涵，即课税不仅导致社会生产下降，也带来整个社会的福利损失。

---

① 公共经济学中往往用影子价格核算社会成本和收益。

② 马克思并没有对税收问题进行系统的分析，其税收思想散见于其著作的各个相关部分。马克思认为，税收是国家参与剩余价值分配的具体形式。因此，对资产阶级来说，“捐税……所改变的，只是产业资本家装进自己腰包里的剩余价值的比例或要同第三者分享剩余价值的比例”（《马克思恩格斯全集》第23卷，第570页注⑩）。在马克思对资本主义经济的分析中，剩余价值体现的是资本家对工人的剥削，因此，国家参与剩余价值分配的税收实际上也是对工人剥削的体现。因此，马克思税收思想可以概括为“剥夺论”，有两层含义：其一，对资本家来说，这种“剥夺”是对剩余价值的再分割；其二，对工人来说，“剥夺”则更多地体现着在生产过程之外的超经济剥削，是对劳动者必要劳动的再压缩。王国清．马克思主义政治经济学教研中的“税收误区”和“税收盲区”释疑[J]．财政研究，2008(2)：12－15.

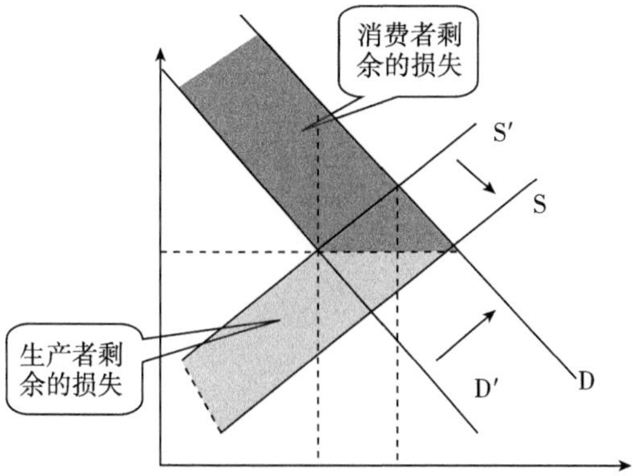

图 3－1　保持经济平衡下课税的福利损失

三、保持经济平衡的课税与价值流动

上文静态分析的角度表明，在严格的条件下，课税结构的设置可以保证经济平衡，但同时，也将不可避免地整个社会产生福利损失。从动态或比较动态的角度考虑，如果通过税制结构的选择使整个社会发生价值流动，即课税对供给和需求产生正向的激励使其回归本位（如图 3－1 中的箭头指向），那么，课税产生的福利损失也将逐步消除。事实上，税收的再分配作用在资源配置中必然引起资本进而价值流动，因而，通过税制设置中的激励作用引导价值流向，促进经济平衡发展将是税收福利损失消转的主要方式。

第一，在马克思的分析框架中，资本有机构成的提高是经济持续发展的源泉。在增长源泉来自自身积累的以规模扩大为主要特征的经济增长中，在资本有机构成不断提高的情况下，从供给的角度看，投资会采用新技术和设备，在生产规模扩大的同时还伴随着技术进步和劳动生产率的提高，拉动经济增长；从需求的角度看，投资要达到目的，必须进行实际积累，需要购买机器设备、原材料和扩大就业，必然产生巨大的生产资料需求和一定数量的消费需求。于是，在课税的情况下，必须对新技术的投入和积累采用从轻课税的原则。然而，如前分析，单方面地减税或轻税设置必然导致经济不平衡，因此，需要从税制结构整体考虑，即从某一个角度入手进行整体税负调整，在保证经济平衡的条件下，通过价值在投资和消费中的流动，促进经济平衡发展。

$t\mathrm{I}(C - C' + V + M) + t\mathrm{II}(C - C' + V + M) > t\mathrm{I}(V\downarrow + M/X\uparrow) + t\mathrm{II}(V\downarrow + M/X\uparrow)$ 表明，如果对两大部类中的 M/X 课以重税（用 $M/X\uparrow$ 表示），同时对 V 降低税负（用 $V\downarrow$ 表示），适当的比例安排可以保证上式两边的比例关系的不变。假设 V 是用于必需品的支出而 M/X 是用于奢侈品的支出，那么，反映在第 Ⅱ 部类内部关系上即为 $t\mathrm{II}W_1 = tV_{\mathrm{I}} + tV_{\mathrm{II}}$ 与 $t\mathrm{II}W_2 = tM_{\mathrm{I}}/X + tM_{\mathrm{II}}/X$（其中 $\mathrm{II}W_1$ 与 $\mathrm{II}W_2$ 分别为第 Ⅱ 部类产品中必需品和奢侈品的价值，M_{I}/X 和 M_{II}/X 分别为两大部类非积累的剩余价值）。这就意味着，为促进经济平衡增长的税收政策可以有如下选择：其一，对个人收入中用于购买必需品的部分采取减税的政策（通常在个人所得税免征额中加以规定），同时，对必需品的流转税降低税负（如设置低税率等）；其二，对收入中用于非必需品的部分课以重税（如累进税率等），同时，提高必需品的流转税税负（如在普遍征收增值税的基础上课以特别消费税等）。

$t\mathrm{I}(C - C'\uparrow + V + M) + t\mathrm{II}(C - C'\downarrow + V + M) > t\mathrm{I}(V\downarrow + M/X\uparrow) + t\mathrm{II}(V\downarrow + M/X\uparrow)$ 中考虑到新技术运用的效应，可以采取加速折旧或提高固定资产扣除标准的方式进行：其一，加速第 Ⅰ 部类中新技术运用的固定资产折旧，同时降低第 Ⅱ 部类中非生活必需品生产中固定资产扣除比例，在上式右边不做任何改变的情况下，通过适当的比例关系，也能保持经济平衡。其二，由于这样的比例关系很难量化，因而，可以与上式右边的机制结合在一起进行课税调整，同时对特殊资本投入如土地、矿产品课以重税。

第二，在马克思的分析框架中，虽然资本有机构成的提高是经济增长的源泉，但也是经济失衡的导因：一方面，资本有机构成的提高在为社会提供日益丰富而又廉价的商品的同时，也伴随着资本对劳动的替代，从而使消费需求增长缓慢；另一方面，随着工业化的推进，资本有机构成提高，资本积累能力在不断增强，不仅表现为资本自我投资水平的提高，还表现为利用社会资本能力的提升，因此，按照谁投资谁受益的分配原则，必然导致整个社会收入分布的不合理，进而呈现收入分配上的“马太效应”。这将进一步恶化总供给和总需求之间的矛盾。这意味着，引入课税的经济平衡模型必须随着资本有机构成的变化而不断地进行税制结构的调整，以尽可能消减经济运行的失衡。

由于资本有机构成的提高是一个“过程”而非“状态”，因此，任何试图通过在某一时期设置限制供给或促进需求的税收政策都将是对经济的扰乱。税收政策需要根据资本有机构成的变化趋势，为经济“安装”一个被现代经济学称作“自动稳定器”的税制“装置”。这个“装置”的目的不是增加或减轻税收负担，而是通过税收机制，使社会成员的收入（$V+M/X$）在社会成员之间进行一定程度的重新流动。于是，仍然在前文推导出的基本公式 $t\text{I}(C-C'+V+M)+t\text{II}(C-C'+V+M)>t\text{I}(V+M/X)+t\text{II}(V+M/X)$ 中进行讨论：

其一，资本有机构成的提高需要有与之对应的劳动力素质的提升。若用 $W=W_a+xW_e$（W_a 为由社会平均条件所决定的劳动力价值，W_e 表示劳动者创造的超过劳动力价值以外的新价值，x 为加成系数）表示劳动者获得的工资、薪金，在经济单位的经济效益和外在市场条件既定的情况下，将加成系数表示为 $x=f(v,r)$（v 为各要素市场中的供求关系和各要素的相对贡献；r 为每个劳动力潜在贡献和实际贡献大小对比），v 和 r 一般取决于对劳动力形成的投入①，特别是像健康、教育等能提高劳动力素质的投入，即劳动力发展上的支出。据此，如果这两部分作为个人所得税费用扣除的组成部分处理，将提高劳动力价值实现程度。因而，在所得税设置中，对收入中体现劳动力价值的 V 进行税前扣除，同时对 M/X 设置累进税率将给劳动力的再生产以及劳动力再教育发展提供税收条件。和前文分析一样，这将意味着对 V 课税的降低和 M/X 课税的同时提升。这种机制的设置并没有考虑对上式左边的变化，于是，这便意味着在政府课

① 详见第五章对税制结构中费用扣除设置的分析本书第 138－140 页。

税中，随着 M/X 的增加和税率累进幅度的增加将有一个额外的税收收入从经济系统中漏出。在剩余劳动力存在的情况下，如果这个额外的收入漏出不再进入经济系统，则必然引起经济失衡。这是税制设置中必须考虑的问题。

其二，在上述分析基础上，在税制结构设置上构造一种自动的漏出和进入机制将是必要的。依据现有的税收理论，负所得税的应用将会产生这种效果①，即设置 $T_t = t(Y_e - Y_n)$ ，其中，T_t 一般情况下是负值，表示为了缴税而带来的收入的流出，当其为正值时表示获得了净补贴。Y_e 是政府对贫困人员的补贴支出，如果令 Y_p 为社会最低生活标准，则 $Y_p = tY_e$ 。因为在个人没有收入的情况下，适用的是最低的税率，所以，一个社会或地区的最低生活标准便很容易确定。Y_n 表示税前收入，相当于 $V + M/X$ 。于是，居民的税后收入便是 $Y_h = Y_n + t(Y_e - Y_n)$ 。通过这种机制的设置可以使个人收入重新流动以解决相对过剩人口对社会可能带来的危害。

其三，上述安排仅仅是在不等式右边进行的，要想保持经济平衡，需要同时对左侧进行相应的课税调整。首先，由于上述课税变化仅仅是收入的重新分配，并不改变价值总量，因此，左侧的变化也不能对价值总量产生总体影响；其次，收入分配的重新调整改变了不同阶层的收入格局，而不同阶层的消费偏好和消费结构的差异要求社会生产的结构随之改变。对 V 的免征设置和对 M/X 的累进征收必然对社会积累产生激励作用，但负所得税的设置同时降低了积累效应，因此，对左侧的课税调整主要集中在：首先，对第Ⅱ部类的非生活必需品生产加重课征，要同时对其中生活必需品进行课税减免；其次，对第Ⅰ部类中为生活必需品提供生产资料的生产降低税负，而对非生活必需品的生产资料课以重税。其中，除了流转税上的变化之外，对自然资源（特别是不可再生性稀缺资源）等资本投入品课

① 负所得税是弗里德曼（Friedman. M）在20世纪60年代提出来的，这一政策建议的基本内容是：确定一个收入标准，在此标准以上的收入征税，在此标准以下的收入给予补贴（即负税率），但补贴并不是固定标准，而是根据收入而定。具体来说，在某个收入标准之下，居民都可以得到补贴，但收入越高，补贴之后的总收入越多，收入越低，补贴之后的总收入也越少。如果这里的补贴标准是来源于所得税的税收收入，那么，这种机制也就实现了居民收入的重新分配。

以重税不仅利于经济可持续发展，还会减轻较重的所得税带来的积累效应，在保持经济平衡上发挥重要的调节作用。

四、基本结论与启示

虽然，现有的研究已经将课税作为经济发展模型的内生变量加以研究，并得出了许多关于课税的基本原则和基本的税收政策导向。但是，税收在经济稳定与经济平衡中应有的作用在政府政策制定和实施中经常出现偏差，主要表现在对税收问题不能系统地统筹考虑。把课税作为一个外生变量加在马克思的经济平衡理论模型中进行简单考察，虽然其中的比例关系难以从计量检验的角度确切得出，但简单的结论对税制改革思路的确定却是有益的：课税是一个系统性的工程，课税调整必须着眼于课税系统的整体性调整，唯有如此，才能保证原有的经济平衡。然而，在经济发展的实际中，经济平衡是在多种因素的共同作用下产生的。因此，如果通过税制改革对经济社会产生激励，那么，这种税制改革绝不能是局部的税收政策调整，它不仅需要整体税种（类）结构的合理搭配，也需要对课税要素进行科学的运用。基于本书的分析框架，减税或增税需要放在税制结构平衡系统中统筹考虑。也正因如此，新一轮税制改革中才提出“结构性减税”一说。然而，在结构性减税中，税制结构中的比例关系的确定是一个复杂的系统。任何破坏其中应有的比例关系进行的结构性的减税，虽然短期看可以结构性地降低税收负担，促进经济增长，但必将破坏经济平衡，除非这种结构性减税的目的是达到新的经济平衡，但经济平衡的实现也绝非结构性减税本身所能实现。

第三节　税制结构转型的过程：制度过程的分析

研究税制结构转型问题遇到的首要理论问题是：税制结构是一个自然演进过程还是人为设计的过程？从税制结构发展史与经济史的比较上看，

税制结构是与经济发展（阶段）相一致的。也正因如此，在税制结构变迁的理论解释中常有税制结构自然演进论学说。但税制结构更多的是一种人为设计、选择和利益博弈的结果。因此，对税制结构转型过程的分析必须充分把握税制结构由非均衡状态到均衡状态转变的决定性因素（力量）。

一、制度变迁与税制结构变迁

税收制度作为一种特殊的制度，从税制发展史的角度看，它一直处在变化和演进之中。税收制度是一个宽泛的概念，包括税制结构的选择与设置、税收征管制度等。从税制变迁的角度看，虽然这些内容都是税制变迁的组成部分，但其各自强调的内容存在一定的差别：税收征管制度变迁是程序税制变迁，虽然其变迁路径受到税制结构变迁的影响，但还要取决于技术性因素（比如信息技术、评估技术等）等；而税制结构变迁强调的实体税制变迁，侧重于税种、税类以及税制结构模式的选择等问题，是税制变迁的核心内容，在很大程度上决定税收制度其他内容的变迁。正因如此，研究税制结构转型过程和路径不可避免地要对税制结构变迁进行探究。

税收作为国家参与国民经济分配、筹集财政收入的主要手段，其本身具有的强制性特点决定了税制结构设定的强制性。因此，税制结构的变迁通常是一种强制性制度变迁，通常表现为国家通过颁布法令的形式确定税制结构。然而，税制结构毕竟涉及社会利益格局的调整，因此，这种强制性制度变迁背后不可避免地涉及不同利益（不同纳税人之间的利益、纳税人与政府之间的利益等）之间博弈而形成的诱致性因素。这些诱致性因素在强制的制度变迁中能否得到体现以及体现的程度如何将直接决定税制结构执行成本的高低，进而影响税收实现程度。其中，税制结构的选择对不同利益的影响更为直接（比如，直接税和间接税的选择直接决定了社会的公平程度，直接影响不同收入水平群体的税收负担）。因此，税制结构变迁和税制结构模式的选择过程也就表现为不同利益主体相互角逐的过程。也正因如此，税制结构变迁便成为税收制度变迁的核心内容之一，成为税制结构模式选择和税制改革需要考虑的重要内容之一。

制度经济学在制度变迁的研究上存在两种极端的看法[1]：其一是社会达尔文主义的制度变迁观，即制度变迁是一个自然演进的过程。即制度变迁是制度由均衡到非均衡的自然演进过程。其二是意志决定论制度变迁观，即制度变迁是人们设计、选择的结果。因而，制度变迁的必要条件是制度非均衡状态的出现，但在制度变迁中，起决定作用的是制度变迁主体。当一项制度安排处于没有否定因素或者否定因素不足以威胁其生存状态时，制度变迁便不可能发生。其中，制度变迁主体是那些有意识地推动制度变迁或对制度变迁施加影响的主体。显然，这两种看法都有合理性且都存在现实的例证。

对于税制结构变迁而言，虽然存在自然演化的因素，比如，常见的观点，即税制结构是伴随着生产力水平的提高而不断演进的。但是，税制结构更多的是一种人为设计、选择和利益博弈的结果。因此，本节从意志决定论的制度变迁观的角度分析税制结构变迁（但并不否认其中自然演化的因素）。作为税收制度中的一项制度安排，税制结构变迁的必要条件是现行税制结构在社会经济环境发生变化的背景下，对社会利益结构产生了重构性影响，进而在各方利益主体的利益博弈中表现出非均衡状态。税制结构的变迁是在税制结构变迁主体的推动和影响下进行的。因此，研究税制结构变迁的基础性工作便是正确分析税制结构可能的非均衡状态以及税制结构变迁主体。

二、税制结构非均衡状态的表现形式

正如制度的均衡和非均衡状态有不同（不同层次和不同内容）的表现，税制结构的非均衡状态也具有多种形式[2]。我们认为，按照税制结构作用范围，可将税制结构非均衡状态划分为局部非均衡和整体非均衡；按

① 黄少安. 制度经济学[M]. 北京：高等教育出版社，2008：106.

② 均衡和非均衡是相对的概念，本文侧重分析非均衡的表现。

照税制结构作用对象，则可划分为纳税人利益非均衡、政府利益非均衡和政府与纳税人之间利益非均衡。

（一）税制结构作用范围上的非均衡

1. 税制结构的局部非均衡

税制结构的局部性非均衡主要是在税制结构中对个别税种（类）设置上的差别产生的非均衡。因此，税制结构局部非均衡状态表现为：

其一，在税制结构设置上，由于覆盖区域（或行业）上存在差别而导致的非均衡。在农业社会，农村经济为政府提供了充足的税源，也是政府课税的基本范围，在商业、工业等城市经济没有出现之前，这种课税结构就表现为均衡状态，但随着城市中的商业和工业等发展（特别是在临界点处），传统的税制结构就表现出了覆盖范围的非均衡。改变这种非均衡状态的一个课税要求就是对不同区域、不同行业进行同等课税设置，以实现新的税制结构均衡状态。随着“重农抑商”的发展并在课税结构上得以体现，由“抑商”带来的税制结构新的非均衡状态便逐渐显现。从现代社会的税制结构看，比如，我国资源税设计中，仅对有限的矿产品课征，使涉及其他自然资源的行业在开采、利用过程中表现出非节约行为，从而使现行资源税结构表现出非均衡状态。同时，在现代社会，税制结构的非均衡还表现为税制结构在特定的财政分配框架下导致的区域之间税收收入获得上的不均而导致的非均衡状态。比如，在我国，由于财产税制的缺失，使地方政府缺乏稳定的收入来源进而导致地方政府行为的异化，使税制结构表现出非均衡状态。

其二，税制结构设置上由于课税对象的不同产生的非均衡状态。直接的表现是课税对象范围覆盖上呈现出选择性，在这种选择性课税设置下，纳税人的理性选择产生的避税行为可能导致税收收入的不可持续，进而表现出税制结构的非均衡性。比如，对财产课征中课税对象的选择性常常表现为人们在财富积累中规避课税财产（也正因如此，财产课征才更多地选择房产等不动产而非流动性财产）。

2. 税制结构的整体性非均衡

税制结构的整体性非均衡是税制结构整体性效果的反映。主要变现为：

其一，既定的税制结构引发了政府对财政收入筹集的担忧。在税制结构既定的情况下，随着经济发展特别是经济结构的调整，一旦税源结构发生了根本性变化进而政府财政收入减少，便致使政府收支失衡，这是税制结构非均衡的重要表现。历史上，古老的直接税为主体的税制结构被间接税为主体的税制结构所代替，就是从政府财政收入获得的角度上观察到的税制结构非均衡到新的均衡的一个变迁。

其二，既定的税制结构引发人们对经济增长的担忧。随着交易关系的复杂化，既定的税制结构的性质便可能改变初衷，比如，古老的直接税制体系中，如执照税、资本税等严重阻碍了工商业的发展，进而阻碍了经济发展。从生产力发展的基本趋势上看，这些直接税体系需要由当时看来能够促进工商业发展的间接税所代替，但随着工商业的发展和交易活动范围的扩大，这些传统看来具有增长型税制特征的税制结构由于在交易过程中产生了不可避免的重复课征，加重了工商业税负，因而成为阻碍经济增长的因素，产生新的税制结构非均衡状态。

其三，既定的税制结构引发人们对社会公平性的担忧。有效的制度必然是公平的制度。在古老的直接税制下，封建贵族、僧侣阶层易于获取税收豁免的特权，当这种特权在平等、公平理念下引发社会争论时，这种税制结构便呈现出非均衡状态。同样，在现代社会，税制结构引起不同阶层税负水平不公时也将导致税制结构呈现非均衡。当然，这种类型的非均衡状态常常受一个社会对公平认知的影响，当税收公平被界定为有效调节收入差距，而在现实税制结构中不能得以实现的时候，伴随着社会呼声的激起，这种税制结构便表现出非均衡状态。

（二）税制结构作用对象上的非均衡

税制结构作用对象上的非均衡状态主要是：由于税制结构的设置改变

了各方的利益结构而引发的税制结构非均衡状态。“如果利益矛盾激化，各阶层、各群体或个人的力量与其所获得或能够获得的利益不对称时，就被认为制度处于非均衡状态”①。因此，上述各种形式的非均衡状态的存在，从根本上讲就是税制结构引发的利益不协调所致。从这个意义上讲，税制结构的非均衡状态并不取决于税制结构变迁是不是一个帕累托最优状态。当一个新的税制结构损害了某些利益主体（A）的利益，同时提高了另一些利益主体（B）的利益水平时，如果导致的是A和B之间可获得的利益相对对称，或者利益矛盾在可控的范围之内，那么，即便这个过程是非帕累托改进，也会形成新的制度均衡；反之，若一个新的税制结构没有改变A群体的利益的同时，提高了B群体的利益水平，那么，如果相对利益格局发生了较大的变化导致的是A和B之间利益矛盾不可协调，那么，即便这个过程是帕累托改进，那么新的税制结构也将处于非均衡状态。

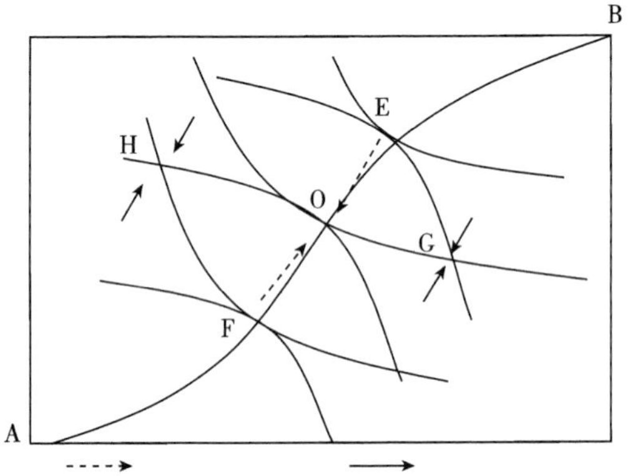

图3－2　帕累托改进与税制结构均衡状态

如图3－2所示，如果O、E、F、G、H分别表示不同的税制结构所代表的社会福利状态，那么，如果一个税制结构状态由E点改变至G点，尽管在埃奇渥斯盒状图中这个过程是无效率的，但如果在G点处，双方博弈力量对比均衡，那么G点所代表的就可以是一个税制结构的均衡状态。反之，H点向F点移动的过程虽然是一个帕累托改进过程，但由于这个过程

① 黄少安. 制度经济学[M]. 北京：高等教育出版社，2008：105.

是提高B群体福利水平的过程，可能导致A、B两个群体相对利益结构发生变化，特别是，如果F点处受到A群体的强烈反对且A群体有能力改变这一状态，那么，虽然F点处是个帕累托最优点，但所反映的税制结构状态也不可能是均衡的状态。因而，税制结构的均衡状态依赖于不同力量的对比，如果整个社会强调公平的呼声很高，对公平诉求的力量足够强大，那么，理想状态的税制结构应处于O点，尽管向O点转变的过程会损害特定群体的利益。

因此，当一个税制结构导致纳税人税负水平不均（常常相对于纳税能力）时，便产生了纳税人之间利益角度上的税制结构非均衡。比如我国税制结构中，生产性服务业和生产企业分别适用不同的税种导致其税负水平不均，在这种呼声下引起的营业税改征增值税改革就是对税制结构的这种非均衡的回应。当一个税制结构在既定的财政分配框架下导致了政府之间（特别是中央政府和地方政府之间）税收利益不均衡时，便产生了政府间利益角度上的税制结构非均衡。一般情况下，这种非均衡状态要靠财政分配关系的调整来解决，但这种意义上的财政分配关系的调整必然伴随着税制结构（税收分配关系格局）的调整。同样，当一个税制结构导致政府税收利益（表现为相对于财政支出的税收收入规模）与纳税人利益（表现为相对于从财政支出获取利益的税负水平）不协调时，便产生了政府与纳税人利益角度上的税制结构非均衡。税收是政府参与国民经济分配的重要手段，也是政府履行其职能的重要物质保障。因此，当税收收入占GDP的比重过低，政府出于自身利益考虑而产生的增税诉求将导致税制结构不均衡（此时，整个社会将意识到通过税制结构调整提高税收收入比重是一基本趋势），同样，税收收入的比重过高（伴随政府活动范围过宽）影响微观经济主体利益的时候，纳税人出于自身利益所产生的减税诉求也将导致税制结构的非均衡。

当然，不同利益主体在税制结构作用下的冲突还经常表现在税收制度僵化对税制结构有效调整的禁锢上。税收制度的设计通常要使税制结构能够随着经济社会的发展不断地有效调整，同时又能保持税收制度的相对稳定，这需要在进行税制设计时拥有充分的智慧。然而，现实中，常见的是在既定税制框架下的税制调整缺乏前瞻性，有些税收政策在设计上就存在漏洞，人为刻画痕迹较显著。因此，很多所谓的税制改革实际上不过是在进行拾漏补缺、小修小补。于是，政策多变不可避免，寻租空间在税制体系中不断地展现出来，不同利益主体之间的关系也因此更趋复杂化，于是，税制结构的非均衡状态便成为一种常态。因此，在税制结构变迁中，税制改良①也是保持税制结构均衡的有效手段。

三、税制结构变迁主体及其作用

如前文所述，税制结构模式有自身的规律，必须和经济结构和经济发展水平相一致，因而，税制结构存在自然演化的特点，但从根本上看，税制结构是人们设计、选择的结果，是人们有意识的结果。因此，税制结构变迁便要依赖于税制结构变迁主体的有意识行为。从制度分析的角度看，制度变迁的主体可以是政府，可以是一个阶级、一个企业或组织，也可以是个人。对于税制结构变迁而言，其变迁主体可以界定为政府和纳税人两类②。两类税制结构变迁主体的力量对比及其在税收征纳关系中的位置不同决定了两者在税制结构变迁中的行为方式不同。

（一）政府与税制结构变迁

"任何税收都必须通过政治来操作和实施。"③ 因此，在税制结构变迁中，政府这一税制结构变迁主体往往发挥主要的作用。从形式上看，政府

---

① 锡德里克·桑福德（Cedric Sandford，1993）区分了"税制改良"和"税制改革"，认为虽然两者之间的判断在很大程度上属于价值判断，但税制改良常常是税收制度的某些技术性上的修订。孙健波（2008）从宪政的视角进一步认为宪政国家通常通过充分的技术性的税制改良就能够取得实效，而发展中国家必须在必要的技术性改良措施之外确定税制改革的宪政基础。

② 纳税人包括自然人和法人，既包括个人也包括各种企业或组织，因此，不同类型的纳税人其行为方式是不同的，其利益诉求以及利益表达能力、实力有很大差别。但是，在税收征纳关系中，纳税人是和国家或政府相对的行为主体，他们共同的行为方式是维护自身不受政府的过多干扰，从这个意义上看，可以把纳税人整体看作一个制度变迁主体。

③ J. M. Buchanan, "Constitutional Constraints on Governmental Taxing Power", Stuttgart: Fisher Price Press, 1979, pp. 334 - 359.

的主要方式是通过颁布法令的强制性手段完成税制结构变迁，这便使税制结构变迁具有强制性制度变迁的特点。但政府作用的这种形式受到一系列因素的制约[①]，其中，根本的制约因素是一个社会的政治体制：

在一个专制体制下，由于税制结构调整立足于实现政府特定的目的，因此，政府作用方式的强制性在税制结构设计上常常表现出单一的强制，而且，由于专制体制下法律制度对政府不具有约束力，因而，这种强制性的作用方式还表现出极强的随意性。比如，在古老的直接税为主的税制结构时期，随着经济环境的变化（比如，古老的直接税加速了农业的破产）而致税源减少，政府往往通过单一强制的方式采取加重对城市工商业课税的办法予以弥补。实际上，在专制体制下，很多税种的开征或税制结构的调整都是政府单一强制的结果。尽管其中许多税制改革也考虑到民众的利益，比如，我国唐朝中期杨炎“两税法”以“人无丁（丁男）、中（中男），以贫富为差”为原则调节税制结构，抛弃了唐代原来以人丁为征课标准的租庸调制[②]，以土地、业产等财富的多寡，按每户的贫富差别进行课征。但由于民众在社会利益格局中处于弱势地位，因而无法保证税制结构均衡，这也是历史上“两税法”“一条鞭法”等税制改革遭受挫折的根本原因。专制制度下，对于政府职能及其行为，“并无事先的强制性规则，而具有‘事后’约束的特点”[③]，所以，政府在税制结构变迁的作用中表现出强制的随意性，政府主导的税制结构变迁结果往往是不稳定的局部（统

① 这些因素包括政治环境、社会环境、国家的规模和范围、政府权力架构、民主制度以及政府所要实现的目标等。

② 租庸调制是我国唐朝实行的赋税制度，以征收谷物、布皮或者为政府服役为主，是以均田制的推行为基础的赋役制度。此制规定，凡是均田人户，不论其家授田是多少，均按丁交纳定额的赋税并服一定的徭役。其中，租即田租，每年要纳粟二石。庸则是力役，每年替政府服役二十日，这项制度原本在隋朝开皇二年（582 年）试行，原是役期一个月，开皇三年（583 年）减为二十日，也可用物品折抵役期。调是户调，男丁随乡土所产而纳。除租庸调外，人民还须负担杂徭和色役。这在本质上是承袭了北魏的“租调”税收制度。详见齐涛. 中国古代经济史[M]. 济南：山东大学出版社，2007：256 – 257.

③ 焦耘. 税制结构变迁的制度分析[D]. 成都：西南财经大学，2008.

治阶层内部）均衡①。

在民主体制下，政府和公众之间表现出一种契约关系，政府的行为受到法律等制度规范的约束，因而，在税制结构变迁中，政府要充分听从纳税人的利益表达，并在此基础上，通过认识和把握时机，确定变迁目标，选择变迁方式制订变迁方案，并最终通过强制性的法律规范得以确认，使税制结构变迁内容上具有渐进性的属性。因而，虽然政府参与下的税制结构变迁仍具有强制性，但由于有公众的参与而使税制结构变迁结果呈现出相对稳定的整体性均衡。

（二）纳税人与税制结构变迁

虽然，从结果看，税制结构变迁是一个强制性的政府行为，但税制结构变迁中过程中纳税人却发挥着不可替代的作用，这种作用主要表现为通过纳税人利益的向上传导影响决策者的税制结构设计。也正是在这个意义上，税制结构变迁是一个诱致性和强制性制度变迁相结合的产物。然而，纳税人在税制结构变迁中的作用也要受到外部环境特别是政治体制的影响，同时也取决于自身力量。

根据上文分析，专制体制下税制结构变迁是政府单一的强制性变迁形成一个不稳定的局部税制结构均衡。之所以说这种均衡是局部均衡，是因为，这种均衡是一个忽略公众利益的税制结构格局；之所以说是不稳定的，是因为，由于没有考虑到公众利益，因而，损害公众利益（也可以是相对降低公众利益水平）是一种常态，只是由于公众利益诉求受制于其本身力量而无法得到满足，一旦公众力量聚集到一定程度，必将打破该均衡状态（但在这种力量产生之前，纳税人是不具有税制结构变迁主体地位的）。从这个意义上讲，中国历史上每一次改朝换代也都可以看作是一种为改变原有税制结构均衡所代表的利益架构的行为，只是这种行为方式产生了不断循环的破坏力。英国的《大宪章》、法国的《人权宣言》等也是纳税人力量的增强对专制制

---

① 童光辉. 财政危机下的税制变迁与税收悖论——我国传统小农经济与大国财政之间的张力[J]. 中央财经大学学报,2010(9):1－5.

度下局部税制均衡的一个改变[1]，只是这种改变确立了民主体制，通过对政府权力的限制使纳税人获得了税制结构变迁中的主体地位。

在民主体制下，纳税人在税制结构变迁中的作用一方面表现为纳税人通过民主途径防止政府通过税制结构调整影响纳税人的利益。比如，1221—1257年，英国调整税制结构加大对平民财产税的课征，与此伴随的是平民代表进入议会。另一方面，更多地表现为纳税人利益分化产生不同的利益集团，通过表达各自的利益诉求，影响政府税制结构调整的方向，这里便体现出不同利益集团的力量对比对税制结构变迁的影响力。比如，现代直接税制的确立在很大程度上反映了资本家阶层和劳动者阶层之间利益博弈对税制结构变迁的影响：间接税的课征会相应地提高产品价格，进而推动名义工资的提高，导致资本家阶层生产成本提高，影响资本家的经济利益。因而，资产阶级为了本阶级的利益不得不考虑增加税制结构中直接税的比重。随着直接税特别是累进税引入税制结构，税制结构对收入分配调节的力度增强，也是劳动阶层不反对的理由之一。从这个意义上讲，为保持税制结构调整或税制改革的公平性，任何关于税收或税制结构的争论或呼声，我们都有必要判断其代表谁的利益。

但纳税人这一税制结构变迁主体作用的发挥往往受一些观念的影响，对税制结构变迁的影响最为直接和明显的是整个社会对政府和个人之间关系及其各自是什么的看法以及社会对平等和公平的看法[2]。纳税人在税制结构变迁中的作用随着社会对这两个问题所持观念的变化而变迁。比如，当人们持有“强调个人对自己的命运负责……认为政府的作用是充当仲裁者”[3]的观念时，追求效率是在推动税制结构转型中的主要诉求，而当人们的这一观念改为“个人应像象棋里的卒子那样由外界力量来摆布……认为政府应当……有责任迫使一些人帮助另一些人”[4]的时候，与之相关联

① 李炜光. 李炜光说财税[M]. 保定：河北大学出版社，2011：38－42.
② 焦耘. 观念对税制结构变迁的影响分析[J]. 特区经济，2007(10)：262－264.
③ 米尔顿·弗里德曼，罗斯·弗里德曼. 自由选择[M]. 北京：商务印书馆，1982：11.
④ 同上。

的是纳税人对高税负的容忍和对公平诉求的提升，这将影响纳税人在税制结构变迁过程中的作用方式。

四、税制结构发展路径与路径调整

税制结构模式的选择要考虑经济发展水平和经济结构的变化，而利益格局本质上讲是由经济结构的变化引起的。因此，税制结构变迁也就形成了由经济结构，进而各利益集团和政府共同作用的路径。从长期看，或者从税收发展史和经济史的角度看，税制结构变迁方向和经济发展路径基本一致，但在短期内，各个时期各个国家或地区税制结构会有不同的表现，如图 3－3 所示，这些表现是由各方利益相互博弈形成的，这些不同的税制结构在一定程度上对经济发展结构产生了一定的影响，进而也相对固化了当期的利益结构，进而固化了税制结构的均衡状态（可能是一种非帕累托最优状态）。因而，税制结构变迁上也常常产生路径依赖[①]。

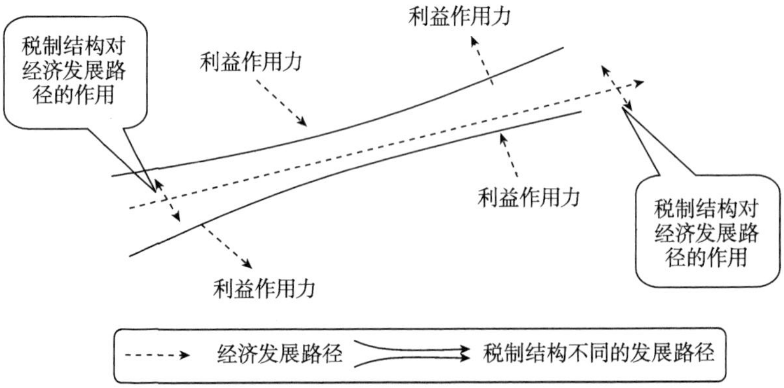

图 3－3　经济发展路径、利益作用力与税制结构发展路径

同时，税制结构变迁路径常常是和社会价值目标结合在一起的。通常情况下，社会价值目标规定了税制结构变迁的方向。而现代税收原则中的

① 税制结构的根本性调整往往伴随着税法的调整，这将使人们付出相应较高的学习成本。同时，既有的税制结构中往往按照既定的利益结构设定了许多补充条件，因此，在利益结构固化的情况下，税制结构变迁也只能是一种自然的不断小修小补的改良过程。

公平和效率原则就是对现代社会价值目标的基本反映。据此可界定现代社会税制结构调整的基本方向，即追求既能实现税收公平又不损害税收效率的一种税制结构状态。这个状态可以用埃奇沃斯盒状图做近似的分析，如图 3－4 所示，O 点在契约线 AB 上，因而是一个帕累托最优的点，同时，其所处的中点位置也可以近似反映出社会的公平状态，因而，如果 O 点代表的是一种税制结构状态，那么这个税制结构状态就可以是税制结构变迁的有效方向。

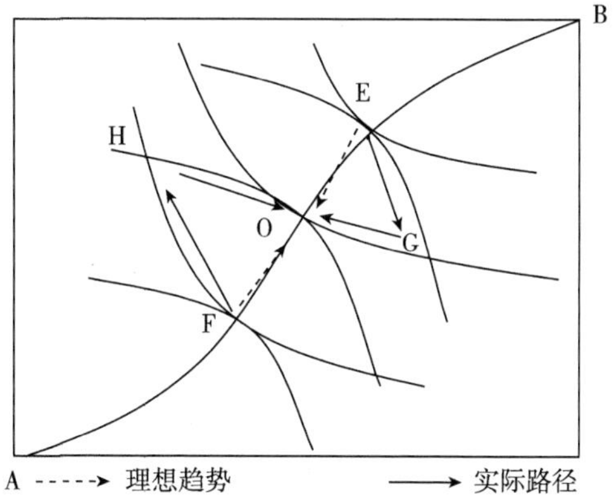

图 3－4　税制结构变迁路径

然而，正如前文所述，税制结构变迁是税制结构不断由非均衡状态向均衡状态转变的一个过程，这个过程主要是由各个利益主体的力量对比和博弈决定的。因此，一个帕累托最优的状态，比如 E（或 F）点，可能不符合社会对公平的诉求，而在公平诉求力的作用下，可能使税制结构变迁至 G（或 H）点达到一种新的均衡。在这一点，如果利益结构均衡状态不被打破，那么，这一状态将持续存在，即使有变化，也将是一种小修小补。在这个意义上，这样的利益格局便使税制结构变迁具有了很强的路径依赖。税制结构要想实现公平和效率的目标，必须在对利益格局进行调整的基础上使 G（或 H）点不断向 O 点靠近。

一个有效的、合理的税制结构状态，是一个与经济社会可持续发展相一致的税制结构。税制结构模式的确立是政府通过颁布法律法令的形式确立的，但如果把政府看作主导税制结构的主要力量，在税制结构模式的选择上，政府的基础性任务便是确定经济社会可持续发展的基本目标，并明确其路径，在此基础上，必须权衡各方的利益格局，通过利益关系的调整实现有效的税制结构均衡状态。显然，由于不同的税制结构有不同的作用和性质，因而，对税制结构性质的分析也是一项基础性工作。

本章小结

本章对税制结构转型进行了理论分析，主要分四部分进行，即第一节利用马克思经济平衡模型从平衡发展的角度探讨最优宏观税负的设置，并认为这是税制结构转型的基础性问题；第二节仍然利用马克思两大部类之间的平衡关系建立了税制结构的整体性分析框架，并在该框架中引入价值流动探讨了课税结构、价值流动与经济平衡之间的关系；第三节利用新制度经济学的分析方法对税制结构的均衡状态（侧重分析非均衡状态的表现及其均衡化转变）、税制结构变迁主体进行了分析。这三部分内容之间的关系为：

第一，从形式上看，内容是相互独立的，即第一节侧重最优宏观税负的界定；第二节侧重税制结构转型的分析框架与分析方法，主要是为税制结构分析提供整体性分析框架，同时，为税制结构转型过程提供了“课税结构—价值流动—经济平衡”这一基本的经济学分析方法模型；第三节侧重于对税制结构转型过程中的利益关系进行分析。这是分析税制结构转型中利益结构的重要基础，同时，也是分析税制结构转型过程中约束条件的重要途径与方法，是属于现代政治经济分析的基本思路。

第二，从逻辑内容上看，这几部分内容共同构成了税制结构转型所必需的相互连接、相互衔接的内容体系。尽管税制结构涉及的核心问题是税负的调整与重新分配，但基础性的问题是要设定一个合意的或最优的宏观税负水平，因此，对最优宏观税负的界定是税制改革或税制结构转型的基础。本文对税制结构分析框架的基本界定是，课税结构通过价值流动与经济平衡连接起来，“课税结构—价值流动—经济平衡”这一税制结构调整的方法建立税制转型的目标模式，即发展型税制结构。其中，核心内容是如何调节社会价值流向，社会价值流向调节的关键是对利益结构的调整，因此，要充分利用“课税结构—价值流动—经济平衡”这一基本的经济学分析方法模型，就必须对税制结构调整中涉及的利益结构进行分析，也正因如此，税制结构转型分析中，需要在上述框架内对所面临的约束条件进行分析。

总之，本章内容既是分析框架的界定，又是分析方法的梳理。对税制结构性质的分析要在整体性的框架下把握，而税制结构转型的研究也要在“课税结构—价值流动—经济平衡”这一模型分析中进行。

第四章　中国税制与经济发展方式转变的非协调性分析

从税制结构性质的角度分析中国税制结构的演化可以发现，中国税制结构的演化（1950 年以来）基本遵循这样一条主线，即不断增强税收筹集财政收入的功能，亦即中国税制结构演化的过程是中国收入型税制结构不断发展并巩固的过程。中国现行税制结构是在 1994 年分税制改革的基础上形成并发展起来的。这一税制结构的形成实现了改革所设定的“两个比重”提高的目标，因而，1994 年分税制改革在规范中国税制的基础上，使中国税制结构在收入筹集功能上真正实现了收入型税制结构的要求，并进一步使其呈现出增长型税制结构的特性，这是研究中国税制结构转型必须把握的现状。

第一节　中国税制结构发展演进分析

大体上看，在分税制改革之前，中国税制结构的演进是收入型税制结构开始形成并不断加强的过程。分税制改革之后的税制结构演进则是收入型税制结构最终形成并在此基础上进一步发展为增长型税制结构的过程。

一、分税制改革之前的税制结构及其性质变化

1949 年以来，我国的税制结构经历了多次调整与改革。如图 4 – 1 所示，1980 年之前的税制结构极度简化，不可能充分发挥财政收入筹集的功能。1980—1994 年分税制改革之前，中国税制结构在不断调整中形成了由

产品税、增值税、营业税、盐税、资源税构成的工商税体系；由集体企业所得税、国有企业所得税和私营企业所得税构成的工商所得税体系；逐步开征了特别消费税、烧油特别税、个人收入调节税、个人所得税、城乡个体工商业户所得税、中外合资经营企业所得税、外国企业所得税、国有企业调节税、国有企业工资调节税、奖金税和建筑税。

单从税种结构上看，在这一时期，流转税、所得税和各类调节税种渐次开征和不断完善不断丰富着中国税制结构的内容。但由于税收法制的不健全，税收的征收，特别是税收优惠、减免税规则的设置等还具有很强的随意性，因此，这一时期中国税制结构在收入筹集功能实现上还显不足。这一时期各种调节税开征的目的是防止各类收入差距拉大，但由于税收收入规模相对较低，因而，其调节作用极其有限。对不同纳税人的不同课征虽然适应了当时刺激经济发展的实际需要，但违背了现代税收原则，从长期来看不利于统一、有序的市场秩序的形成，这也是该种税制结构不可持续的主要原因之一。

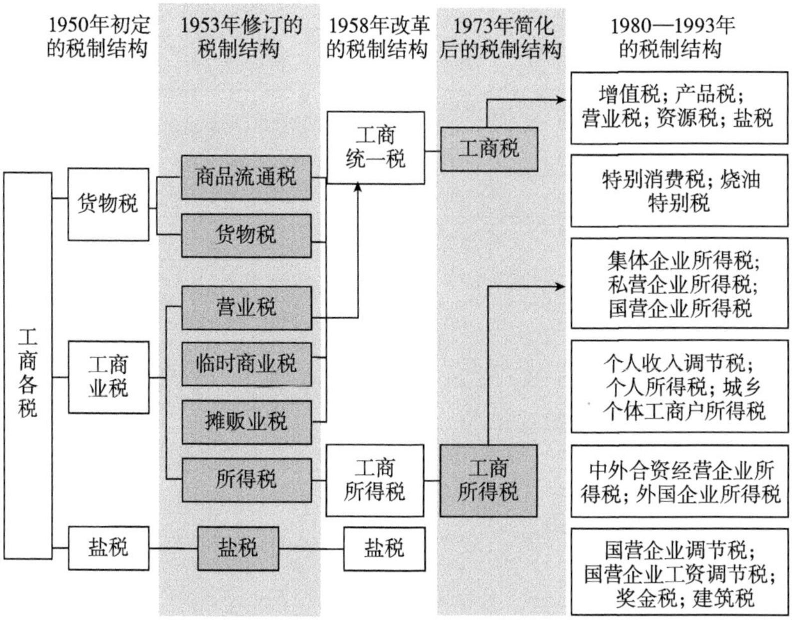

图 4-1　分税制改革之前中国税制结构演变

这一税制体系还存在很多不足，但在这一税制结构框架下，税收收入占财政收入的比重开始增加（见表4－1、图4－2），收入型税制结构的特性开始显现。但由于财政体制的频繁变化（1993年之前的40多年里财政体制变化了15次），使中央政府和地方政府财政收入的稳定和适度增长都得不到有效的保证。其中，中央政府为了保住自己的资金份额，常常在资金短缺的时候出台新的政策以应付缺口，采取各种措施从地方“抽调”资金以弥补税收缺口，但仍然不能解决财政困难①。这也说明，收入型税制结构的实现在很大程度上也依赖于合理、稳定的财税体制。

表4－1　我国1950—1984年财政收入结构　　单位：亿元

年份	收入总额	各项税收	税收收入比重	企业收入	企业收入比重	其他收入	其他收入比重
1950	62.17	48.98	78.78%	8.69	13.95%	4.50	7.274%
1951	124.96	81.13	64.92%	30.54	24.44%	13.29	10.64%
1952	173.94	97.69	56.16%	57.27	32.93%	18.98	10.91%
1953	213.24	119.67	56.12%	76.69	35.96%	16.88	7.92%
1954	245.17	132.18	53.91%	99.61	40.63%	13.38	5.46%
1955	249.27	127.45	51.13%	111.94	44.91%	9.88	3.96%
1956	280.19	140.88	50.28%	134.26	47.92%	5.05	1.80%
1957	303.20	154.89	51.09%	144.18	47.55%	4.13	1.36%
1958	379.62	187.36	49.35%	189.19	49.84%	3.07	0.81%
1959	487.12	204.71	42.02%	279.10	57.30%	3.31	0.68%
1960	572.29	203.65	35.59%	365.84	63.93%	2.80	0.48%
1961	356.06	158.76	44.59%	191.31	53.73%	5.99	1.68%
1962	313.55	162.07	51.69%	146.22	46.63%	5.26	1.68%
1963	342.25	164.31	48.01%	172.68	50.45%	5.26	1.54%
1964	399.54	182.00	45.55%	212.93	53.29%	4.61	1.16%
1965	473.32	204.30	43.16%	264.27	55.83%	4.75	1.01%
1966	558.71	221.96	39.73%	333.32	59.66%	3.43	0.61%
1967	419.36	196.63	46.89%	218.47	52.10%	4.26	1.01%

① Christine Wong, 1991, “Central - local relations in a era of fiscal decline: the paradox of fiscal decentralization in post - Mao China.” The China Quarterly, 28, 69 - 715.

续表

年份	收入总额	各项税收	税收收入比重	企业收入	企业收入比重	其他收入	其他收入比重
1968	361. 25	191. 56	53. 03%	166. 73	46. 15%	2. 96	0. 82%
1969	526. 76	235. 44	44. 70%	286. 74	54. 43%	4. 58	0. 87%
1970	662. 90	281. 20	42. 42%	378. 97	57. 17%	2. 73	0. 41%
1971	744. 73	312. 56	41. 97%	428. 40	57. 52%	3. 77	0. 51%
1972	766. 56	317. 02	41. 36%	445. 69	58. 14%	3. 85	0. 50%
1973	809. 67	348. 95	43. 10%	457. 02	56. 45%	3. 70	0. 45%
1974	783. 14	360. 40	46. 02%	407. 26	52. 01%	15. 48	1. 97%
1975	815. 61	402. 77	49. 38%	400. 20	49. 07%	12. 64	1. 55%
1976	776. 58	407. 96	52. 53%	338. 06	43. 53%	30. 56	3. 94%
1977	874. 46	468. 27	53. 55%	402. 35	46. 01%	3. 84	0. 44%
1978	1132. 26	519. 28	45. 86%	571. 99	50. 52%	40. 99	3. 62%
1979	1146. 38	537. 82	46. 91%	495. 03	43. 18%	113. 53	9. 91%
1980	1159. 93	571. 70	49. 29%	435. 24	37. 52%	152. 99	13. 19%
1981	1175. 79	629. 89	53. 57%	353. 68	30. 08%	192. 22	16. 35%
1982	1212. 33	700. 02	57. 74%	296. 47	24. 45%	215. 84	17. 81%
1983	1366. 95	775. 59	56. 74%	240. 52	17. 60%	350. 84	25. 66%
1984	1642. 86	947. 35	57. 66%	276. 77	16. 85%	418. 74	25. 49%

注：本表中在1983年和1984年的数据处理中将“能源交通重点建设基金收入”作为非税收入并入“其他收入”之中。

数据来源：中国财政年鉴（2010）。

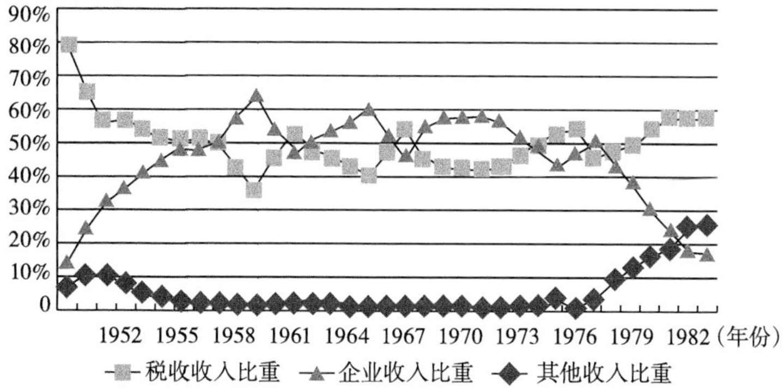

图4-2　1950—1984年中国财政收入构成

20 世纪 80 年代中期之后进行的税制改革是在传统以“块块”为主的财政体制框架下推进的，虽然，这种财政体制框架激发了地方政府增收的积极性，但从性质和特征上看，却呈现出较强的“累退性”（胡家勇，2003）。同时，地方政府具有较大的税收减免和优惠的权利，使其倾向于“藏富于企业”并常通过非税手段侵蚀中央税基。因此，这种非规范的税制框架常常由于地方利益的驱动导致税收收入筹集功能的弱化。也正是从这个角度看，尽管税制改革和税制结构设置的目的是提升税收在收入筹集中的分量，但在分税制改革之前，中国税制结构的收入型税制的特性却在各级政府利益博弈中不断地被弱化。比如，在 20 世纪 80 年代后期中国经济持续高速增长的背景下，国家财政收入不仅没有同步增长，反而出现了财政收入占国内生产总值比重以及中央财政收入占全国财政收入比重的持续下降，国家财政收入占国内生产总值的比重从 1978 年的 31% 下降至 1992 年的 14%；中央财政收入占全国财政收入的比重由 1985 年的 38% 下降至 1993 年的 22%①。

需要说明的是，在前文的分析中，收入型税制结构被界定为税收本源功能的一个表现。因而，一个国家的税制结构只要以实现税收收入最大化为目标且能够实现充足的财政收入，那么，这样的税制结构就可以称为收入型税制结构。而且，在前文的分析中，由于早期政府财政收入来源多样化，规范的税收收入所占比重相对较低（更多的情况是税、费不分），因此，本书称之为“早期的收入型税制结构”。新中国成立后，随着社会主义改造的完成，政府收入越来越依赖于国有企业利润上缴，税收对财政收入的作用式微。因此，改革开放之后中国税制结构改革的首要目标是实现税收的本源含义，从税制结构性质的角度考虑即是要构建收入型税制结构。而“两个比重”的持续下降也说明中国税制结构的收入型税制结构的功能或特征还没有得以实现。虽然在 20 世纪 80 年代税制改革过程中，税收的调节作用已经受到重视，而且税收的调节作用，特别是通过税收优惠等的差别性实施使中国税制体系具有较强的刺激经济增长的作用，但本书

① 中国统计年鉴(1994)[M]. 北京:中国统计出版社,1995.

并不认为其具有增长型税制结构的特性，因为这一时期中国税制结构还没有充分实现其收入筹集的功能，税收的规范化还在探索之中。因此，整个分税制改革之前中国税制结构的演化过程都可以统一概括为收入型税制结构不断形成的过程。

二、我国分税制以来税制结构及其性质变化

现行的中国税制结构是在1994年税制改革的基础上经过不断调整而形成的。全面“营改增”之前，共由18个税种组成[①]，见表4－2。从我国税制结构的构成上看，由于1994年分税制改革在很大程度上是财政意义上的改革，因而，这一框架下的税制改革侧重于收入筹集，而缺乏对税制功能整体性、协调性的考虑。从主体税种的角度看，具有较强的筹集财政收入功能的税种主要是增值税、营业税和所得税。

表4－2　我国全面“营改增”前税制体系概览

税类	税种（18）
流转税类（4）	增值税、消费税、营业税、关税
所得税类（2）	企业所得税、个人所得税
财产税类（2）	房产税、契税
资源税类（4）	资源税、城镇土地使用税、耕地占用税、土地增值税
行为税类（5）	车船税、车辆购置税、印花税、城市维护建设税、船舶吨税
其他	烟叶税

1994年分税制改革时确立了我国以流转税和所得税双主体的税制结构框架，虽然，在实际运行中我国所得税的比重在逐渐上升（见图4－3），但中国税制从总体上仍然体现出发展中国家税制结构的基本特征，即以流转税为主体的税制结构。因此，流转税的性质便决定了我国现行税制结构的性质，我国税收收入过分依赖于流转税的主要效应是造成税制结构的累

① 2012年11月9日中华人民共和国国务院令第628号公布《国务院关于修改和废止部分行政法规的决定》，废止《中华人民共和国固定资产投资方向调节税暂行条例》。这意味着作为独立的税种，固定资产投资方向调节税终于寿终正寝。中国税制结构中税种数量由19个变为18个，尽管之前的固定资产投资方向调节税一直处于“暂停征收”状态。

退性，导致税负不公（郝春虹，2006）。

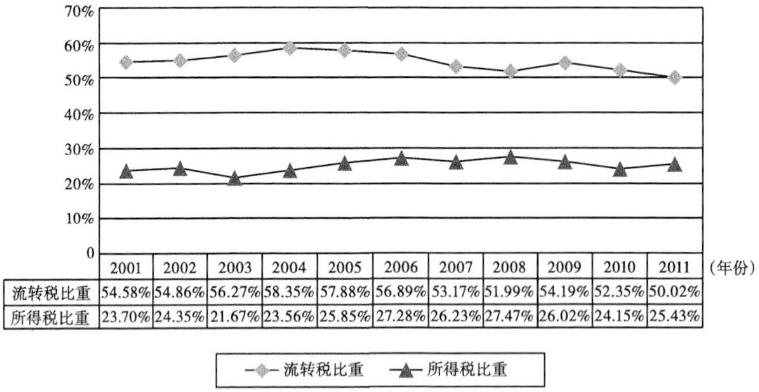

	2001	2002	2003	2004	2005	2006	2007	2008	2009	2010	2011
流转税比重	54.58%	54.86%	56.27%	58.35%	57.88%	56.89%	53.17%	51.99%	54.19%	52.35%	50.02%
所得税比重	23.70%	24.35%	21.67%	23.56%	25.85%	27.28%	26.23%	27.47%	26.02%	24.15%	25.43%

图4-3　流转税与所得税占税收收入总额的比重及趋势（2001—2011）

从税收收入筹集功能上看，分税制改革以来，税收收入增长实现了与GDP的同步增长，特别是2000年以来税收收入增长超过GDP的增长率已经屡见不鲜（见图4-4）。同时，“两个比重”也有了根本性改观（见图4-5、图4-6）。这说明，中国税制结构已经实现了收入型税制结构的目标。至此，中国税制结构的演变开始了在收入型税制结构基础上向增长型税制结构演进。

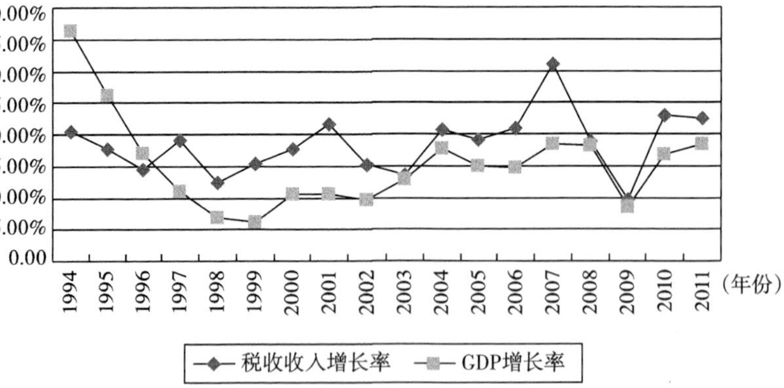

图4-4　1994—2011年税收收入与GDP增长情况

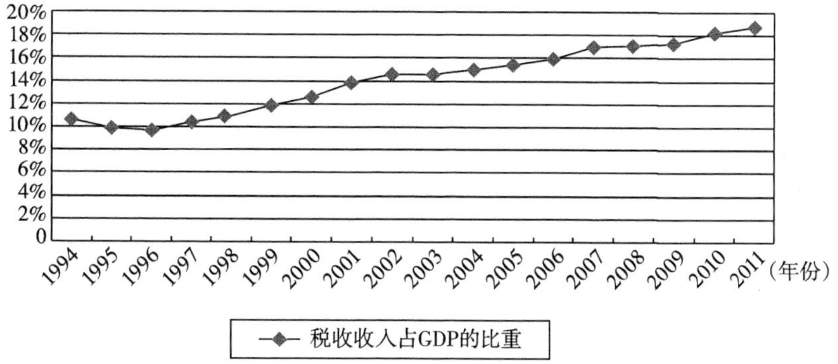

图 4－5　1994—2011 年中国税收收入占 GDP 的比重变化

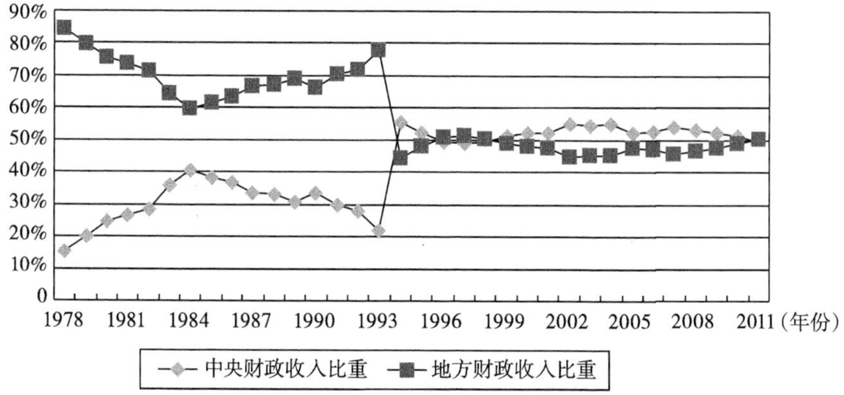

图 4－6　1978—2011 年我国中央和地方财政收入占全国财政收入比重变化

另外，税制结构的整体功能需要辅助税种的协同作用。但我国税制结构中辅助税种在弥补主体税种的不足上尚存在诸多缺陷：其一，具有特殊的稳定性质的社会保障税尚未开征；其二，一些矫正性税种和受益性税种尚显不足，环境税长期处于空白状态；其三，在收入分配调节方面的财产税、赠与税、遗产税存在不足或空白，导致个人所得税调节收入分配能力不足；其四，一些税种重复开征，比如房产税和城镇土地使用税（岳树民，2003）等。

分税制改革在理顺财政体制框架的基础上对中国税制进行了规范，建立了以流转税为主体的税制结构框架，这一税制框架解决了传统税制结构收入功能弱化的不足，使中国税制结构恢复了收入型税制结构的特性。但同时，随着社会主义市场经济体制的确立并不断完善，税收作为经济调节的一种方式逐渐显现，税制结构的调节性功能在税制结构中也逐步凸显出来，而这一调节功能在赶超型经济发展模式下逐渐使中国税制结构具有了增长型税制结构的特性（见本章第三节）。因此，中国税制结构的调整和完善过程是收入型税制结构形成的过程，也是在构建收入型税制结构中逐渐发展成增长型税制结构的过程。

自 2012 年起，我国推行了“营改增”试点改革，目前，已经全面推行“营改增”，并在逐步进行增值税改革。“营改增”改革，破除了原营业税的弊端（重复课征、产业税负不均等），使税收中性的特征开始显现；此外，对资源税的调整（从价计征、煤炭资源税的调整、水资源税的开征等）以及开征环保税，使中国税制进一步绿化；调整消费税税目税率、逐步推进个人所得税分类综合课征等，在一定程度上对收入分配调节起到引导作用。也就是说，2012 年之后，中国税制增长型税制的性质开始逐渐向发展型税制转变。但发展型税制的形成将会是一个长期过程。

中国税制结构演进过程以及在这个过程中收入型税制结构确立和增长型税制结构的发展过程也说明，税制结构的性质不单取决于税法规则的完备程度和税制结构本身的设置，税收制度运行的外部环境，如财政体制、财政压力以及经济发展模式都将对税制结构的性质产生重要影响。改善税制结构的性质并促进税制结构转型也必须在外部环境不断优化的条件下才能够充分实现。

第二节　现行税制结构收入能力的实证分析

正如前文的分析，一个国家税制结构的合理性要以能否获取充足的、有弹性的税收收入为前提。因此，在分析税制结构性质的时候都要将税制结构中收入型税制结构性质的强弱作为分析增长型税制结构和发展型税制结构的前提。而收入型税制结构的性质是否突出，需要进行量化分析。可用税收收入能力进行考察。税收收入能力的衡量又可以从实际税收收入能力和税收收入潜能两个方面来衡量。

一、我国实际税收收入能力的实证分析

实际税收收入能力反映的是税收收入实现的程度，是指一个国家在既定的征税资源和征管努力程度下所实现的实际税收收入规模。通常通过税收收入规模、税收增长率和税收收入弹性来衡量，其中，税收收入弹性为税收收入增长率和 GDP 的增长率之比，用来反映税收收入增长相对于 GDP 增长的反应程度。

如图 4－7、图 4－8 和表 4－3 所示，伴随着经济发展我国税收收入规模实现了快速的增长，税收增长率变化趋势与 GDP 增长率的变化趋势相一致，但从 1997 年开始长期高于 GDP 的增长率。税收收入弹性系数从 1997 年开始一直处于富有弹性（大于 1）的状态（见图 4－9）。这说明 1994 年税制改革极大地提高了中国税制的收入型税制结构的性质。另外，我国税费改革的推进，也是我国税收收入能力增强的重要原因。同时，在税收收入弹性的测算中，本书采用的是整体税收收入变化率与 GDP 变化率之比，没有考虑分税种的情况，实际上，在我国税制结构体系中，一些税种的税基与 GDP 并不一致，如车船税、印花税、土地增值税、房产税等，也就是说，这些税种的税收收入并不与经济增长同步变化，因而，这些税种在个别年份税收收入弹性的增加也在一定程度上会对整体税收收入弹性起到拉动作用。另外，税收征管的加强在提高税收增长率的同时也拉动了税收收入弹性。但总体上讲，大多数年份我国税收收入弹性还是能够反映我国较强的实际税收收入能力。2014 年之后，伴随着经济结构调整和供给侧改革，以及一系列减税政策的推进，税收收入弹性系数开始下降。但由于税收收入增长率与 GDP 的增长率依然保持一致（见图 4－8），因此，从整体上看，中国税制较强的收入能力仍然会伴随着经济转型和未来的经济复苏而彰显。

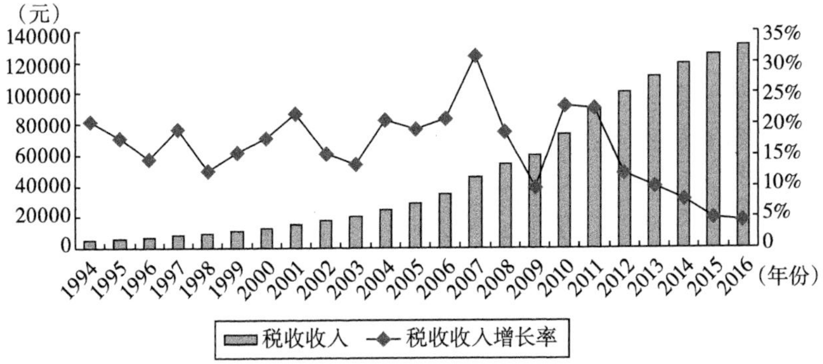

图 4－7　我国税收收入及其增长率变化

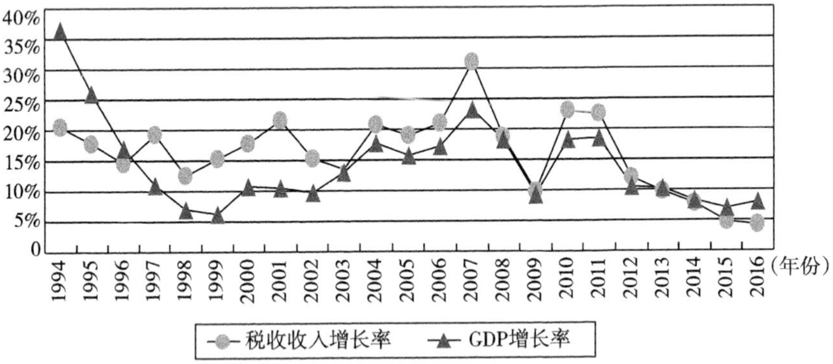

图 4－8　税收收入增长率与 GDP 增长率（1994—2016）

表 4－3　1994—2016 年税收收入与 GDP 增长情况　　单位：亿元

年份	税收收入	税收收入增长率	GDP	GDP 增长率	税收收入弹性
1994	5126.88	20.48%	48637.5	36.41%	0.56
1995	6038.04	17.77%	61339.9	26.12%	0.68
1996	6909.82	14.44%	71813.6	17.07%	0.85
1997	8234.04	19.16%	79715.0	11.00%	1.74
1998	9262.80	12.49%	85195.5	6.88%	1.82
1999	10682.58	15.33%	90564.4	6.30%	2.43
2000	12581.51	17.78%	100280.1	10.73%	1.66
2001	15301.38	21.62%	110863.1	10.55%	2.05
2002	17636.45	15.26%	121717.4	9.79%	1.56

续表

年份	税收收入	税收收入增长率	GDP	GDP 增长率	税收收入弹性
2003	20017.31	13.50%	137422.0	12.90%	1.05
2004	24165.68	20.72%	161840.2	17.77%	1.17
2005	28778.54	19.09%	187318.9	15.74%	1.21
2006	34804.35	20.94%	219438.5	17.15%	1.22
2007	45621.97	31.08%	270232.3	23.15%	1.34
2008	54223.79	18.85%	319515.5	18.24%	1.03
2009	59521.59	9.77%	349081.4	9.25%	1.06
2010	73210.79	23.00%	413030.3	18.32%	1.26
2011	89738.39	22.58%	489300.6	18.47%	1.22
2012	100614.28	12.12%	540367.4	10.44%	1.16
2013	110530.70	9.86%	595244.4	10.16%	0.97
2014	119175.31	7.82%	643974.0	8.19%	0.96
2015	124922.20	4.82%	689052.1	7.00%	0.69
2016	130360.73	4.35%	743585.5	7.91%	0.55

数据来源：《中国统计年鉴》(2017)。

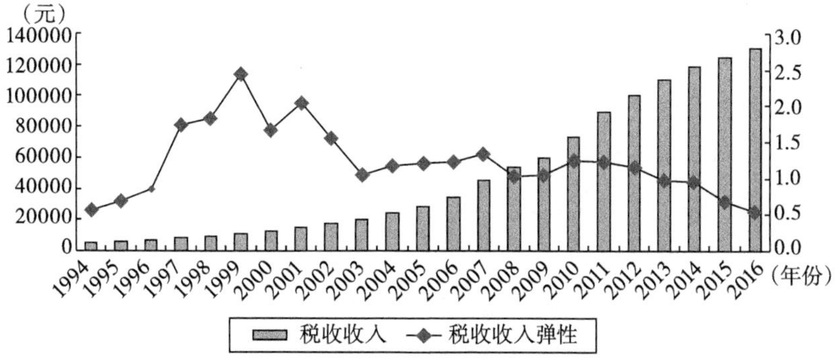

图 4－9　我国税收收入及税收收入弹性变化

二、我国税收收入潜能的实证分析

税收收入潜能通常是根据一个国家税法规定的经济税基和税类结构计算出来的理论税收收入（即按照税法规定应该征收的税收收入）。由于实际税收收入的取得是在税收收入能力的基础上通过各种征税资源的投入和征税努力共同作用下实现的，即实际税收收入的获得是在税收收入潜能的基础上通过税收征管实现的。因而，与实际税收收入相比，税收收入潜能更能够衡量一个税制结构本身的收入型特征。本书从增值税和企业所得税两大税种的税收收入潜能的估算来反映我国税收收入潜能。

就增值税而言，理论上增值税应纳税额的计算公式为：

增值税应纳税额 = 增值额 × 增值税税率(17% 或 13%)

由于 13% 的低税率主要适用于农业生产资料、图书杂志等精神产品、农产品、燃气等，在增值税中所占比重较低，因而，本书采用 17% 的法定税率。同时，由于增值税中还存在各种法定的税收优惠，这一比重大致在 15% ~20%[①]，本书采用最高值 20% 进行估算。其中，增值额可以用行业增加值来表示，由于“营改增”之前我国增值税主要对第二产业课征，因此，本书用第二产业增加值之和来代替理论增值额，因而，增值税理论缴纳额[②]可表示为：

增值税理论缴纳额 = 第二产业增加值 × 17% × (1 - 20%)

与此相对应的增值税税收流失额为：

增值税流失额 = 增值税理论缴纳额 - 实征额

估算结果如图 4 - 10 所示，其中，增值税实征额是《中国统计年鉴》中给出的国内增值税税额。增值税流失率是增值税税收流失额（应征额与实征额之差）与理论缴纳额之比。

从图 4 - 10 的分析看，2002 年以来，随着增值税税收监管力度特别是增值税专用发票、税控系统的规范和完善，我国增值税的流失率相对较低。但考虑到第一产业和第三产业中销售货物和加工、修理修配劳务中增值税增收难度较大的因素，我国增值税的税收流失规模应该保持在 25%

① 参见以下文献：(1)林江，周征帆. 广东省“三资”工业企业税收流失估算及对策[J]. 涉外税务，2005(7)：37 - 41. (2)冯文荣，陈少克. 珠海市外资企业税收流失测评与防范——基于转让定价避税的研究视角[J]. 郑州航空工业管理学院学报，2008(4)：70 - 75. (3)毛程连，侯敬雯. 在华外资经济流转税税收流失规模的比较研究[J]. 江苏大学学报(社会科学版)，2012(2)：80 - 88.

② 在本节图示中，理论缴纳额用“应征额”表示。

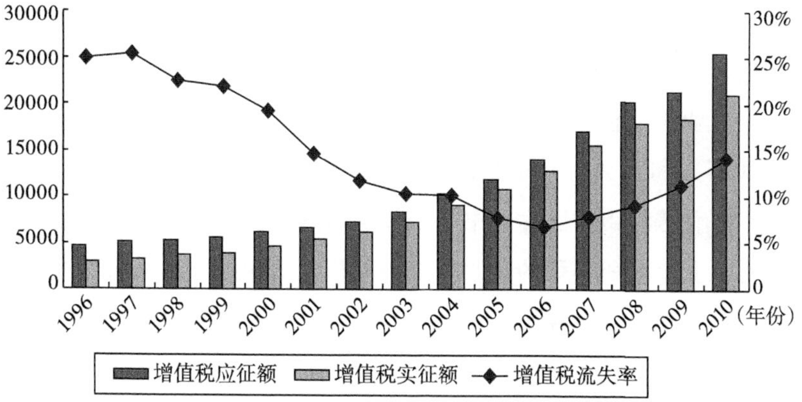

图 4－10　我国增值税税收收入潜能指标分析（1996—2010）

左右①。

2012 年之后，伴随着“营改增”的推进，增值税理论缴纳额应做相应调整，主要是要在第二产业增加值中加入部分现代服务业增加值（主要加入交通运输、仓储和邮政业增加值和金融业增加值），同时，考虑到税率结构的变化，可将优惠比重增加至 27%。据此，2012—2016 年增值税税收收入潜能指标分析图可用 4－11 表示。

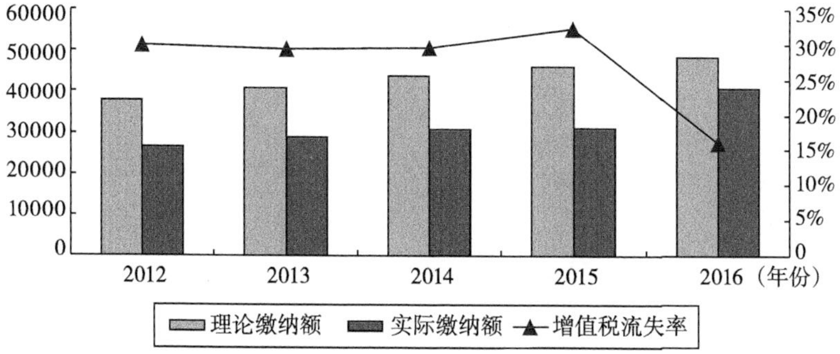

图 4－11　我国增值税税收收入潜能指标分析（2012—2016）

就企业所得税而言，企业所得税的应税计算公式是：

企业所得税应纳税额 = 应税所得额 × 税率

① 同时，本书考察的仅仅是第二产业的情况，其他产业“销售货物”的增值税没有考虑进来。

由于企业所得税中的应纳税所得额近似于利润，因而，本书在税收潜能相关指标估算的时候用规模以上工业企业利润来代替应纳税所得额。同时，由于企业所得税中也存在较多而且复杂的税收优惠，考虑到林江，周征帆（2005）和冯文荣，陈少克（2008）的估算结果是对外资企业相对集中的广东省和珠海市，因而本书将税收优惠的比例设定为30%。因而，本书通过对工业企业所得税的税收收入潜能相关指标进行核算如下：

工业企业所得税应纳税额 = 利润 × 33% ×（1 − 30%）（2008 年之前）

工业企业所得税应纳税额 = 利润 × 25% ×（1 − 30%）（2008 年之后）

由于工业企业所得税占全部企业所得税的比重大概在45%，因而，图4－12中工业企业所得税实征额是根据《中国财政年鉴》各年度工业企业所得税占企业所得税的比重进行调整的数额。各指标估算结果见表4－4。

表4－4　我国企业所得税税收收入潜能指标分析（1998—2016）

年份	工业企业所得税应征额	工业企业所得税实征额（调整后）	工业企业所得税流失率
1998	336.80	277.66	17.56%
1999	528.53	365.13	30.91%
2000	1014.78	599.80	40.89%
2001	1093.32	920.80	15.78%
2002	1336.21	1078.98	19.25%
2003	1925.90	1313.78	31.78%
2004	2755.67	1780.80	35.38%
2005	3419.39	2404.76	29.67%
2006	4505.53	3167.82	29.69%
2007	6272.85	3950.66	37.02%
2008	5348.41	4470.25	16.42%
2009	6044.89	5191.58	14.12%
2010	9283.75	5779.59	37.75%
2011	10744.36	7546.34	29.76%
2012	10834.25	8844.54	18.37%

续表

年份	工业企业所得税应征额	工业企业所得税实征额（调整后）	工业企业所得税流失率
2013	11966.31	10092.24	15.66%
2014	11927.11	9856.88	17.36%
2015	11582.74	10310.87	10.98%
2016	12586.25	10963.53	12.89%

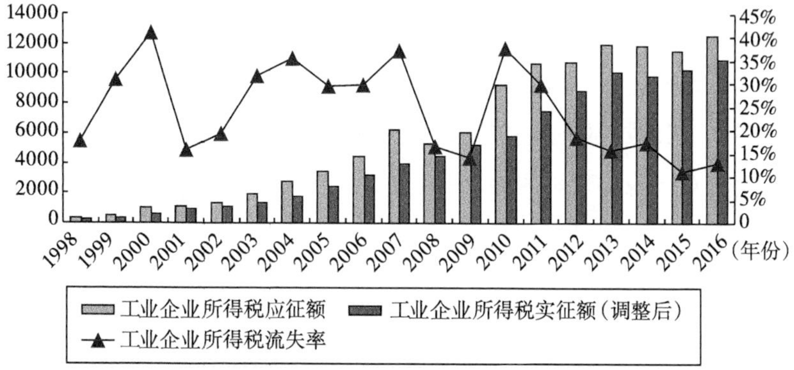

图 4－12　我国企业所得税税收收入潜能指标分析（1998—2016）

从图 4－12 的估算结果看，企业所得税税收收入流失率波动比较大，这与企业所得税法所界定的税收优惠的多样化和所得额核算的复杂性有关。但整体而言，近年来，特别是 2008 年以来，企业所得税的流失率相对下降且趋于稳定（20% 左右），主要原因可能是随着中国经济进入新常态，经济处于转型发展过程之中，经济下行压力较大，同时，税务征收机关为了完成年度征收任务，加强了税务监管和税收征收强度。

由于增值税和企业所得税是我国的两大主要税种，因此，从两税各自占全国税收收入的比重来近似估算全国历年税收收入流失率，这个比率大致在 25% 左右。如前所述，税收流失率越高说明税收收入潜能越大，结合表 4－3 和图 4－10、图 4－12 所反映的我国较高实际税收收入能力的分析可知，我国税收收入能力的提升空间较大，即随着税务征管的加强，我国现行税制结构较强的收入筹集功能将继续展现。这也因此说明，中国税制结构已经完成了收入型税制结构构建的任务，是否具有增长型税制结构的特性还要进一步分析。

第三节 中国现行税制增长型税制结构特性的分析

1994 年以来中国税收收入的快速增长和 GDP 的快速增长已经构成中国经济的重大特点之一。从理论上看，税收收入增长的决定性因素在于经济的增长，然而，中国税制本身也具有较强的增收功能，而这种增收功能在一定程度上又成为中国经济增长的制度性促进因素。这便构成了中国增长型税制相对于税收理论的一个悖论，即税收的快速增长进而税收负担的增加并没有阻碍中国经济的增长（至少从短期看），反而在一定程度上促进了经济增长。这需要从中国税制的特点入手进行分析①。

一、我国现行税制增收功能的机制分析

从中国税制结构上看，中国税制是以流转税为主体的税制结构。从总体上看，流转税的计税基础和 GDP 的核算接近，因而，流转税的增长率应该与 GDP 的增速相一致，但在我国，流转税本身存在一定程度的累进性（相对于 GDP 的增长）②，这主要表现在：

首先，因为增值税主要是对第二产业进行征收，特别是在增值税转型改革之前的生产型增值税下，由于外购固定资产进项税不能抵扣，使得实

---

① 本节尝试在不考虑经济增长等税制以外因素的基础上考察税制结构本身的增收功能。本书并不否认，税收收入只有在经济增长提供充沛的税基的基础上才能实现，但，在税收收入增长的影响因素中，税制结构也是重要的因素，特别是对于本节所分析的增长型税制而言。由于单单考察税制本身，因此，本节侧重从税制结构本身的特点出发进行逻辑演绎。

② 在税收研究中，累进税指的是随着人们收入的增加，对应的有效税率也随之提高的一种税制状态。一般用来研究税收的收入分配功能。本节的累进性指的是从税制本身的特点出发，如果出现由于税制本身导致税收增长率大于 GDP 的增长率，就认为该税种或税制具有一定的累进性，因而，这种累进性不考虑其收入分配效应。

际增值额大于理论增值额[①]，增值税的税基实际上比工商业增加值要大。由于固定资产投资对 GDP 的贡献率长期以来保持在 40%，特别是占税收比重较大的第二产业投资增长高达 38.3%[②]，进而使中国第一大税种的增值税相对于 GDP 增长呈现出累进性的特点。在我国增值税“扩围”或全面的增值税改革未推进之前，在投资拉动经济增长势头未减的背景下，随着房地产投资的增加和交通运输等生产性服务业的增长，营业税税基也在助推税收收入的增长。显然，从理论上看，这一特征将随着增值税改革的推进而逐渐弱化。

其次，增值税转型之后增值税本身的累进性有所下降，但我国流转税在不同行业有不同的表现，其差别不单主要体现在营业税税目安排上，增值税的税率设置（比如属于生活必需品的粮食、食用植物油、暖气、煤气、石油液化气、天然气等设置 13% 的税率，而其他产品设置 17% 的税率，小规模纳税人 3% 的征收率等）、税收优惠（对 GDP 贡献大的传统制造业鲜有税收优惠）设置都体现出行业导向型，这使得增值税的课征效应往往表现出如下特点：即行业销售水平高、利润率水平高的行业税收负担相对重。这一特点使增值税进而整个流转税具有相对于 GDP 的累进性特点。

最后，流转税中的消费税是对非生活必需品在征收增值税的基础上增加的一道税负，因而，本身也具有累进性的特点，特别是，在社会消费偏好不变的情况下，随着 GDP 的增长特别是居民收入水平的提高，其相对于 GDP 的收入累进性会进一步显现。同时，流转税相对于 GDP 的累进性还通过城市维护建设税和教育费附加进一步得到强化。

而由于所得税的税基与 GDP 的核算并不一致，因此，一般认为，所得税相对于 GDP 的累进性并不明朗。但由于利润率进而所得额和 GDP 呈正

---

① 理论增值额的核算原理和 GDP 终值法核算基本一致。杨斌. 税收学[M]. 北京:科学出版社,2011:197.

② 李冷. 现行税制、固定资产投资与中国税收增长持续高于经济增长的分析[J]. 经济问题,2009(10):22-25.

相关关系，因此，虽然企业所得税采用比例税率并不具有累进性，但个人所得税中工资薪金、个体工商户的生产经营所得和对企事业单位的承包、承租所得以及劳务报酬所得等采用的超额累进税率使整个所得税具有了相对于 GDP 的累进性。

与此同时，中国的分税制改革在很大程度上提高了税务征管水平和地方政府的征收努力程度，特别是，地方政府增收导向下的“土地财政”在不断提高土地收益水平和增值水平的基础上通过土地增值税的超率累进税率机制也在一定程度上提升了中国税制结构相对于 GDP 的累进性。

二、我国现行税制对经济增长的促进作用机理

税制结构对经济增长的作用一直是经济学界不断争论的焦点，在各类研究中，由于所用的经济模型各异，因而，其结论也有一定的不同，但从整体上看，现有的实证研究中，已经对以下结论达成了一致：从税类结构上看，流转税类和财产税类对经济增长的负面作用最小，所得税类对经济增长的负面作用比较显著；从税种结构上看，流转税类中增值税是一个良好的税种，其对经济增长有一定的促进作用，而营业税和消费税则往往是阻碍经济增长的因素；所得税类中个人所得税对经济增长有阻碍作用，而现行企业所得税对经济增长的阻碍作用并不明显①。但从税制结构本身看，中国税制结构内部的设置往往也构成了经济增长的一种“激励”，这主要体现在以下几个方面：

首先，如前文所述，中国税制是以流转税为主体的，而流转税的税负归宿是最终消费者而非单独企业本身，因此，中国税制结构导致的企业税负是暂时的而非永久性的。而由于税负转嫁的能力取决于企业的市场竞争力，因此，中国税制中流转税的主体地位在一定程度上发挥着对经济增长

---

① 参见以下文献：(1)刘海庆，高凌江．税制结构与经济增长关系的实证研究——基于中国 30 个省际面板数据[J]．东北大学学报(社会科学版)，2011(6)：492－498．(2)马栓友．税制结构与经济增长的实证分析——兼论我国的最优直接税/间接税结构[J]．经济理论与经济管理，2001(7)：15－20．(3)李绍荣，耿莹．中国的税收结构、经济增长与收入分配[J]．经济研究，2005(5)：118－125．

起重要拉动作用的企业的激励作用（出口、投资和消费是拉动经济增长的“三驾马车”，但消费对中国经济增长的贡献却一直低迷）。生产型增值税向消费型增值税转型，以及增值税“扩围”，又都是在一定程度上对企业资本的释放。当然，虽然增值税的中性税收功能日益明显，但在消费税设置上，由于其计税环节主要在生产环节①，因而，从整个社会来看，只要生产环节销售价格降低，便会实现相对的低税负，进而促进应纳消费税的各行业的发展。中国的资源税（类）具有一般流转税的特征，同时，其长期的从量计征课税方式，使资源（矿产品、土地等）的使用量与其本身带来的税收成本不相一致（因为资源的使用量与资源本身的价格脱离关系，因而，税收调节作用不能充分发挥，从而使其税收成本相对较低），尽管资源税推进了从价计征，这一现象得以弱化，但由于资源税课税范围的限制，在中国经济增长对资源依赖性日益增强的情况下，增强了中国税制本身的增长功能。

其次，就企业所得税而言，如前文分析，由于我国所得税制还没有实现完全归属制，因此，现行企业所得税的设置不可能推进税制结构向发展型税制结构转变，增长型税制结构的特性很难弱化。

再次，对于个人所得税而言，虽然采取源泉扣缴的方式体现的是税负的粘蝇纸效应，其造成的实际工资净额的下降通过劳动力市场作用对企业产生影响。但由于我国劳动力供给缺乏弹性，所以，征收个人所得税对劳动力供给所产生的收入效应要大于替代效应，这也就使个人所得税税收负担由雇员承担的同时，就业量不受影响②。同时，伴随着个人所得税费用扣除标准的调整特别是对基本费用和专项附加费用的调整，将鼓励个人对教育等人力资本投资的增加这也构成了经济增长的促进因素③。

最后，其他税种对经济增长的促进机制主要表现在：其一，目前中国

---

① 目前只有金银首饰、钻石、钻石饰品在零售环节征税，另新增卷烟的批发环节征税。

② 伯纳德·萨拉尼. 税收学[M]. 北京：中国人民大学出版社，2009：20－21.

③ 陈少克，袁溥. 对个人所得税费用扣除的理论思考——基于劳动力价值构成及其实现的视角[J]. 云南财经大学学报，2011(2)：30－37.

资源类税种（包括资源税、城镇土地使用税、耕地占用税等）采取从量计征，伴随着中国经济资源依赖性的增加和资源价格的上升，中国企业面临的资源税负相对降低，进而对经济增长具有一定的促进作用。前文已经提出，尽管资源税推进了从价计征，这一现象得以弱化，但要充分发挥资源税对可持续发展的调节作用，资源环境税类的课税范围需要逐步扩大；其二，对于中国的财产税而言，由于缺乏保有环节征税的机制，因而，伴随着不动产价格的波动，税负归宿于消费者在所难免。

第四节　增长型税制结构及其与经济发展之间的矛盾

上文对我国税制增长型特性的分析可得出增长型税制基本特征：首先，税制体系具有很强的内在增收功能，特别是，这种税制体系致使税收收入的增加速度远远高于 GDP 的增长。这种内在的增收功能是抽象掉经济增长对税收收入的增进作用之外的，由税制结构以及税制要素组合所决定的。其次，税制体系在实现其较强的增收功能的同时，也会从总体上促进经济增长（虽然会损失经济效率和社会公平）。这种对经济增长的促进作用是通过税制结构本身的“激励”作用产生的，这种“激励”作用来源于税制结构的设计、税制要素的安排。

一般来说，经济增长和税收收入的增长之间并不必然产生不可调和的矛盾。然而，如前所述，我国现行税制由于具有了增长型税制的特点，因而，任其发展下去必然会与经济发展产生矛盾。经济发展和经济增长是两种不同的理念。从本质上看，经济发展的本质是以人为本的和谐经济。从我国的实际情况来看，经济发展的理念应该包括经济结构优化、区域经济协调发展、生态环境改善以及收入差距不断缩小下的人们福祉水平的不断提高。依此来看，中国目前的增长型税制与经济发展的矛盾主要体现在以下几个方面：

一、增长型税制结构不利于经济结构的优化升级

本节所谈的经济结构主要侧重于产业结构。从图 4－13 的基本格局看，第三产业在三次产业中的比重逐步上升，特别是近年来第三产业的发展为我国产业结构的升级奠定了良好的基础。但当前税制结构在产业结构优化升级中的作和还要作具体分析。

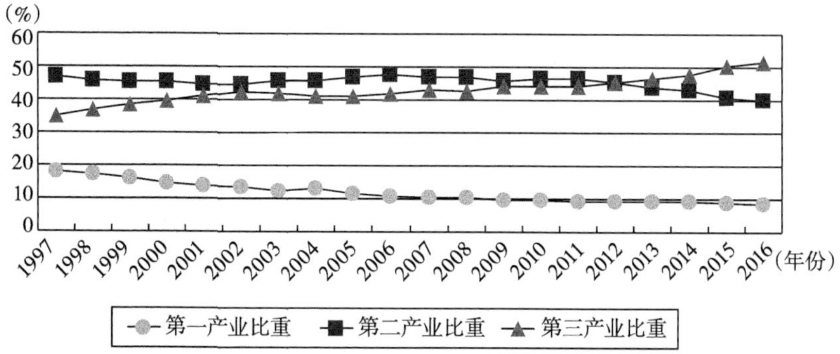

图 4－13　GDP 的三次产业构成比例及趋势

为促进我国产业国际竞争力的提升，国务院发布了《国务院关于加快培育和发展战略性新兴产业的决定》（国发〔2010〕32 号），并以此明确了我国未来产业发展的重点，即通过战略性新兴产业（以下简称重点产业）国际竞争力的提升带动我国整体国际竞争力水平的提升，以保持我国经济持续平稳快速发展①。因此，重点产业发展特别是高新技术产业的发展对于我国产业结构优化升级具有重要意义。然而，现行税制的增长型特征对重点产业的发展具有一定的阻碍作用，主要表现在：其一，重点产业的核心是通过提高技术创新水平等核心能力带动产业竞争力的提升，而技术水平的提升及其内在化是一个长期的且充满风险的过程，因此，流转税税负在该类产业中的长期“停留”② 将对企业的创新机制和技术研发过程

① 陈少克，陆跃祥. 建立产业国际竞争力提升指标体系的框架思路［J］. 商业研究，2012（3）：36－41.

② 因为新兴产业在研发环节未实现产品销售，因而，税收负担便不能及时转嫁，相对于其他行业便形成了较重的税收负担。

产生负面影响。而目前，流转税中除了出口退税之外，还没有针对国内研发环节的退税机制。其二，目前，我国在高新技术产业领域的税收优惠政策并没有考虑到产业内部行业的差异，表现出税收优惠的无差异性特征，即只要某企业被认定为高新技术企业，那么，在企业所得税中所适用的诸如加速折旧、税前扣除、优惠税率、减免税等税收优惠待遇都基本相同。而且，在具体实施的过程中也没有考虑到研发周期、研发手段、生产和销售方式等方面的差异。另外，由于我国目前税制结构是以流转税为主体，而所得税税收优惠政策又常常多于流转税，这便影响了税收优惠这一重要的税制要素作用力度的发挥。其三，在所得税方面的加速折旧、再投资退税或抵免制度、税前扣除和亏损弥补等方面都没有考虑到战略性新兴产业的特殊性，比如，《〈中华人民共和国企业所得税法〉实施条例》第九十八条规定："采取缩短折旧年限方法的，最低折旧年限不得低于本条例第六十条规定折旧年限的60%。"① 而新兴产业往往具有资产更新换代快、新产品开发周期短、再教育、培训费用高等特征。这便意味着现行企业所得税不利于新兴产生的发展，会对经济发展方式转变起到一定的阻碍作用，这也因而进一步增加了现行税制的增长型特征。

与此同时，对经济增长与经济发展具有重要作用的自然资源（矿产品、土地等）由于其区域分布的不均，再加上长期从量计征的资源税结构，使资源的拥有量与经济可持续发展水平（经济结构扭曲）不相称的同时，也造成了现行税制与区域经济发展之间的矛盾（这也是新疆资源税改革试点要解决的问题之一）。

"营改增"之前，中国税制与产业结构升级的矛盾主要表现在对第二、三产业的税收差别对待，进而阻碍了生产性服务业的发展。而生产性服务业服务的对象主要是企业，由于全额计征的营业税不能在增值税进项税额中进行抵扣，这就引发了多种环节重复征税的矛盾，进而增加企业的税收

① 详见《〈中华人民共和国企业所得税法〉实施条例》第九十八条。

负担，阻碍生产性服务业的发展①，使经济结构的优化升级受阻。而“营改增”试点改革之后，第三产业的比重开始逐渐提升，反映出了税制改革对产业结构调整的促进作用。

实际上，在开展“营改增”试点改革之前，就已经出现扩大增值税的征税范围、加大企业所得税优惠力度并转变优惠方式等来促进我国现代服务业发展的呼声（夏杰长，2007；李文，2008；刘建民等，2008；吕敏，2010；贾曼莹，2010；安体富，2011）。汪德华（2009）发现对服务业普遍征收增值税存在技术上、体制上的难题，裴长洪（2009）提出要创造体制和政策环境来促进现代服务业企业外包和外部化，蒋琳（2011）认为我国缺乏针对现代服务业的配套组合税收鼓励政策。2012年“营改增”进入实践摸索阶段后，邓力平（2012）通过模型研究发现税收政策对服务业发展的促进作用并不是即期显现的，而是存在滞后效应，当期实施的税收政策滞后一到两年才会发挥应有的作用。继而邓力平（2013）认为减轻服务业税负是关键，并提出要及时识别服务业的转型阶段，为其发展实施特定税收政策。在改革进程中，增值税税率、一般纳税人标准、出口退免税、中央和地方财政利益分配关系等问题亟待解决（黄晨晨，2014）。洪诗晨（2015）发现“营改增”后研发和技术服务业的税负不降反升，杨仁发（2015）提出我国缺乏统一规范的财税体系不利于生产性服务业和区域间经济的协同发展。

为进一步分析，我们分别建立流转税、所得税与产业结构的三元结构VAR模型。$Y_t = c + A_1 Y_{t-1} + \cdots + A_n Y_{t-n} + \varepsilon_t$，（$t = 1,2,\cdots,T$），其中，$Y_t = [\ln CIS_t, \ln TT_t, \ln IT_t]$，$\ln CIS$为产业结构，$\ln TT_t$为流转税比重，$\ln IT_t$为所得税比重，$T$为样本容量，$\varepsilon_t$为冲击向量。

1994年分税制改革以来，我国的税制结构由以流转税为主逐渐转变为以流转税和所得税并重的双主体结构，因此为研究税制结构与产业结构的

---

① 传统服务业的划分没有将侧重于为消费者提供的生活性服务和为企业提供的生产性服务业区分开。而我国现行营业税是在20世纪80年代初期设立的，应税行业的划分也没有生活性和生产性行业的区分，因而，目前的营业税体系与生产性服务业的发展之间的矛盾是不言而喻的。

关系，本书选取流转税比重、所得税比重代表税制结构指标，分别记为*TT*、*IT*，产业结构的调整本身对税收增长有重要影响，这样选取也可以避免或减少这种影响。产业结构变量用第二产业增加值与第三产业增加值之比，记为 *CIS*；流转税比重 = 流转税税收收入/税收收入总量，其中流转税税收收入为增值税、消费税与营业税之和，包括海关代征进口消费税和增值税，但不包括出口退税；所得税比重 = 所得税税收收入/税收收入总量，所得税税收收入包括企业所得税和个人所得税，企业所得税为内外资企业所得税之和。本节所有数据均取自 2002—2016 年的《中国统计年鉴》和《中国税务年鉴》，所取指标均为比值，不必进行 CPI 平减，为消除异方差影响，本书对所有指标均取对数。

为防止出现伪回归问题，首先需要对时间序列进行平稳性检验，我们采用通用的 ADF 单位根检验法。首先对原序列进行检验，如果 ADF 值小于临界值，则条件满足，停止检验；如果 ADF 值大于临界值，则需要对差分序列继续检验，直至条件满足为止。

表 4-5　VAR 模型的 ADF 单位根检验结果

	检验类别	ADF 值	1%	5%	结论
Lncis	(C, T, 0)	-3.848029	-4.800080	-3.791172	不平稳
Lnit	(C, T, 0)	-1.911104	-4.800080	-3.791172	不平稳
Lntt	(C, T, 3)	-4.342742	-5.124875	-3.933364	不平稳
Dlncis	(N, N, 0)	-5.719438	-2.754993	-1.970978	平稳
Dlnit	(N, N, 0)	-3.817335	-2.754993	-1.970978	平稳
Dlntt	(C, N, 3)	-7.528511	-4.297073	-3.212696	平稳

说明：检验形式中 C 代表截距项，T 代表趋势项，K 代表滞后项，N 代表没有滞后项和常数项。

表 4-5 结果显示，原序列不满足平稳性条件，因为其 ADF 检验值都是临界值。而且一阶差分后，所有序列的 ADF 检验值均大于检验水平临界值，所以一阶差分后的序列都是平稳的，我们称其为同阶单整序列。

确定最优滞后阶数后还需对模型进行稳定性检验，通用方法是检验 VAR 模型的全部特征根及观察其位置图。观察运行结果，可以发现 VAR 模型的全部特征根都小于 1，如表 4-6 所示，而且 VAR 模型全部特征根均位于单位圆内，如图 4－14 所示。根据结果显示，所建立的 VAR 模型是平稳的。

表 4－6　VAR 模型的全部特征根值

Root	Modulus
－0. 853455	0. 853455
－0. 309399 －0. 682682i	0. 749521
－0. 309399 ＋ 0. 682682i	0. 749521
0. 251789 －0. 530210i	0. 586958
0. 251789 ＋ 0. 530210i	0. 586958
0. 065645	0. 065645

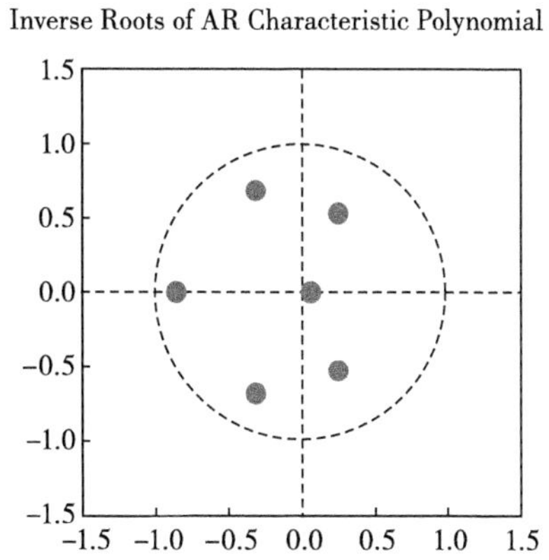

图 4－14　VAR 模型特征根的位置

经过 ADF 检验和稳定性检验，我们所建的 VAR 模型是稳定的。只有建立稳定的模型，才能进行后面的一系列步骤，如果不能保证所建模型的稳定性，后面所做的各种检验都不正确，也就没有意义。

除此之外，还需要对同阶单整时间序列进行协整检验，主要是判断两个或多个经济变量之间是否具有协整关系，主要有 EG 两步法和 Johansen 检验法。进行协整检验必须保证变量的单整阶数相同，通过上述分析，我们已经知道流转税、所得税和产业结构时间序列是非平稳的二阶单整序列，因此，我们选择 Johansen 检验法，通过 Trace 统计量和 Max－Eigen 值进行判断。运行结果如下：

表 4 -7 Johansen 检验

Hypothesized		Trace	0.05	
No. of CE (s)	Eigenvalue	Statistic	Critical Value	Prob. **
None *	0.919725	52.26594	29.79707	0.0000
At most 1 *	0.772610	21.99838	15.49471	0.0045
At most 2 *	0.296798	4.225326	3.841466	0.0398
Hypothesized		Max - Eigen	0.05	
No. of CE (s)	Eigenvalue	Statistic	Critical Value	Prob. **
None *	0.919725	30.26757	21.13162	0.0020
At most 1 *	0.772610	17.77305	14.26460	0.0134
At most 2 *	0.296798	4.225326	3.841466	0.0398

注：None：0 个协整向量；At most 1：至少 1 个协整向量；At most 2：至少 2 个协整向量。

由表 4 -7 可知，三个变量在零个协整向量的假设下没有通过检验，即 P 值小于 0.01，因此拒绝原假设，说明流转税、所得税与产业结构之间存在协整关系。

误差冲击对系统内每个变量不同时期会产生不同影响，这就是脉冲效应。本节在所建模型的基础上，选择 10 个观察期进行脉冲分析。

图 4 -15 描述了面对来自所得税的一个正冲击，产业结构的响应情况。作用也出现了滞后现象，第一期响应为负，第二期过后产业结构对所得税的响应变为正向，之后又为负向，第四期过后，影响逐渐减小。从图 4 -16输出的结果来看，给予流转税一个单位的正向冲击，产业结构当期未做出反应，从第二期开始为正向响应，第五期开始流转税对产业结构的影响消失。

观察两大税系的脉冲效应图，可以发现流转税与所得税对产业结构的影响总体来说都是负向的，二者当期产业结构都不会做出响应。究其原因，是由于产业结构的调整需要时间而且是多种因素综合作用的结果，这个过程不是一蹴而就的，税收对于产业结构的影响不会起到立竿见影的效果，但随着时间的推移，流转税与所得税的影响效应逐渐体现出来：流转税冲击对于产业结构的影响一直呈现负向，表明短时间内可以适当减少流

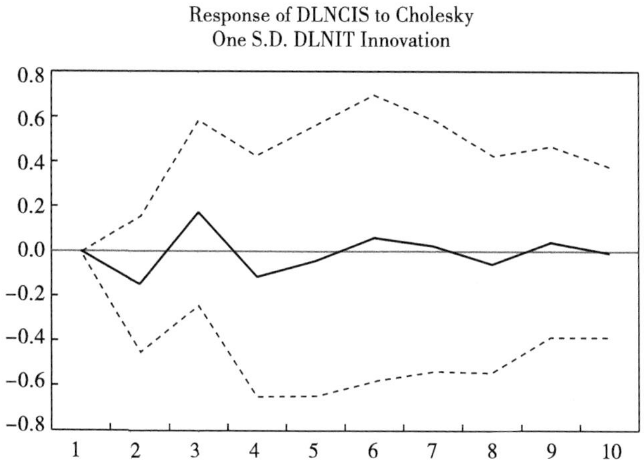

图 4-15 来自所得税正冲击

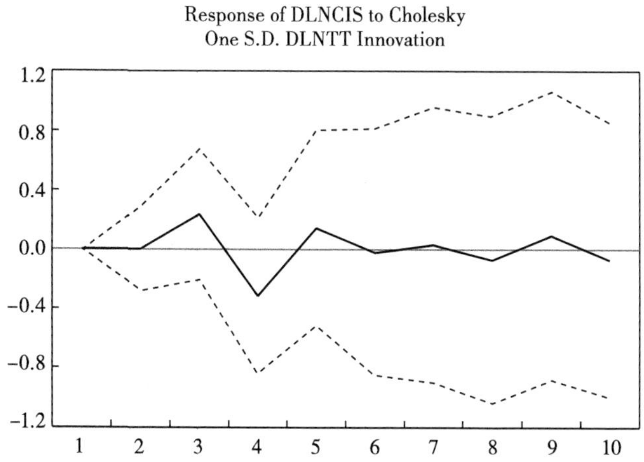

图 4-16 流转税的脉冲相应

转税；所得税的影响则相反，短期内其影响为正，我们可以根据这一结论对其进行适当调整，强化其作用。但从长期来看，所得税同样表现为负向影响，说明一味增加所得税对于产业结构的调整会起到抑制作用，税制结构的调整要随着产业结构的演变进行与时俱进的调整，否则税收可能还会由于不合时宜的税制结构阻碍产业结构的优化升级。通过对流转税与所得税的比较可以发现，流转税的影响效果要大于所得税，而且影响时期比所得税长，这可能是本书研究样本所属期间内流转税比重一直高于所得税比重的原因。

上述分析了误差冲击效果，它主要是进行专注分析，但想要得到更加直观的效果就不那么便利了，因此为了更好的分析产业结构调整中流转税与所得税的贡献程度，以下进行方差分解，用以分析每一个结构冲击对内生变量的贡献程度。

从表4-8中可以看出，产业结构的变动主要是受到自身冲击的影响，在当期，产业结构自身的贡献率为100%。但随着时间的推移，产业结构自身的贡献率逐渐下降，税收的作用逐渐显现。而且流转税与所得税的贡献率一直保持不断上升的态势，流转税的影响效果始终大于所得税的影响，这与前面协整方程与脉冲响应函数的分析结果保持一致。虽然流转税与所得税的贡献率在不断上升，但总体来说，税收对产业结构变动的影响效果没有预期的那样大。在10个滞后时段内，产业结构本身对自身变动的贡献率一直在90%以上，表明经济的发展是由市场机制决定，但同时也表明税收政策没有发挥出预想的效果，因此要更加关注税收政策对产业结构调整的有效性，并进一步发挥、释放税收政策在转变经济发展方式过程中的潜能，提高并完善税收政策的宏观调控能力。

表4-8 产业结构方差分解结果

滞后期	Dlncis	Dlnit	Dlntt
1	100	0	0
2	96.33042	3.669171	0.000412
3	89.75976	4.957788	5.282449
4	85.91713	4.161332	9.921542
5	87.62435	3.416673	8.958981
6	88.4769	3.293951	8.229149
7	88.7925	3.210894	7.996605
8	88.76688	3.25981	7.973311
9	88.72204	3.213833	8.064124
10	88.80167	3.130799	8.067531

二、增长型税制结构不利于资源、环境的可持续发展

我国目前正处在工业化进程中，社会经济可持续发展面临资源与环境的多重压力，这是中国经济发展面临的重要资源国情①。随着我国经济的快速发展，资源的消耗和环境污染与可持续发展之间的矛盾将日益突出。然而，我国增长型税制结构对资源环境利用的调节作用与可持续发展之间存在明显的矛盾。

我国现行税制结构中涉及资源环境调节的税种分布零散（在增值税、消费税、资源税、城镇土地使用税、耕地占用税等税种中都有些许体现），虽然涉税税种较多，但对企业资源环境节约意识的调节有限。第一，这些税种都具有较强的税负转嫁性，这意味着，在我国居民环保意识和节约资源意识没有充分提高的情况下，这些税种很难对资源环境的利用起到充分的调节作用；第二，除了增值税之外，其他税种在涉及资源环境项目上的征收都采取从量计征的方式（资源税改革前），且单位税额普遍偏低，使这些税种在资源节约利用方面的调节作用失去了其对价格的敏感度，伴随着资源价格的上升，其调节作用也不断丧失；第三，现行资源税的立法原则主要是为了体现资源的有偿使用和对级差收益的调节，因此，便造成了现行资源税的最大问题是完全“以税代租”，并丧失税法的统一性和确定性；第四，从税种设置和立法原则上看，资源环境税类除了调节纳税人行为以促成节约利用资源环境之外，为资源环境治理筹集资金也应该是其应有之内容，然而，目前，税制结构中的涉资源环境税类还不能完全做到“专款专用”，特别是其中的流转税。因而，虽然分散税种能起到一定的调节作用，但因无法保证治理成本与治理所需税收之间的对等，也就无法保证其调节的力度；第五，现行涉资源环境税种中，除增值税、消费税之外，都是地方税种，地方政府（主要是省级人民政府）在税率和税基确认

① 2009年在第40个世界地球日来临之前，国土资源部、中国地质调查局和中国地质大学公布了我国资源国情，认为，我国许多重要资源对外依存度均超50%。到2020年基本实现工业化，我国石油、天然气、铁、铜、铝需求缺口均将超过50%。

上都具有一定的自由裁量空间，因而，在 GDP 导向下和地区经济竞争压力下，资源环境税类的调节作用往往大打折扣。

此外，在其他税种中也有根据资源环境的标准进行税制设置的（比如车辆购置税等），也有促进资源循环利用的税收优惠设置（比如企业所得税中的相关税收优惠等），这些内容一方面说明大资源税或绿色税制理念在税制设置上应用的开始，另一方面也说明了中国资源税制的不完善（对新能源利用的税收促进政策只有在完善的资源税制下才能发挥充分的作用）。资源，是一个宽泛的概念，目前资源税制与资源环境可持续发展之间的矛盾除了现行税制上的表现之外，更重要的表现之一便是资源税制所覆盖的范围有限，不能实现其全面的调节作用。

三、增长型税制结构不利于对收入分配差距的调节

流转税税收负担可通过价格变化转移给消费者，其转嫁程度取决于商品的供给弹性和需求弹性。在我国，增值税的课税对象是有形的动产，而由于生活必需品和奢侈品的需求弹性不同，同时，其消费群体也各有侧重的特点决定了增值税的课征结果是，贫者的负担率高，富者的负担率反而低。根据刘怡和聂海峰（2004）的研究，最低收入群体的增值税有效税率是 15.1%，接近法定税率 17%，而最高收入群体的增值税有效税率要比最低收入群体低 7 个百分点，只有 8.0%[①]。所以，以流转税为主体的中国税制不利于收入差距的缩小，进而在改善人们福祉上存在固有的劣势。而张阳（2008）的研究结果表明，我国企业所得税并不完全由资本承担，还有 17% 左右转嫁给劳动要素[②]，这反映出我国企业所得税制在收入分配方面的不公平性。

一般情况下，税制结构中对收入分配调节能够发挥作用的主要是消费税、个人所得税和财产税（主要是房地产税）。由于我国财产税体系尚不健全，特别是房地产税改革尚在试点过程中，其对收入分配的调节作用尚

---

① 刘怡，聂海峰. 间接税负担对收入分配的影响分析[J]. 经济研究，2004(5)：22－30.

② 张阳. 中国企业所得税税负归宿的一般均衡分析[J]. 数量经济技术经济研究，2008(4)：131－141.

难发挥，因此，以下仅就消费税和个人所得税在税收分配调节中的作用进行简单的实证检验。设定简单的实证模型：

$$gini = \alpha + \beta taxcon + \lambda taxinco + \varepsilon$$

用于衡量消费税（*taxcon*）和个人所得税（*taxinco*）对收入分配的影响，即如果β和λ的估计值显著为负，则说明其对税收分配调节具有明显的促进作用。

我们利用2002—2016年的数据进行检验，其中，基尼系数相关数据根据对相关文献的梳理获得，消费税和个人所得税相关数据根据历年的《中国统计年鉴》获得。相关数据的统计描述，见表4－9。

表4－9　各变量的统计描述

	Observations	*Mean*	*Median*	*Maximum*	*Minimum*	*Std. Dev.*
gini	15	0.4792	0.479	0.498	0.462	0.010143
taxcon	15	4990.662	4761.22	10542.16	929.99	3578.362
taxinco	15	4606.577	3949.35	10088.98	1211.78	2741.792

关于平稳性检验，根据各变量数据序列的图形走势（图4－17、图4－18、图4－19）可大致判断出，这些变量并非一阶平稳序列，因此，需要考虑截距和时间趋势。各变量单位根检验结果如表4－10和表4－11所示。

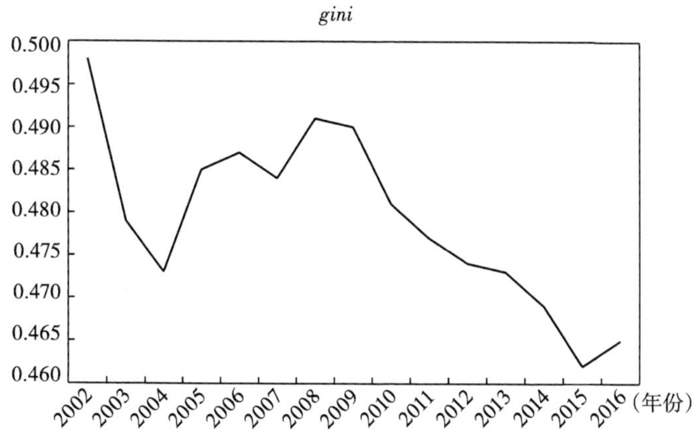

图4－17　基尼系数走势分析

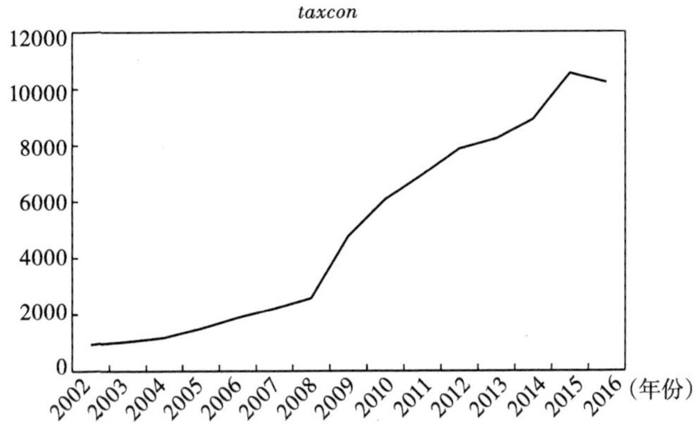

图 4－18　消费税走势分析

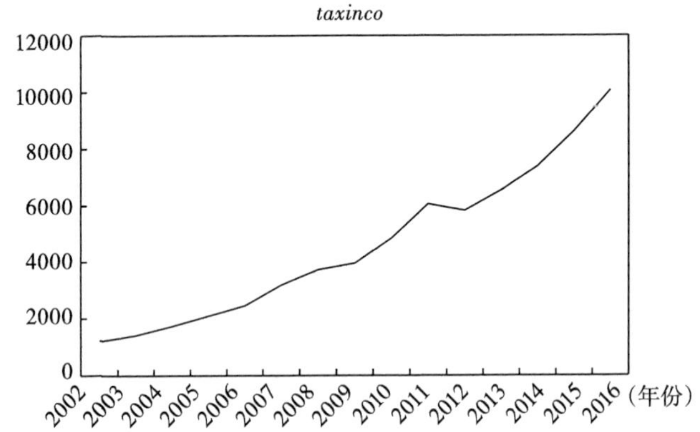

图 4－19　个人所得税走势分析

根据各变量水平序列单位根检验结果（见表 4－10）中的伴随概率与 t 统计值和临界值的比较可以看出，*taxinco*、*taxcon* 和 *gini* 为非平稳时间序列，因此，其协整关系可以进一步通过一阶差分来检验单位根检验是否存在。

表 4－10　单位根检验结果（一）

变量	检验类别（C，T，L）	ADF 检验 t 统计值	临界值***	临界值**	临界值*	伴随概率	检验结果
taxinco	（C，T，2）	－0.469635	－4.80008	－3.79117	－3.34225	0.9707	非平稳
taxcon	（C，T，0）	－2.347633	－4.80008	－3.79117	－3.34225	0.3859	非平稳

续表

变量	检验类别（C，T，L）	ADF 检验 t 统计值	临界值***	临界值**	临界值*	伴随概率	检验结果
gini	(C，T，0)	-3.312146	-5.12488	-3.93336	-3.42003	0.1165	非平稳

说明：***、**、*分别表示1%、5%和10%显著水平。C、T和L分别表示ADF检验中的截距、时间趋势和滞后阶数。

表4-11　单位根检验结果（二）

变量	检验类别（C，T，L）	ADF 检验 t 统计值	临界值***	临界值**	临界值*	伴随概率	检验结果
D（*taxinco*）	(C，T，2)	-7.003693	-5.29538	-4.00816	-3.46079	0.0179	平稳
D(*taxcon*)	(C，T，0)	-8.547423	-4.88643	-3.82898	-3.36298	0.0046	平稳
D(*gini*)	(C，T，0)	-5.898111	-4.88643	-3.82898	-3.36298	0.0451	平稳

从表4-11中可以看出，由于*taxinco*、*taxcon*和*gini*一阶差分的*t*统计值小于5%的临界值，因此，可以在0.05显著水平上拒绝单位根存在的原假设，这样，这3个时间序列就满足协整检验的基本条件。同时，用Johanson检验法对模型中的变量*taxinco*、*taxcon*和*gini*进行协整检验的结果表明，迹统计值大于0.05水平的临界值。由于模型在最多存在1个协整方程假设下的迹统计值超过临界值，而在最多两个协整方程假设下的迹统计值低于临界值，因而变量存在协整关系，可判定存在2个协整方程。在以上分析的基础上，对模型进行回归，其结果如表4-12所示。

表4-12　模型估计结果（被解释变量：*gini*）

taxcon	*taxinco*	常数项	调整的 R^2	*F* 统计值	*D. W.* 统计值
-1.10E-06 -0.489053（t）	-1.43E-06 -0.490339 （t）	0.491272 119.6943（t）	0.590853	8.664661	1.197697

表4-12的回归结果表明，由于 R^2 值比较小，因而，模型的拟合优度并不理想，不能对模型进行较好的解释，因而，需要对其中的扰动项进行修订。我们采用*AR*(*P*)模型法进行序列相关修正处理，其结果如表4-13所示。

表 4－13　序列相关修正后模型估计结果（被解释变量：*gini*）

taxcon	*taxinco*	*AR*（1）	*AR*（2）	常数项	调整的 R^2	*F* 统计值	Inverted *AR*	*D. W.* 统计值
-2.14E-06 -1.265384 (T)	-1.265384 -0.206363 (T)	0.758895 3.140090 (T)	-0.399854 -1.882744 (T)	0.492895 97.50427 (T)	0.838433	10.37875	0.38+0.51i	2.212232

与表 4－12 相比，表 4－13 中的拟合优度有了较好的提升，扰动项的序列相关也得以消除（*D. W.* 统计值为 2.2122232），且 *AR* 也相对趋于稳定。因此，可以进行相关的解释，即正像理论设计的一样，消费税和个人所得税对收入差距有一定的调节作用，但消费税的调节作用并不显著，这与消费税的税率和税目品种设置有关。同时，由于模型存在协整关系，因而，可以通过 *E－G* 法进行误差修正来分析短期非均衡向长期均衡的误差纠正，误差相关修正后模型的估计结果见表 4－14。

表 4－14　误差相关修正后模型估计结果（被解释变量：*gini*）

taxcon	*taxinco*	*ecm*（－1）	常数项	调整的 R^2	*F* 统计值	*D. W.* 统计值
-1.10E-06 -2.82E+12 (T)	-1.43E-06 -2.83E+12 (t)	1.000000 2.00E+13 (t)	0.491272 6.90E+14 (t)	1.000000	1.21E-15	1.196384

如表 4－14 所示，由于 *ecm*(－1) 估计值为正值，这意味着，由于在 *t*－1 时期，*gini* 大于其长期的均衡值，因而，其在 *t* 时期的变动将减少，由于 *ecm*(－1) 在 5% 的显著水平上通过了检验，因而，这便意味着，如果 *gini* 在 *t*－1 期内大于其均衡值，那么，消费税（*taxcon*）或个人所得税（*taxinco*）将以 100% 的速度调整回其均衡状态。

以上实证分析表明，在收入分配调节中，消费税和个人所得税被认为是调节收入分配差距的较好的税种，但其调节作用并没有有效地发挥，而且在一定程度上还具有拉大收入差距的作用，这与税制结构的设置不无关系。首先，消费税对奢侈品的课征，具有一定收入分配的作用，但现行消费税还没能（当然也不能）覆盖所有的奢侈品（对奢侈品的界定存在困难)，因此，并不能改变我国流转税在收入分配上的累退性。其次，在个人所得税方面，税前费用扣除标准和累进税率设计上的不足使个人所得税的收入筹集功能远高于收入分配调节的作用，而刘鹏对2006年我国个人所得税相关数据的研究标明，我国工资、薪金所得的个人所得税额占全部个人所得税税额的比重为52.7%，劳务报酬所得为2%，而其中，工资薪金所得中在20%的税率级次上征收的税款占工资薪金项目个人所得税税额比重为17.03%，而且这一比例随税率级次的递增而呈现递减的态势，劳务报酬所得中在20%的税率级次上征收的税款占劳务报酬项目个人所得税税额比重为49.96%，这一比例也随税率级次的递增而呈现递减的态势①。因而，工资、薪金所得税所占比重明显偏高的现象说明中国工薪阶层劳动收入的税负程度偏重。

而我国现行税制体系中并不存在真正的财产税（即理论界定上的财产税）。被划分到财产税范畴中的房产税、车船税等税种一方面在纳税人和计税依据设置上往往与个人利益缺乏直接和明显的关联关系（一般设置为以经营性单位为纳税人，以其经营性收益为计税依据)，另一方面在纳税环节设置上缺乏在财产保有环节课征，因而其收入分配差距调节作用极其有限，并常常有强化收入不均等的趋向。这与以人为本，改善人们福祉的发展理念是相悖的。

本章小结

从提出“新一轮税制改革”以来，中国税制改革一直处于“小修小补”的状态。这种对现有税制的调整在一定程度上、一定领域内有助于弥补税制的缺陷，但不能从根本上改变我国税制的性质。在我国加快深化经济体制改革，转变发展方式的大背景下，税制改革已经被提到一个前所未

① 刘鹏. 中国税收效率问题[M]. 上海：上海三联出版社，2010：196.

有的高度。通过税制改革转变经济发展方式也已经成为税制改革的基本方向。然而，正如上文分析，在现行税制结构不做根本性调整的情况下，增长型税制的发展将会成为经济发展方式转变的障碍。因此，构建适合经济发展与经济发展方式转变的具有现代发展理念的发展型税制将是税制改革的基本方向。

中国税制结构演进过程以及在这个过程中收入型税制结构确立和增长型税制结构的发展过程也说明，税制结构的性质不单取决于税法规则的完备程度和税制结构本身的设置，税收制度运行的外部环境，如财政体制、财政压力以及经济发展模式都将在很大程度上对税制结构的性质产生影响。完善税制结构的性质并促进税制结构转型也必须在外部环境不断优化的条件下才能够充分实现。在我国现行税制结构下，税收收入已经成为我国财政收入的主要来源，从整体上看，财政压力已经不是税制改革的主要约束条件，这就为中国税制结构的发展型转型提供了良好的物质基础。然而，从财政体制框架上看，现行分税制财政管理框架下的地方财政压力对税制结构的转型带来了一定的挑战，税制转型的推进必须在完善现有财政体制框架的基础上逐步推进。

第五章　促进经济发展方式转变的税制转型方向

中国税制在不断演化过程中形成了目前以流转税为主的税制结构，虽然，近年来所得税的比重在税收收入中不断增加，但以流转税和所得税为双主体的税制结构特征的形成仍有待时日。从整体上考察，中国税制呈现出增长型税制结构的特性，这种特性是近年来宏观税负持高不下的根本原因，也在一定程度上与中国经济发展方式转变的要求相矛盾。因而，中国税制结构转型方向的设定需要从税制结构的性质入手重新进行调整，构建一个更优性质的税制结构作为中国税制结构转型的基本方向。

第一节　税制结构转型的目标：发展型税制结构解析

税制结构转型方向的设定需要从税制结构的性质入手重新构建一个更优性质的税制结构，本书称之为发展型税制结构。本书认为，发展型税制结构之所以是一个“更优性质的税制结构”，主要是因为发展型税制结构是一个开放的体系，它是和不同时期人们对发展理念的认知相结合、相协调的。然而，尽管不同时期人们对发展理念的认知有很大的不同，发展型税制结构仍然有其一般性特性，这一特性的本质是能够实现“课税结构—价值流动—经济平衡”有序循环，即通过课税结构的合理安排促使社会价值按照经济社会平衡的要求进行合理流动。于是，对发展型税制结构的阐释需要从发展型税制结构与经济平衡、发展型税制结构与收入分配以及发展型税制结构与税制“绿化”等方面进行。

一、发展型税制结构与经济平衡

（一）分析的理论基础：经济平衡的理论表达

拙文《课税结构、价值流动与经济平衡——一个马克思经济学的分析框架》用马克思再生产理论进行了经济平衡的表达。马克思再生产理论表达的实际上是物质生产部门两大部类之间的关系，能够对课税结构与经济平衡的关系进行框架性说明，但由于其涉及的经济结构过于简单，在进行发展型税制结构探讨中需要扩展。本书考虑到封闭经济条件下的情况，在物质生产部门的基础上加入非物质生产部门和其他部门。其中，“非物质生产部门”和“其他部门”都强调其中的生产性①。因此，在马克思再生产理论的基础上，各经济部门的价值构成便可表示为：

$$\begin{cases} W_j^{\mathrm{I}} = \sum_{k \in A} (C_{jk}^{\mathrm{I}} + V_{jk}^{\mathrm{I}} + M_{jk}^{\mathrm{I}}) \\ W_j^{\mathrm{II}} = \sum_{k \in A} (C_{jk}^{\mathrm{II}} + V_{jk}^{\mathrm{II}} + M_{jk}^{\mathrm{II}}) \end{cases}$$

其中，Ⅰ为第Ⅰ部类，Ⅱ为第Ⅱ部类；A 为定义的部门集合，定义物质生产部门为 m，生产性服务部门为 s，其他生产性部门为 o，则$A = \{m, s, o\}$；C_j^i、V_j^i、M_j^i 和 W_j^i 分别为生产第 i 部类产品或服务的部门 j 的不变资本、可变资本、剩余价值和价值，$i =$ Ⅰ、Ⅱ，$j \in A$；C_{jk}^i、V_{jk}^i和 M_{jk}^i分别为生产第 i 部类产品或服务的部门 j 用于和部门 k（$k \in A$）相交换的第 i 部类产品或服务生产的不变资本、可变资本、剩余价值。

因此，简单再生产条件下的均衡条件可表示为：

$$\begin{cases} C_{jk}^{\mathrm{I}} = C_{kj}^{\mathrm{I}} \\ V_{jk}^{\mathrm{I}} + M_{jk}^{\mathrm{I}} = C_{kj}^{\mathrm{II}} \\ V_{jk}^{\mathrm{II}} + M_{jk}^{\mathrm{II}} = V_{kj}^{\mathrm{II}} + M_{kj}^{\mathrm{II}} \end{cases}$$

---

① 一般情况下，生产性服务部门包括：为物质生产领域提供活劳动的服务业，如运输、建筑安装、电信等；为精神生产领域提供活劳动的服务业，如教育、表演、咨询等；为个人生活提供的消费品，如理发、旅店、旅游等。程恩富，汪桂进，朱奎．劳动创造价值的规范与实证研究：新的活劳动价值一元论[M]．上海：上海财经大学出版社，2005：183.

在扩大再生产条件下，由于经济各部门的价值构成变为：

$$\begin{cases} W_j^{\mathrm{I}} = \Sigma_{k\in A}\ (C_{jk}^{\mathrm{I}} + \Delta C_{jk}^{\mathrm{I}} + V_{jk}^{\mathrm{I}} + \Delta V_{jk}^{\mathrm{I}} + M_{jk}^{\mathrm{I}}/X) \\ W_j^{\mathrm{II}} = \Sigma_{k\in A}\ (C_{jk}^{\mathrm{II}} + \Delta C_{jk}^{\mathrm{II}} + V_{jk}^{\mathrm{II}} + \Delta V_{jk}^{\mathrm{II}} + M_{jk}^{\mathrm{II}}/X) \end{cases}$$

马艳等（2011）在此基础上得出了扩大再生产条件下三大部门内六个小部门之间的个量均衡关系、三大部门之间的均衡关系以及总量均衡条件。即六个小部门之间的个量均衡关系：

$$\begin{cases} C_{jk}^{\mathrm{I}} + \Delta C_{jk}^{\mathrm{I}} = C_{lj}^{\mathrm{I}} + \Delta C_{kj}^{\mathrm{I}} & (5-1) \\ V_{jk}^{\mathrm{I}} + \Delta V_{jk}^{\mathrm{I}} + M_{jk}^{\mathrm{I}}/X = C_{kj}^{\mathrm{II}} + \Delta C_{kj}^{\mathrm{II}} & (5-2) \\ V_{jk}^{\mathrm{II}} + \Delta V_{jk}^{\mathrm{II}} + M_{jk}^{\mathrm{II}}/X = V_{kj}^{\mathrm{II}} + \Delta V_{kj}^{\mathrm{II}} + M_{kj}^{\mathrm{II}}/X & (5-3) \end{cases}$$

三大部门之间的均衡关系：

$$C_{jk}^{\mathrm{I}} + V_{jk}^{\mathrm{I}} + M_{jk}^{\mathrm{I}} = C_{kj}^{\mathrm{I}} + C_{kj}^{\mathrm{I}} + \Delta C_{kj}^{\mathrm{II}} \quad (5-4)$$

$$C_{kj}^{\mathrm{II}} + V_{kj}^{\mathrm{II}} + M_{kj}^{\mathrm{II}} = V_{jk}^{\mathrm{I}} + \Delta V_{jk}^{\mathrm{I}} + M_{jk}^{\mathrm{I}}/X + V_{jk}^{\mathrm{II}} + \Delta V_{jk}^{\mathrm{II}} + M_{jk}^{\mathrm{II}}/X \quad (5-5)$$

总量均衡条件：

$$\begin{cases} W_j^{\mathrm{I}} = \Sigma_{k\in A}\ (C_{kj}^{\mathrm{I}} + \Delta C_{kj}^{\mathrm{I}} + C_{kj}^{\mathrm{II}} + \Delta C_{kj}^{\mathrm{II}}) & (5-6) \\ W_j^{\mathrm{II}} = \Sigma_{k\in A}\ (V_{jk}^{\mathrm{I}} + \Delta V_{jk}^{\mathrm{I}} + M_{jk}^{\mathrm{I}}/X + V_{jk}^{\mathrm{II}} + \Delta V_{jk}^{\mathrm{II}} + M_{jk}^{\mathrm{II}}/X) & (5-7) \end{cases}$$

即部门 j 所生产的生产资料的总价值必须等于其他部门对生产资料的需求（5－6）式，同时，部门 j 所生产的消费资料的总价值必须等于其他部门对消费资料的总需求（5－7）式。

如此，三部门经济之间的平衡关系通过几个均衡条件得以表达。需要说明的是，上述定义了“其他生产性部门”，这一特殊部门可以进一步扩展，比如，如果用“生产性政府部门”“生产性环境部门”以及用进、出口表示的国际部门表达“其他生产性部门”，那么，一个多部门经济的经济平衡关系便可以进一步表达出来①。

（二）发展型税制结构在经济平衡中的表达

发展型税制结构要能够使课税关系能够保持经济平衡之间的均衡关

① 马艳(2011)对此进行了展开分析，马艳．现代政治经济学数理分析[M]．上海：上海财经大学出版社，2011：342－344.

系，因此，在上述平衡关系中加入课税因素 t，并定义 $tCC_{jk}^{i}=t\ (C_{jk}^{i}+\Delta C_{jk}^{i})$，$tVM_{jk}^{i}=t\ (V_{jk}^{i}+\Delta V_{jk}^{i}+M_{jk}^{i}/X)$，$i=(\mathrm{I},\mathrm{II})$，$j,k\epsilon A$。于是，这一平衡关系可根据马艳（2011）的分析通过表 5－1 的矩阵形式表示。

由于表 5－1 建立在再生产理论和投入产出表的基础上，将中间投入与最终消费结合了起来，因此，根据再生产理论和表 5－1 中各项的意义，发展型税制结构在经济平衡的语境下的课税原则可以做出以下解释：

表 5－1　三部门经济下的课税与经济平衡

部门		物质生产部门 m		生产性服务部门 s		其他生产性部门 o		总支出
		Ⅰ	Ⅱ	Ⅰ	Ⅱ	Ⅰ	Ⅱ	
物质生产部门 m	Ⅰ	tCC_{mm}^{I}	tCC_{mm}^{II}	tCC_{sm}^{I}	tCC_{sm}^{II}	tCC_{om}^{I}	tCC_{om}^{II}	tW_{m}^{I}
	Ⅱ	tVM_{mm}^{I}	tVM_{mm}^{II}	tVM_{sm}^{I}	tVM_{sm}^{II}	tVM_{om}^{I}	tVM_{om}^{II}	tW_{m}^{II}
生产性服务部门 s	Ⅰ	tCC_{ms}^{I}	tCC_{ms}^{II}	tCC_{ss}^{I}	tCC_{ss}^{II}	tCC_{os}^{I}	tCC_{os}^{II}	tW_{s}^{I}
	Ⅱ	tVM_{ms}^{I}	tVM_{ms}^{II}	tVM_{ss}^{I}	tVM_{ss}^{II}	tVM_{os}^{I}	tVM_{os}^{II}	tW_{s}^{II}
其他生产性部门 o	Ⅰ	tCC_{mo}^{I}	tCC_{mo}^{II}	tCC_{so}^{I}	tCC_{so}^{II}	tCC_{oo}^{I}	tCC_{oo}^{II}	tW_{o}^{I}
	Ⅱ	tVM_{mo}^{I}	tVM_{mo}^{II}	tVM_{so}^{I}	tVM_{so}^{II}	tVM_{oo}^{I}	tVM_{oo}^{II}	tW_{o}^{II}
总收入		$tW_{\mathrm{I}m}$	$tW_{\mathrm{II}m}$	$tW_{\mathrm{I}s}$	$tW_{\mathrm{II}s}$	$tW_{\mathrm{I}o}$	$tW_{\mathrm{II}o}$	tW

第一，部门内部两大部类之间的比例关系很大程度上取决于该部门的资本有机构成和积累率，因此，在资本有机构成和积累率一定的情况下，CC_{jj}^{I} 决定了 VM_{jj}^{I} 的量。而根据矩阵的对称性，$tCC_{jj}^{\mathrm{II}}=tVM_{jj}^{\mathrm{I}}$，因而，$tCC_{jj}^{\mathrm{I}}$ 也就决定了 tVM_{jj}^{II} 的量。因此，发展型税制结构的安排应该考虑如下：其一，由于投资和消费是经济增长的重要因素，在商品流转环节对资本品和消费品可以轻税设置，比如，如果考虑 $CC_{jj}^{\mathrm{II}}=VM_{jj}^{\mathrm{I}}$，则需要在两端同时同等地轻税设置：$t\downarrow CC_{jj}^{\mathrm{II}}=t\downarrow VM_{jj}^{\mathrm{I}}$，这意味着，在税制结构安排中，流转税应低税负设置。其二，由于“增长最快的是制造生产资料的生产资料生产，其次是制造消费资料的生产资料生产，最慢的是消费资料生产”①，“生产资料的生产比消费资料生产增长得快”②，所以，发展

① 列宁．列宁全集(第 1 卷)[M]．北京:人民出版社,1984:66.

② 同上,第 68 页。

型税制结构应该通过税种或课税环节的安排使税收负担逆势排列，即在流转环节轻税的基础上，设置所得税、财产税的课征，因为流转税的轻税负必然转化为较高的所得额和财富存量，通过所得税在分配环节的课征和财产税在财富保有环节的课征平熨不均衡的增长率，同时，对增长速度慢的“消费资料生产”的企业可设置加速折旧、再投资减免税等所得税优惠，引导价值流向，促进经济平衡发展。

第二，部门之间的比例关系不仅取决于该部门的技术类型，还取决于社会经济结构和发展方式。比如，CC^{I}_{ms}表示用于同服务部门相交换的生产资料的数量，或对服务产品的需求量，这个数量与物质部门的技术结构有关，而且受社会经济结构和发展方式的影响。于是，$t\ (C^{\mathrm{I}}_{ms}+\Delta C^{\mathrm{I}}_{ms})\ =t\ (C^{\mathrm{I}}_{sm}+\Delta C^{\mathrm{I}}_{sm})$ 便表明两个部门之间的税收负担应该一致，这也是我国目前推行营业税改征增值税的一个重要原因之一。随着生产性服务业在经济发展中作用的提升，降低生产性服务业的税收负担（使其与生产行业税负一致）是发展型税制结构的重要内容。

同样，如果将上文定义的“其他生产性部门”定义为生产性环境部门，那么CC^{I}_{mo}在部门中所占的比重也将增加，根据矩阵的对称原则，CC^{I}_{mo}在整个社会经济中所占的份额也将增加。因此，降低环境生产部门的税收负担（相对提高其他部门的税收负担）将是发展型税制结构的内在属性。比如，从部门之间的关系上看（以物质生产部门和这里定义的环境部门为例）：

$$\begin{cases} t\downarrow(C^{\mathrm{I}}_{mo}+V^{\mathrm{I}}_{mo}+M^{\mathrm{I}}_{mo})\ =t\downarrow(C^{\mathrm{I}}_{om}+\Delta C^{\mathrm{I}}_{mo}+C^{\mathrm{II}}_{om}+\Delta C^{\mathrm{II}}_{om}) & (5-8)\\ t\downarrow(C^{\mathrm{II}}_{om}+V^{\mathrm{II}}_{om}+M^{\mathrm{II}}_{om})\ =t\downarrow(V^{\mathrm{I}}_{om}+\Delta V^{\mathrm{I}}_{om}+M^{\mathrm{I}}_{om}/X+V^{\mathrm{II}}_{mo}+\Delta V^{\mathrm{II}}_{mo}+M^{\mathrm{II}}_{mo}/X) & (5-9)\end{cases}$$

发展型税制结构应该在环境部门发展初期，通过降低环境产品生产部门的投入品的税收负担（比如，在所得税中通过对生产该类生产资料的企业采取减计收入、加计扣除）等促进该类产品的生产。降低环境产品的流转税负促进环保产品的广泛应用（虽然（5－9）式中反映的是对物质生产部门减税，但这里表达的仅是使用环境产品后税收负担的相对降低，即如果不使用规定的环境产品，企业便享受不到减税的优惠）。

第三，表5－1反映了各部门之间的投入与产出、供给与需求、收入与支出等国民经济运行关系，通过这些关系综合考虑来设置课税，是发展型税制结构的内在要求，这也同时说明发展型税制结构是一个开放的、弹性的系统，即发展型税制结构的设置要在综合考虑社会各部门之间影响因素的基础上不断调整（目的是通过价值流动的引导来维持经济平衡）。表5－1中各项目之间是通过资本有机构成、积累率以及经济结构建立起来的密切联系关系，其中任何一项发生变动，课税结构都要提前做出规划。比如，如果物质生产部门长期提高其产量，那么，发展型税制结构就应该提前做出规划：或者降低其他部门的税负水平以提高其积累率，扩大在生产规模，或者要增加物质生产部门的税负水平以使其与社会经济平衡系统相一致①。

二、发展型税制结构与收入分配调节

发展型税制结构要在保持经济平衡的基础上发挥对收入分配的充分调节作用。然而，需要说明的是，税收在收入分配调节中能够发挥有效的作用，但这些作用的发挥要依赖于一定的条件：第一，税收收入分配的调节作用往往要和一个国家政府相应的财政支出（特别是转移性支出）相结合才能在对高收入群体课以重税的基础上使低收入群体的收入水平在一定程度上得以提高，从而一定程度上缩小收入差距。第二，在收入分配中，税收课征的作用主要表现在“限制”和“保护”上，即“限高保低”，而这些作用的发挥需要建立在一定的税收收入规模的基础上。比如，通常认为个人所得税具有较强的收入分配调节作用，但很难想象当一个国家个人所得税税收收入占全部税收收入比重很低的情况下，个人所得税的收入调节作用能够有效发挥。第三，税收在收入分配调节上的作用发挥需要多税种共同发挥作用，通常需要收入环节的所得税、消费环节的消费税与财富保有环节的财产税相配合。因而，税收这些调节作用的发挥需要在税种、税

---

① 如果考虑开放经济的情况，则可以通过提高出口退税率等方式促进商品出口，以维持经济平衡。

类及其中税制要素的合理安排上进行。

（一）发展型税制结构中收入分配调节的税种与税类设置

要使发展型税制结构在收入分配上发挥有效的调节作用，首先必须对社会收入分配差距产生的原因进行分析。按照现代西方经济学的解释，收入差距的产生是市场竞争的必然结果：在市场经济条件下，要素的报酬取决于其边际生产力。因而，由于在市场经济条件下，每个人拥有的要素的质量和数量存在差异，即使在公平的竞争环境下，人与人之间的收入差距都是不可避免的。在现代税收理论中，按照边际均等牺牲的原则课征收入所得税，以实现收入分配调节基础上的税收公平，便是一种常见的观点（在税制规则设置上表现为更高的累进性）。然而，按照马克思的观点，社会贫富分化的根本原因在于资本对劳动的剥夺，即各资本家通过资本所有权对劳动进行剥夺。因此，税收对收入分配的调节要着重于对资本所有权收益的调整，着重对参与无酬劳动分配的收入进行课征。可以借鉴 Howard and King（1985）对社会总劳动的分配框架进行课税分析（见图 5－1）。

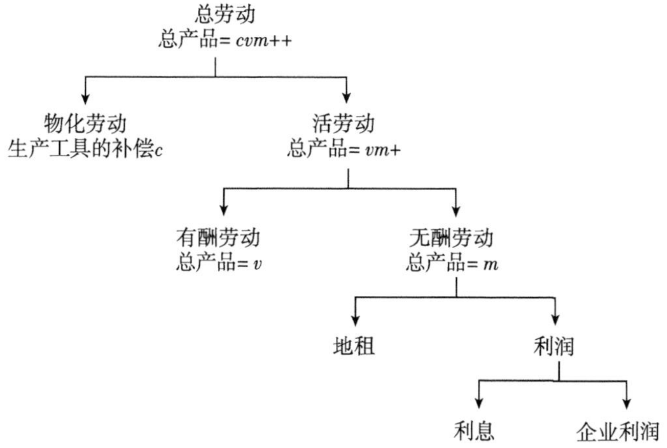

图 5－1　总劳动的分配框架①

① 资料来源：Howard and King, "The Political Economics of Marx (2nd)", London: Longman, 1985, pp. 106. 程恩富，余斌，马艳．中级现代政治经济学［M］．上海：上海财经大学出版社，2012：148.

首先，由于参与无酬劳动分配的主体包括获取地租的土地（不动产）所有者、获取利息的金融资本家和获取企业利润的产业资本家，因此，需要通过所得税和财产税的设置来进行收入调整，即对不动产拥有者在不动产保有环节课征财产税，对金融利息和企业利润开设所得税调整。同时，随着资本所有者分享剩余价值水平和数量的积累，其财富存量也将不断增加。而图3－2中对物化劳动的补偿实际上也存在类似的分配过程，这一过程也必将增加财富存量。这些财富可能以不动产、奢侈品、生产性固定资产等形式出现，这意味着，对存量财富调整的税种、税类的安排也应该多样化，比如，可以通过类似固定资产投资方向调节税的设置，一方面避免资产闲置提高其利用率；另一方面可以引导投资方向，使社会资本朝着经济可持续发展的方向流动①。对奢侈品可以开征特别消费税进行调节。

其次，由于在现实生活中，资本所有权的一部分通过有价证券由工人持有，再加上，随着现代企业管理革命与资本革命带来的企业价值分配上的改变，如效益工资、业绩奖励、净利润分成等多种按贡献分配机制的出现与推广，净剩余由资本家独占的格局逐步转向由资本家、劳动者、国家（如通过企业所得税等形式）等多元利益主体共同分享的局面。净剩余分享制的形成意味着劳动者的工资、薪金不再仅仅是反映生存与教育培训需要的劳动力的价值，而是已经包含了净剩余分享的价值。因此，要针对个人收入开征个人所得税来调节个人因获得净剩余分享价值的差别，进而实现收入分配差距的合理化、公平化。

最后，个人财富积累必然产生财富的赠与和遗产的遗留，这将造成财富分布的代际转移。因此，发展型税制结构在税种设置中，特别是在财产

---

① 在现代税制设置中，对资本的课税常常被认为是一种损害经济增长的税收政策，因此，各个国家对此都采取谨慎的态度。在我国，固定资产投资方向调节税在“暂停征收”多年之后，也于2013年1月1日起正式废止。但对投资方向调节的税收安排在各国税制结构中也都有体现，只是零散分布于各个税种的要素安排（税收优惠）之中，比如，在企业所得税中就有类似的条款，如“创业投资企业从事国家需要重点扶持和鼓励的创业投资，可以按其投资额的70%抵扣应纳税所得额”。“企业购置用于环境保护、节水节能、安全生产等专用设备的投资额，可以按10%的比例实行税额抵免”等。本书在这里采用“固定资产投资方向调节税”只是原理上的一种分析。

税体系中通过遗产税和赠与税的安排来进行调节是其中的本有之意。

一般情况下，在税制结构体系中，收入分配调节效应的发挥依赖于所得税、财产税和消费税的互相搭配，同时弱化流转税扩大收入差距的作用。在现实中，许多国家都开征了类似的税种或税类，但其收入分配调节的作用却不尽相同，主要原因在于税制要素的安排不同，比如，房产税的课征如果在不动产保有环节课征，其反映的就是对财产多寡的调节，但如果将房产税放在流转环节课征，那么，其性质更多地表现为流转税的特征，从而便与财产税本有的性质大相径庭。因此，发展型税制结构要通过财产税、所得税和消费税调整收入分配，其中，更为关键的是合理地安排税制要素确保这些税种、税类的本有性质。

（二）发展型税制结构中税制要素的设置：以个人所得税费用扣除为例

发展型税制结构在收入分配调节中发挥作用要靠财产税、所得税和消费税共同作用。其中，在税制要素安排上，费用扣除（或免征额）的设置是其中保证公平的重要因素，特别是对所得税和财产税而言，费用扣除的设置关系到对低收入群体的保护。由于所得税和财产税费用扣除设置的基本原理是一致的，因此，本节内容以个人所得税为例，从劳动力价值实现的角度分析费用扣除的设置①。

假定劳动力价值的实现要以工资薪金的形式反映出来。工资薪金是属于价值分配的范畴，由于所有制关系不同，不同阶层所得的工资、薪金与其所创造的价值会有很大的不同。劳动力价值的实现程度，有一个最低限度，即劳动力价值构成中的生理要素②。在市场经济中，劳动力价值的实现要通过劳动力市场的竞争来实现，而在劳动力市场的竞争中，劳动力自

① 陈少克，袁溥．对个人所得税费用扣除的理论思考——基于劳动力价值构成及其实现的视角[J]．云南财经大学学报，2011(2)．

② 马克思曾经指出，“劳动力的价值由两种要素构成：一种是纯生理的要素，另一种是历史的或社会的要素。劳动力价值的最低界限是由生理的要素决定的。……所以这些绝对需要的生活必需品的价值，就构成劳动的价值的最低界限”。马克思，恩格斯．马克思恩格斯全集(第2卷)[M]．北京：人民出版社，1972：199．

身的素质、市场供求关系都将对劳动力价值的实现程度产生重要影响。

如果用劳动者实际取得的工资、薪金的多少来衡量劳动力价值的实现程度，那么劳动力价值的实现程度可以表示为：$W = W_\alpha + xW_\varepsilon$，其中，$W$ 为工资薪金收入；W_α 为由社会平均条件决定的劳动力价值；W_ε 为劳动者创造的超过劳动力价值以外的新价值；x 为加成系数。影响加成系数的因素主要有：①单位的经济效益；②劳动力市场的供求关系；③各要素市场的供求对比情况和要素相对贡献率；④劳动力的潜在贡献和实际贡献的对比。若分别用 p、s、v、r 表示这四个因素，则加成系数可以用以下函数关系表示，即 $x = f(p, s, v, r)$。

第一，如前所述，劳动力价值的实现程度取决于 W_α、W_e 与 $x = f(p, s, v, r)$，当社会平均条件决定的劳动力价值 W_α 相对固定，经济单位的经济效益和外在市场条件既定的情况下，劳动力价值的实现程度取决于函数 $f(v, r)$，即工资、薪金所得取决于劳动者的相对贡献。同样，如果社会平均条件决定的劳动力价值 W_α 作为费用扣除，则工资薪金所得就为 xW_e，在经济单位的经济效益和外在市场条件既定的情况下也取决于 $f(v, r)$。因此，个人所得税对财政收入的贡献取决于劳动力价值的实现程度。

第二，公式中的 v 和 r 均表示相对贡献，而 v 和 r 一般取决于对劳动力形成的投入，特别是像健康、教育等能提高劳动力素质的投入，即劳动力发展上的支出。马克思劳动力价值构成理论中包含了这些支出，但在个人所得税处理的时候，是否作为费用扣除的组成部分以及如何进行费用扣除都存在争论（更多的情况是类似教育等支出的标准无法界定）。从这个角度看，发展型税制结构中的税制安排应该能够鼓励劳动力所有者增加对劳动力素质、技能等的投入——这种安排不仅能提高劳动力价值的实现程度，还有利于增加财政收入（事实上，现代经济增长理论也能得出这样的结论）。而个人所得税工资、薪金项目的费用扣除的设置便是可供选择的安排。

因而从劳动力价值理论角度的分析说明，发展型税制结构中个人所得税费用扣除应该以劳动力价值理论为指导，从最大化劳动力价值实现程度的角度综合考虑。

首先，从劳动力价值构成的角度看，劳动力价值的构成反映的是劳动者的基本生活权利，也是劳动力自我再生产的必要条件，因此，一般费用扣除标准应该能够包含劳动力价值的各组成因素。从目前来看，住房支出也应该作为重要的因素进入费用扣除标准中，但由于住房本身具有资产的性质，因此，可以考虑将个人住房贷款利息支出按照一定的方式进行税前抵扣。

其次，从收入分配的角度看，一般的、统一的生计扣除是必要的，但一般的、统一的费用扣除不具有收入分配的含义：提高一般性的费用扣除标准，相对受益较高的是高收入阶层。因此，可以考虑在此基础上结合劳动力价值的构成进行必要的宽免设置，比如，可以根据纳税人家庭人口、抚养/赡养人口、医疗支出等情况的不同设置有弹性的宽免额，并建立能使宽免额随通货膨胀而自动调整的机制以使劳动力价值与市场价格水平相一致。这样设置既可以尽可能降低低收入者的税收负担，又可避免费用扣除标准不断调整对税法权威的损害。

最后，从劳动力价值实现的角度看，在市场经济中，劳动力价值最大化的实现依赖于劳动力本身的素质，因而，劳动者在教育等能激发劳动者心智、提高劳动者素质方面的支出也应该按照一定的标准进行必要的扣除，这符合人的发展、经济发展的基本要求，也在税收实践中有所体现（比如，企业所得税费用扣除项目中就已经有“职工教育费”的处理），同时，如前所分析，从长期看，也不会影响个人所得税财政收入筹集的功能。

三、发展型税制结构与税制“绿化”

发展型税制结构的特征之一是促进经济与资源环境的可持续发展。因此，绿色税制便是发展型税制的内在特征之一。税制“绿化”的基本思想是，在税制设置中尽可能多地考虑对资源环境的保护，以实现经济发展与自然环境的可持续发展。尽管理论上对绿色税制有不同的界定，但从根本上看，绿色税制所承载的对资源环境负外部性的纠正这一基本功能在理论研究上已经形成共识。从税制结构构建的角度看，理论上对绿色税制进行的分析主要是庇古税理论以及后来学者对其的发展。庇古税原理探讨了开征环保税的必要性，但几乎没有涉及税制设计层面，后来学者的发展主要表现在将庇古税纳入最优税原理的框架中进行税制设计层面的探讨，具有代表性的是桑德姆（Sandmo，A.）将庇古税和拉姆齐法则结合起来发展出了庇古税的叠加性特征①。

由于绿色税制关注的是从税制结构重构的角度对经济负外部性的矫正，因此，绿色税制的提出便意味着要通过税收手段实现经济与资源环境的可持续发展。这正是现代发展理念与税制结构的一个很好的融合，也构成了发展型税制结构的主要内容之一。然而，发展型税制结构不单要关注税制绿化，还要同时有助于经济结构的优化升级和收入格局的合理化调整，而这些特征或功能需要对发展型税制结构的内涵及其构建原则有全面的把握。

绿色税制要能够促进环境部门的发展，而通过税制设置使环境与整个社会经济发展相协调是发展型税制结构的重要内容，因此，根据下式：

$$\begin{cases} t\downarrow(C_{jo}^{\mathrm{I}}+V_{jo}^{\mathrm{I}}+M_{jo}^{\mathrm{I}})=t\downarrow(C_{jo}^{\mathrm{I}}+\Delta C_{jo}^{\mathrm{I}}+C_{jo}^{\mathrm{II}}+\Delta C_{jo}^{\mathrm{II}}) \\ t\downarrow(C_{oj}^{\mathrm{II}}+V_{oj}^{\mathrm{II}}+M_{oj}^{\mathrm{II}})=t\downarrow(V_{jo}^{\mathrm{I}}+\Delta V_{jo}^{\mathrm{I}}+M_{jo}^{\mathrm{I}}/X+V_{jo}^{\mathrm{II}}+\Delta V_{jo}^{\mathrm{II}}+M_{jo}^{\mathrm{II}}/X) \end{cases}$$

发展型税制结构要通过税制体系的设置，比如，在所得税中通过对生产该类生产资料的企业采取减计收入、加计扣除等降低环境产品生产的投入品的税收负担以促进该类产品的生产，并在流转税中降低环境产品的流转税负促进其广泛应用。

另外，根据在马克思经济平衡模型基础上建立的课税与经济平衡的分析框架 $t\uparrow\mathrm{I}\ (C-C'+V+M)\ +t\uparrow\mathrm{II}\ (C-C'+V+M)\ >t\uparrow\mathrm{I}\ (V+M/$

① Sandmo, A. (1975): "Optimal Taxation in the Presence of Externalities", Swedish Journal of Economics, No. 77, pp. 86 - 98.

X) $+t\uparrow$ Ⅱ $(V+M/X)$，[①] 由于资源环境税的设置在平衡条件左侧增加了企业的税收负担，那么，平衡条件右侧的税收负担也必须同时同等增加才能保持经济平衡。如果说左侧税收负担的增加是由于开征了环境保护类税种或在消费税种增加了环保类税目带来企业投资成本的增加（主要表现为 tC 的增加）抑制特定产品（如污染品）的供给，那么，平衡关系右侧中税负的增加则应该表现为是对其他税种中税制要素的相应设置（比如可能是对某种产品根据其外部性的大小设置计税依据，或减少税收优惠的使用）从而提高了消费需求的代价而产生的对该类产品需求的抑制。两边比例合适的话，经济平衡关系不受影响，又发挥了环境保护作用。

因此，和上述内容相对应，发展型税制结构中的税制“绿化”常体现在资源环境类税种设置上。比如常见的对环境税开征的争论，环境税的开征其目的是通过这类税种提高相关企业的税收负担，以抵消其污染行为产生的环境负外部性。但环境税税负水平要适度，同时应根据不同地区环境状况以及环境改善情况设置弹性税负水平。

与资源环境类税种的开征相协调，发展型税制结构安排中通常需要在其他税种相关要素中设置与环保相关的税制要素安排。比如，在消费税中，根据消费品对环境产生的负外部性程度的大小设置计税消费品（如将卷烟、鞭炮焰火、燃油等列出消费税税目），在车辆购置税种时根据排气量的大小设置计税标准等。

四、发展型税制结构及其设置原则

发展型税制结构是和增长型税制结构相对的一种税制结构。相对于增长型税制结构，一个合理的发展型税制结构要通过税类、税种和税制要素的设置，保证其收入筹集功能，保证其与经济平衡的协调，并促进收入分配合理调节等社会目标的实现。然而，发展型税制结构之所以称为“发展

① 公式推导及其含义请参见陈少克，陆跃祥．课税结构、价值流动与经济平衡——一个马克思经济学的分析框架[J]．马克思主义研究，2012(7)．

型”，主要在于这种税制结构应该和经济社会可持续发展相协调。

首先，发展型税制结构的设置应该保证经济结构的平衡。根据前文的分析，一个有效的发展型税制结构应该使不同部门之间在经济平衡状态下相应的供给结构和需求结构保持不变，这需要公平的税负结构。这一公平的税负结构表现在：在流转税的税负结构安排中，各个部门之间的流转税税负应该一致，即 $tW_j^{\mathrm{I}} = \sum_{k \in A} [t(C_{kj}^{\mathrm{I}} + \Delta C_{kj}^{\mathrm{I}}) + t(C_{kj}^{\mathrm{II}} + \Delta C_{kj}^{\mathrm{II}})]$ 或者 $tW_j^{\mathrm{I}} = \sum_{k \in A}(tC_{kj}^{\mathrm{I}} + t\Delta C_{kj}^{\mathrm{I}} + tC_{kj}^{\mathrm{II}} + t\Delta C_{kj}^{\mathrm{II}})$，因此，流转税设置中的差别税率和差别的税收优惠政策是与发展型税制结构所要求的理念相悖的。所得税的安排应该和流转税相协调，即通过流转税和所得税的共同作用以保持各部门之间的税负结构相一致，亦即在保证 $tW_j^{\mathrm{I}} = \sum_{k \in A} [t(C_{kj}^{\mathrm{I}} + \Delta C_{kj}^{\mathrm{I}}) + t(C_{kj}^{\mathrm{II}} + t\Delta C_{kj}^{\mathrm{II}})]$ 或者 $tW_j^{\mathrm{I}} = \sum_{k \in A}(tC_{kj}^{\mathrm{I}} + t\Delta C_{kj}^{\mathrm{I}} + tC_{kj}^{\mathrm{II}} + t\Delta C_{kj}^{\mathrm{II}})$ 成立的同时，保持第Ⅱ部类部门之间在交换关系中反映出来的均衡关系成立，即：

$$tW_j^{\mathrm{II}} = \sum_{k \in A}(tC_{jk}^{\mathrm{II}} + t\Delta C_{kj}^{\mathrm{II}} + tV_{jk}^{\mathrm{II}} + t\Delta V_{kj}^{\mathrm{II}} + tM_{kj}^{\mathrm{II}}/X)$$

$$tW_j^{\mathrm{II}} = \sum_{k \in A}[t(C_{jk}^{\mathrm{II}} + \Delta C_{kj}^{\mathrm{II}}) + t(V_{jk}^{\mathrm{II}} + \Delta V_{kj}^{\mathrm{II}} + M_{kj}^{\mathrm{II}}/X)]$$

这就说明，保持经济平衡的税制结构本身就应该是各税种、各税类之间相互搭配的结果。而且，流转税税负的下降必须伴随着所得税税负水平的相应提高，反之，流转税税负水平的提高必须伴随着所得税税负水平的下降，这取决于税制结构性质其他方面的要求。

其次，发展型税制结构要通过税制结构实现税收对收入分配的调节。税收的收入分配调节功能一般需要消费税、所得税和财产税相互配合。这意味着，在上述基础上，税制结构中所得税、财产税在整个税收收入中的比重应该相对于流转税而言有所提高。因此，按照经济平衡的要求，在发展型税制结构设置中，应该适当降低间接税的比重，同时提高直接税的比重。同时，所得税、财产税、消费税要真正发挥其有效的调节作用，还必须从税种结构和税制要素的设计入手，以保持其本有的性质。

再次，发展型税制结构之所以称为“发展型”还在于，这种税制结构的设置、调整是要具有弹性的，这种“弹性”表现在，当经济结构本身处于不平衡状态时，发展型税制结构应该通过扭曲性税制结构的安排来发挥其应有的调节作用，比如，当社会需求不足时，可以通过降低流转税税负水平，使价格水平接近于有效需求所要求的水平；当社会需求结构失衡的时候，还可以通过增强税制结构收入分配的功能，如增强税制结构整体的累进程度等。同时，发展型税制结构还要求通过税制结构的设置调整整个社会资源环境的利用，并通过税种、税制要素设置产生的激励作用引导社会对资源环境部门的投入、抑制社会对资源环境的浪费行为。资源环境税制的设置可以从起初的“应急”设置到将税制“绿化”理念融合到整个税制结构之中。因此，从这个意义上讲，发展型税制结构是一个开放的体系，这一开放体系不仅取决于社会对发展理念的认知，还取决于社会经济发展过程的特定需求。显然，发展型税制结构的这一特性也要求整个社会在税收制度调整上应该有一个良好的互动机制和顺畅的调整程序。

最后，和其他类型的税制结构一样，发展型税制结构的构建也要保持其收入筹集功能的充分实现，这是税收原则中的核心内容。税收收入筹集功能的充分实现依赖于税收与经济增长的协调，即税收收入应该随着经济增长而不断增长。因此，从税制结构整体上看，在发展型税制结构收入筹集功能实现的过程中，应避免税制结构本身的增收功能的过度发挥。如果将 T 和 Y 分别看成是由特定税收制度决定的税收收入和 GDP，则他们之间的关系可表示为：$T=\alpha Y^{\beta}$，其中，β 便是税收弹性系数，即 $\beta=\frac{dT}{dY}\cdot\frac{Y}{T}$，显然，当 $\beta<1$ 时，不符合发展型税制结构的基本要求（因为税收收入筹集功能无法保证）；当 $\beta=1$ 时，税收收入增长率与 GDP 增长率保持一致，说明税制结构本身没有增收功能。但是，根据公共支出的基本理论，政府公共支出规模会随着社会对公共物品需求结构的变化而不断增长（比如瓦格纳法则等），税收弹性系数 $\beta=1$ 便不能保证政府公共支出功能的动态充分实现，因此，在发展型税制结构中，税收收入要有适当的增加，即税收收入弹性系数 $\beta>1$（否则，由于达不到收入型税制结构的要求，也就称不上发展型税制结构），但高的税收收入弹性系数也会产生不利影响，比如，在更多的社会资源转移到政府手中的情况下，如果政府对资源的使用效率低下，反而会导致整个社会效率的低下。因此，发展型税制结构中的税收收入弹性系数应该和合理的政府支出需求弹性系数保持一致，显然，这里也需要一个合理的财政体制，特别是良好的预算管理体制对政府行为的约束。

第二节　中国发展型税制结构构建的原则和结构特征

中国税制结构具有增长型税制结构的特性，这一增长型税制结构与现代发展理念是相悖的，因而，是不可持续的，需要从根本上实现税制结构的转型。同时，这一增长型税制结构不利于经济结构优化升级、收入分配调节和经济与资源环境的可持续发展，与目前我国经济发展方式转变的基本要求是相悖的，所以，从现实的角度看，也需要推进其向发展型税制结构转型。

一、中国发展型税制结构构建的原则

经济学分析税收本源时认为，税收是为公共产品而生，而公共产品本身就包含环境可持续性、安全感、公平等隐性福利。因而，税收本身就与可持续发展有内在联系，但“经过经济增长的刺激和利益的激励，税收已经演化为一种理财的工具和获取利益刺激的手段”①。因而，构建发展型税制结构实质上就是税收本源性质的回归。正如世界银行《1988 年世界发展报告》中所提出的，“仔细设计的税制改革能减少增加收入的耗费，并保证税收政策与其他政策相吻合，然而这样的改革不可能一蹴而就”②。本章从对发展型税制结构的基本内涵出发，认为，中国税制结构转型的方向，即发展型税制结构构建的基本原则主要有以下内容：

第一，中国发展型税制结构的构建要着重发挥作为整体税制结构的综

① 郝春虹. 多元目标约束下的中国税制优化研究——理论与实证[M]. 北京：中国财政经济出版社，2005：84－85.

② 世界银行. 1988 年世界发展报告[M]. 北京：中国财政经济出版社，1988.

合作用。因此，发展型税制结构的构建不单在于新的调节性税种的开征和调整，更重要的是着眼于整个税制体系，通过税种的合理搭配和税制要素的合理安排，使整个税制结构呈现发展型特性。比如，从税种结构上讲，在税收收入既定的前提下，流转税收入的下降，一定要伴随所得税收入份额的提升，但所得税在收入分配中的作用预示着这一变化必然带来税制结构性质向收入分配调节倾斜。而从税制要素安排的角度看，所得税的收入分配调节功能是与税制要素安排紧密相连的，在费用扣除标准既定的情况下采取单一比例税率，必然会使其收入分配功能弱于超额累进税率，进而影响到整个税制结构的性质。同样，新的具有较强特定调节作用的税种（比如资源税、环境税等）的开征能够促进税制结构向发展型税制转变，但若其他税种和税制要素的设置没有相应变化，也必将破坏经济平衡，使经济可持续发展遭受破坏，进而违背发展型税制的初衷。因此，发展型税制结构的构建需要着眼于整个税制结构进行综合调整——不仅调整税种结构也要结合具体税种应有的性质进行税制要素的合理化调整。

第二，中国发展型税制结构要保证税制结构与经济发展相和谐。发展型税制结构并不排斥“增长”，发展型税制结构应该能够促进国民经济平稳发展，不能阻碍经济发展，不能破坏经济发展结构。一个发展型税制结构，其收入筹集的实现只能和经济发展同步，税制要素和税种结构安排本身不能有增收功能，要实现这一点，就必须尽可能保证各税种的实际税基和经济税基相一致，同时，消除税制结构中的重复课征。从理论上看，一个国家整体税制的税基只有和 GDP 相一致，才能保证税收收入和经济增长的同步。而要确保税制整体税基和 GDP 相一致，简单的方法是在课税安排上以 GDP 核算的各组成部分为税基设置税种。比如，按照收入法核算 GDP 时，GDP 等于各生产要素获得的报酬之和，因此，税制结构可以在考虑税收等价的基础上分别对不同的生产要素进行课征[①]。

① 因为涉及课税的可行性问题，所以不可能对所有的生产要素都进行课征，比如，从经济发展的角度看，对资本课税将产生较大的副作用，因此，考虑税收等价，比如，对资本课税等价于对企业利润课税，因此企业所得税在一定程度上就可以反映资本课税。

理论上的税收中性在现实中很难保证，但发展型税制结构仍要秉承中性的理念，即税制结构中各税种的设置要避免对增长的片面的内生性“激励”。课税要确保以收入实现为基础，在收入实现之前不能承担税负，比如，在增值税中当企业购进原材料或机器、厂房、设备时，其中所包含的税收负担在收入实现之前就一直“沉淀”在企业内部，虽然这一规则有助于税收收入的实现，却对资本周转速度不同的企业形成了不同的激励效果，这是税制要素的设置造成的税制结构对经济的内在刺激。发展型税制结构必须通过其他税制要素的合理设置（比如退税等）进行纠正。

第三，中国发展型税制结构构建要与经济结构优化相促进。发展型税制结构应实现其应有的调节作用，通过税制结构内部设置不断促进经济结构的优化①。由于从一般的角度看，税收调节作用主要表现在税收优惠的设置上。因此，构建发展型税制结构也需要针对经济结构优化升级的需要设置富有弹性的税收优惠措施。

由于经济发展特别是经济发展方式转变通常伴随着产业结构的优化升级，因此，在前述基础上，发展型税制还应该着眼于国家产业发展战略，在不改变原有税制平衡的基础上，对税制要素进行合理化调整。比如，虽然增值税具有优良的性质，其税负具有明显的转嫁性，对企业的影响是中性的，但出于对新兴产业发展的促进，如果对新兴产业未实现销售状态采用退税，就可以避免税负在企业长期“停留”对新兴产业的负面影响，进而促进产业结构的战略调整。比如，在企业所得税中，对具有学习型组织特点的新兴产业，适当增加教育培训费用的税前列支规模、建立风险成本列支制度等都将有助于促进学习型社会和创新型社会的成长。但国家产业发展战略是不断变化的，税制结构的这类调整也必须在可持续发展的理念下不断变化调整，这也进一步说明发展型税制本身不是一成不变的，而是

---

① 陈少克，陆跃祥. 经济发展方式转变背景下的中国税制调整思路[J]. 中国流通经济，2012(7)：51－56.

一个要随经济社会的发展而不断变化的税制结构体系。

第四，中国发展型税制结构构建要与可持续发展相协调。发展型税制结构要在促进经济结构优化的同时实现经济、资源、环境的可持续发展[①]。同时，在人们福祉水平改善上发挥相应的调节作用。因此，中国发展型税制结构的构建必须要在发挥其调节作用的同时，在促进价值合理流动基础上实现价值分配的合理化。这里的价值分配合理化包含两层含义：其一，发展型税制结构应能够在调节收入分配上发挥应有的作用。因此，发展型税制结构应该避免整体课税的累退性。据此，在税种结构上，所得税、财产税等在税制结构中的作用应该充分发挥；在税率结构上，超额累进税率的作用应充分合理应用；在税收优惠上，税收豁免和税前扣除也应该充分考虑纳税人的负担能力，并具有充分的调整弹性等。同时，负所得税理论说明，税制结构的收入分配效应往往需要和公共支出机制特别是转移性支出相结合。其二，发展型税制应该避免代与代之间不平等效应的产生，这是保证经济社会可持续发展的重要内容之一。因此，在税种设置上，资源、环境税制的设置是必然的要求。资源环境税制在加大调节力度的同时，应对该类税收收入实施专户管理、"专款专用"加大对资源环境的保护和治理。在税制要素设置上，目前，在环境保护税的完善还处在热议阶段的情况下，整个税制结构框架中各税种、税制要素的安排应尽可能增强对绿化税制的考虑。

二、中国发展型税制结构应有的基本特征

税制结构是在不断适应经济社会环境变化的要求，在调整优化中向前演进，以更好地服务于政府的公平和效率目标。因此，税制结构转型便不可避免地要受到经济发展水平和经济发展方式以及政府经济社会政策导向的约束。如前文所述，我国在构建发展型税制结构时，要充分地将发展理

---

① 陈少克，陆跃祥. 经济发展方式转变背景下的中国税制调整思路[J]. 中国流通经济，2012(7)：51－56.

念融入税制结构的设置之中。然而，发展目标的实现要具体地化到一个国家经济社会发展的具体阶段，因此，在秉持发展理念的我国发展型税制结构构建中，还需要充分考虑我国当前经济发展方式转变的大背景。从税制的角度来看，实现中国税制由增长型税制向发展型税制转型是促进并保证经济发展方式转变的重要因素之一。

每一个税类都有其优缺点，都有接近发展型税制结构性质的一面，也都有损害发展型税制结构的一面。而发展型税制结构所关注的是作为整体的税制结构的性质，即发展型税制结构的构建需要各个税类互相搭配相互组合形成整体上的“更优性质”的税制结构体系。因而，要实现发展型税制结构的构建，税类之间的组合应该如下安排（见图5－2）。

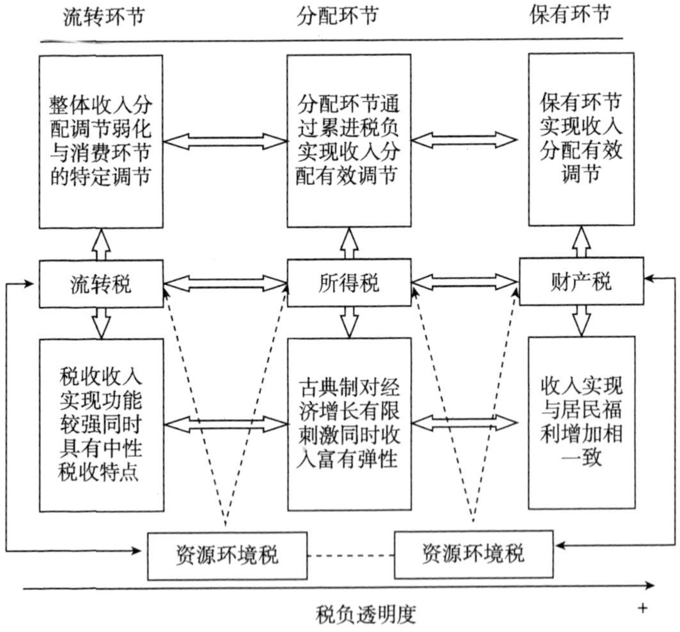

图5－2　发展型税制结构构建中的税类组合

第一，根据课税等价关系以及课税结构与经济平衡关系的基本原理，一个有效的税制结构需要将课税覆盖于流转环节（含消费环节）、分配环节和财富保有环节。一般而言，流转环节课税和分配环节同等课税，适当的比例关系就能够能保持经济平衡，但就发展型税制结构而言，由于要考虑到经济增长和经济发展的因素，必须采取扭曲课税，因此，财产课征和对资源环境的课征便能在税负均衡上继续保持经济平衡。但需要说明的是，资源环境税的课征应包括两个方面，一是单独设立资源税和环境税，这一类型的税种可以分布在流转环节，也可以分布在财富保有环节（如对购置车辆按排气量征收的车辆购置税事实上可以看作财富保有环节的资源课税）；二是在流转税、所得税和财产税的税目或税收优惠设置中体现环境保护的内容，即通过税目或税收优惠的设置将现有税种“改造”为绿色税种。

第二，将流转环节、分配环节和财富保有环节的课税结合起来，可以实现功能互补：①在税收收入实现上，三个环节涵盖了社会经济结构的方方面面，为税收提供了充足的税源，能够充分保证收入实现。②在经济增长上，资源环境税和财产税课征对经济增长的负面效应与适当安排的流转税对经济增长的刺激（比如外购固定资产的扣除设置等）以及古典制所得税对部分经济领域的刺激有效结合，适当的安排将保持税制结构整体上呈现对经济的中性特点。③在收入分配调节上，由所得税和财产税较强的收入分配调节功能弥补流转税收入分配调节上弱化的缺点。

第三，要保证在上述功能互补基础上达到发展型税制结构的基本要求，需要对税制结构模式做出界定。根据上述分析，并从税制结构模式上看，中国税制改革需要在不断完善所得税制的基础上，在逐步降低流转税比重的同时提高所得税的比重，真正形成符合现代发展理念的、以流转税和所得税为双主体特征的税制结构。这主要是基于以下考虑①：

其一，我国流转税为主体的税制结构已经出现了流转税与所得税双主体的迹象，但所得税的比重还是相对较低。虽然所得税对经济发展有一定程度的扭曲性作用，但从总体上看，所得税的负面效应主要是税制设置上

① 陈少克，陆跃祥. 经济发展方式转变背景下的中国税制调整思路[J]. 中国流通经济，2012(7)：51－56.

的问题，所得税的“良税”特征仍然是税制改革中需要重视并需通过合理的要素组合维持的。但同时，所得税改革的前提条件是对流转税有比较清晰的认识：从最终消费者或税负最终负担者的角度看，增加所得税的比重以提高其对经济发展的良性作用，需要降低流转税的比重。

其二，从税收公平和财政收入稳定的角度看，单独增加所得税或单独减少流转税都是违背税收原则的，也是不科学的选择。流转税具有较好的增收功能，而科学设计的所得税不仅具有增收功能也具有收入分配调节的作用。同时，相对于流转税来讲，所得税税负的直接感知作用也将在一定程度上促进财政民主化和公共化进程。

其三，从世界各国税制发展的基本规律上看，一般情况下，当经济发展到一定程度，税制结构将从以流转税为主体转变为以所得税为主体。但由于流转税在财政收入汲取上具有较强的功能，因而，税制调整的方向应该是以流转税和所得税为主体的双主体税制结构，同时，应实现税制本身应有的调节作用，即通过税制结构内部设置不断促进经济结构的优化，实现经济、资源、环境的可持续发展并保证发展理念所规定的基本目标的实现，亦即在人们福祉水平改善上发挥相应的调节作用。

然而，发展型税制结构是一个开放性的系统，这一性质下的税制结构要不断地与经济发展方式相适应，并在不同时期不断丰富其内涵。目前，我国正处于经济发展方式转变的关键时期，着眼于经济社会可持续发展、人与自然和谐发展和人们福祉的不断提高，必须在对主体税类内部结构进行充分把握的基础上，辅之以对资源环境税、财产税等税类税种安排的不断探索，唯有如此，才能推动税制结构与经济发展互相轨制。显然，这需要在此基础上进一步对这一发展型税制结构中的各税种及其税制要素安排做出规定。

第三节　我国发展型税制结构中各税类应有的功能界定

一、流转税类的功能及作用界定

流转税通常是在商品（劳务）流转环节以其流转额（销售额或营业额）为计税依据而课征的一类税。由于这类税通常采用比例税率课税，因此，按照商品（劳务）的价值构成，这类税的表现形式通常是：$t(C+V+M)$。在具体税制中，流转税的计税依据一般有两类，即采用价内税和价外税两种形式。这两种形式下的流转税各有不同的性质：

就采用价内税课征的流转税而言，其计税依据的理论表达式一般可以表示为：含税商品销售额 = 成本 + 利润 + 税金。这样，从理论上看：在企业成本和利润既定时，商品税税金的高低与商品价格成正比；而在价格和成本既定的条件下，商品税税金的高低与企业的利润成反比。因此，这一关系便于政府利用税收杠杆并配合价格政策调节企业利润水平，进而调节生产和消费，实现国家既定的产业政策。因而，政府通过相应的税收政策便能够实现其追求“增长”的目标，尽管这种课税方式不可避免地会对市场价格产生影响，进而产生对市场的干扰作用，影响长期的“增长”趋势。因此，价内税形式与普遍课征的商品税及其在税制结构中比例的增加，将不可避免地与政府意图相结合，促使税制结构具有增长型的特性。

而当流转税采取价外计征时，其计税依据在理论上通常可用以下公式表示，即：不含税商品销售额 = 成本 + 利润。显然，这种价外课征减少了商品税对价格的影响，因而使价外计征的流转税具有中性的基本特征。但由于价外计征的流转税通常采用外购已纳税款进项抵扣的制度，因此，国家仍然可以根据对不同购进项目可抵扣性的规定进行一定的经济调节。因而，发展型税制结构构建中流转税类应采用价外计征方式进行流转税课税安排，以尽可能保持其对经济的中性影响。

然而，流转税采用比例税率并与其具有税负转嫁的特性相结合，便会产生在收入分配效果上的累退性：其一，购买相同数量的商品，高收入者与低收入者的商品税税负是一样的，没有考虑到负担能力的大小。其二，进一步考虑不同收入水平人群的消费偏好，由于高收入人群用于消费支出的收入比重相对较低，而低收入者则相反（根据凯恩斯的消费偏好理论），因此，进一步反映出流转税的累退性。其三，即使考虑恩格尔系数原理或需求弹性的原理，对生活必需品课以较低的比例税，同时对奢侈品可以较高的比例税以缓解商品税的累退性，但是，在普遍课征商品税的条件下，首先，这一做法与最优商品税的“逆弹性法则”相悖，不可避免地损害税收效率；其次，对生活必需品课以较低比例税的结果是不同收入群体共同受益。因此，流转税往往会弱化税制结构的收入分配调节功能。

二、所得税类的功能及作用界定

所得税是一种净收益税，是以纳税人经济活动产生的所得（净收益）为计税依据进行的课征。从一般的角度看，所得税的性质可概括为以下几点：第一，从财政收入筹集的角度看，随着经济活动的扩大和经济资源的不断增加，所得额也会不断增加，因而，保证了税收收入的充足。同时，累进税率的设置也保证了税收收入富有弹性。第二，所得税有助于促进经济稳定。从理论上看，这一性质主要表现为所得税累进税率的设计和社会保障制度共同起到了“自动稳定器”的作用。第三，所得税对经济增长会产生一定的影响，但在税收政策中，由于可以通过对税收优惠的运用调节经济结构，因而，在一定程度上能起到刺激经济增长的作用。同时，由于所得税对纯收益课征，不触及纳税人的营业成本，因而，不会对国民经济体系产生不利影响。第四，所得税能够促进公平。所得税不承认特权（只要取得营利性所得都要缴纳所得税），因而，与社会公平法则相一致。所得税一般具有广泛的税基，通常采用累进税率，因而，通过对各种宽免和扣除项目的设置，可以有效地促进纵向公平和横向公平：适度的累进税率结构能够实现所得多的多纳税、所得少的少纳税或不纳税这一纵向公平的基本目标；税基越广泛，越能真实、全面、准确地体现纳税人负担能力，就越能促进横向公平的实现。同时，所得税免征额和税收优惠的设置往往体现对低收入者基本利益的保护。

就企业所得税而言，随着对税收中性的强调，目前，各国企业所得税通常采用比例税率课征，这就降低了所得税收入分配调节的功能。另外，在所得额核算的过程中，常出现自有资金成本不可扣除、股息重复课征等问题，因而，由于借入资金的成本可以扣除，因此，企业所得税的课征鼓励了企业的债务融资。由于对公司支付的股息重复课税（这些股息在负担了企业所得税之后还要由获得该项收益的个人缴纳个人所得税——目前是由支付方扣缴），因此，所得税的课征鼓励了企业的再投资而非分配。同时，获得加速折旧的投资将受到较大的激励。于是，古典制下的企业所得税对经济增长也具有刺激作用。因而，在税制结构性质上，随着各个国家企业所得税收入占税收收入比重的不断增加，而所得税没有完全放弃完全归属制之前，企业所得税将使税制结构的性质表现为主要以收入型和增长型税制结构为主。但针对对经济发展具有重要意义的行业（比如环保领域、高新技术领域等）进行税收优惠设置调整，可以增加其发展型税制的性质。

个人所得税的性质在很大程度上取决于其课税模式，不同的课税模式将产生不同课税效果。在分类计征情况下，对纳税人不同的所得分别对待是其优点，但分类计征同时也意味着纳税人收入来源越多，可能获得的费用扣除越多，因而，可能丧失个人所得税的横向公平性；分类计征通常以个人为计税单位，由于不能充分考虑纳税人家庭状况，便不能准确界定纳税能力，因而丧失了个人所得税的纵向公平性；分类计征下，超额累进税率的适用范围缩小，不仅降低了收入分配调节的功能，也使其“自动稳定器”的作用减小。综合计征方法下的税收征管成本将不可避免地增加，但由于避免了分类计征的不足，综合计征的个人所得税在税制结构中比重的上升（主要用占税收收入的比重来衡量），将增强税制结构收入分配调节的功能。

三、财产税类的功能及作用界定

财产税是对社会存量财富进行的课征一种税类。由于财产税通常按照财产价值（通常是以市场价值为基础的评估价值）课征，受纳税人经济收入等易变因素的影响较小，因此，对财产课征是政府（通常是地方政府）取得稳定财政收入的重要渠道之一。在现代社会中，财产税一般采取特种财产税，即一般针对不动产（而非所有财产）在其保有环节课征。由于这些特定财产的价值通常随着地方政府提供的诸如交通、环境、商业发展、教育设施等服务水平的提高而升值，因此，对财产课征符合受益原则，也正因如此，财产税通常是地方政府的主要税种。同时，由于财产是衡量个人纳税能力的尺度之一，因此，对财产课征也能够反映纳税人的负担能力（体现量能负担的原则）。由于个人拥有财产的多寡是衡量贫富的重要尺度之一，因此，对财产课征也是缓解收入分配不公、缩小收入差距的重要手段。

财产税的课征是税制结构完善的重要内容。在税制体系中，商品税不涉及财产收益和收益大小问题，也不涉及财产的占有和分配情况。同时，所得税的课征是以收益实现为前提，因而对不产生收益和未实现收益的资本和财产无法纳入所得税的课税范围。财产税的课征补充了这一课税空白，从课税范围的角度保证了税制结构的完整性。

财产税的课征在一定程度上促进了资源的合理配置，有助于闲置财产得到合理利用。同时，尽管财产税有降低资本收益率的负效应，且税率的差异还能够产生商品税的效应（Harvey S. Rosen，2007），但在税制结构中，合理设置的财产税（如免征额设置、对特定人群特别是老年人的税收优惠等）能够和所得税、消费税一道增强税收制度对收入分配的调节作用。正是从这一角度看，合理设置的财产税在促进收入分配调节合理化的同时也将进一步促进税制向发展型税制结构转变。

在财政联邦主义的框架中，财产税一般是地方税种（地方主体税种），因而，财产税的课征使地方财政收入状况与社会财产价值紧密相连。因此，地方政府从增加地方财政收入的角度出发进行财产税课征将有助于促使其提高其改善公众福利水平（促使财产增值进而财产税收入增加）的积极性，因而，促进政府行为向“发展”型（而非“增长”导向）转型。财产税的这种效应也是发展型税制结构的重要内容之一，尽管财产税的课征存在诸多的风险①。

四、资源环境税类的功能及作用界定

资源环境税是基于资源环境的保护及其可持续发展而进行课征的税类。这是税制“绿化”思想的体现。一个合理设置的资源环境税类本身也是发展型税制结构的重要内容。然而，这并不意味着资源环境税从一开始便具有“发展型”的特性。首先，虽然资源税是以各种自然资源为课税对象进行的保护性课征，但在资源税体系中，并不是所有的自然资源都在课税范围之中，同时，纳入课税范围的自然资源其课征的标准也各不相同，因此，不同类型的自然资源乃至同一类型不同类别的自然资源其税负水平是不同的。因而，作为企业生产的重要投资品，不同的企业也将面临不同的税负水平，进而破坏原有的经济平衡，减弱其“发展型”的特性。另外，对自然资源课税很少在消费环节课征，因而，随着资源税税收负担的层层转嫁，资源税税负便具有隐蔽性，降低了对消费行为的调节，因而，资源税“发展型”特性的体现需要通过合理的课税环节安排才能得以体现。其次，环境税目前还在探索的过程中，但环境税的设置也需要通过调整人们的消费选择来进行，如果设置环境税的同时没能给人们提供更环保的消费选择，那么，这种课征也将是对“发展”的损害，显然这需要考虑税负结构问题。

① 马海涛. 中国税收风险研究报告[M]. 北京:经济科学出版社,2011:115－142,234－266.

本章小结

在现代发展理念下，发展的基本目标是改善生活质量，同时还包括诸如更好的教育、更高的健康和营养标准、更低的贫困、更清洁的环境等①，这些目标的实现要依靠经济增长基础上的经济可持续发展。发展型税制结构的核心是通过税制结构的设置实现或促使经济社会发展趋向发展的目标。因此，发展型税制结构的内涵便需要在经济平衡、收入分配调节和资源环境的可持续发展等方面来表达，以使税制结构在经济社会可持续发展中起到轨制和调节作用。在我国，中共十七大以来，通过经济发展方式转变促进全面、协调、可持续发展已经成为主流观念，这意味着，在这一背景下推动税制结构转型必须在发展型税制结构框架下对中国税制结构应有的功能和作用进行重新设计，使发展型税制结构成为我国税制结构转型的基本方向。

然而，如前所述，发展型税制结构是一个开放的体系，它要随着“发展”理念的不断更新而变化，也将随着经济结构合理化及优化升级而相应更新。而构建发展型税制结构的关键是在税收基本理论和税制改革实践的经验和教训的基础上，从整体性税制分析的角度入手，将可持续发展、收入分配合理化、绿色税制等“发展”理念融入理论研究和税制改革实践之中，并伴随着经济社会发展条件和阶段特征的变化而柔性调整。这将是深化对税制结构基本理论和税制改革思想认识和研究的重要课题。从目前来看，我国税制结构转型的基本方向是在完善税制结构的基础上，通过对不同税类、税种功能的界定，构建与我国推动经济发展方式转变相一致的、以流转税和所得税为双主体特征的发展型税制结构体系。显然，这需要对这一过程中面临的各种约束条件进行充分的考察。

---

① Word Bank, Word Development Report 1991, New York: Oxford University Press, 1991. 迈克尔 P. 托达罗,斯蒂芬 C. 史密斯. 发展经济学[M]. 北京:机械工业出版社,2009:11.

第六章　中国税制转型的制约因素分析

中国税制结构转型的基本方向是构建与中国现阶段经济结构和经济可持续发展要求相适应的发展型税制结构，而向这一税制结构转型面临着许多约束条件，其中，最关键的是现行财政体制固化了财政利益分配格局；现行税制结构固化了税收利益分布格局；现行税收法制环境弱化了税制结构转型的制度基础。这需要进一步地深入分析。

第一节　现行财政分权体制扭曲了财政利益分配格局

税制改革是一项系统工程，因此，税制改革的各项安排必须充分考虑各种约束条件。从一定意义上讲，各项约束条件影响甚至决定着税制改革的成败。中国现行税制体系是在 1994 年分税制改革的框架下确立的。由于 1994 年分税制改革的意义不单单在于完善了中国的税制体系，更重要的是在财政联邦主义的框架下确立了中央和地方的财政关系。因此，中国现行税制体系与中国财政制度特别是中国分税制财政管理制度内生地结合起来。从这个意义上讲，对中国现行税制体系的任何调整都将对分税制财政管理架构产生或多或少的影响，因而，分税制财政体制便成为现行税制改革的重要约束条件，其中，中央和地方的财政利益格局将是税制改革的重要考虑因素。

一、政府间财政关系及其利益界区

从理论上看，财政分权或者财政联邦主义相关理论对政府间财政关系及其利益界区等问题进行了深入的研究。依据对政府本身假设的不同，这些理论大致可以分为传统的财政分权理论和第二代财政分权理论（杨之刚，2006）。传统财政分权理论是福利经济学的一个延伸，主要关注在既定政治制度下公共物品和服务（分层次的）提供的均衡条件问题。在这一理论框架内，政府被看作一个“黑匣子”，由于假设政府是一个仁慈的政府，因而，不同层级的政府在竞争关系下会如公众所愿，有效地提供所需的公共物品和服务。尽管这一理论关注的是公共物品的提供效率问题，但其前提是财政分权，即由于不同层级的政府有着独立的利益界区，因而便产生了政府竞争进而产生了有效率的公共产品提供①。第二代财政分权理论主要是主张“市场维护型的财政联邦主义”（market preserving federalism）②，其主要观点是：一个国家的政治系统以市场机制的高效率为基础，利用合理的政府治理结构所确定的激励机制使中央政府和地方政府的职责（财权和事权）得以明确，使政府成为市场机制的维护者，以此保证并维护良好的市场机制，从而增加社会福利水平。因此，其政策含义即：制度化地确立中央和地方的财权和事权、制度化地确保地方自主权，使各级政府都面临硬预算约束。其经济效果就是产生了政府之间的竞争，各级政府都成为相对独立的利益主体。

尽管经典的财政联邦主义理论不能完全解释中国政府间财政关系及其形成的利益界区，但是，政府之间的利益界区通常被定为：在事权划分上，除国防、外交之外，一般而言，中央事权以社会保障、社会福利和经济发展为主，地方事权以文教、卫生保健和市政建设为主③。在财权划分上，一般保证中央的主导地位，大宗收入的税种归中央，具有地域性特征

---

① Charles M, Tiebout. A pure theory of local expenditures[J]. Journal of Political Economy, 1956, 64(5): 416-424.

② Yingyi Qian, Barryr Wdeingast. Federalism as a commitment to preserving market incentives[J]. The Journal of Economics Perspectives, 1997, 11(4): 83-92.

③ 按照《国务院关于实行分税制财政管理体制的决定》(国发〔1993〕85 号)的界定，中央财政“主要承担国家安全、外交和中央国家机关运转所需经费、调整国民经济结构、协调地区发展、实施宏观调控所必需的支出以及由中央直接管理的事业发展支出”，地方财政“主要承担本地区政权机关运转所需支出以及本地区经济、事业发展所需支出”。

的税种归地方（其特点如税源相对固定、流动性弱、相对满足受益性原则等）[①]。

如果不考虑财政支出（显然这个假设是极其不现实的——笔者注），那么政府之间的利益关系便表现为对税种属地划分的一种竞争。虽然税种的划分取决于税种本身的性质，但更取决于特定政治体制确定的中央和地方之间的权力格局，因此，这种政府间的税权关系便成为税制改革的重要约束条件：各税种在不同层级的政府之间进行划分（准确地说是财权的划分，尽管财权划分往往表现为税种的划分）便是政府间利益格局的调整或配置，而改变既有的税制结构，便是对政府间利益关系的重新调整。

二、我国现行财政体制与财政利益分配格局

1994 年我国分税制改革确立了中央和地方的财权和事权，但在追求“两个比重”[②] 提高背景下的财税体制改革，在其运行中不可避免地固化政府间的财政利益分配格局。这一利益分配格局通过我国现行分税制财政体制的运行充分地表现了出来：

第一，在财权方面，由于地方政府没有税收立法权，使地方税的税基、税源、税率乃至以后的调整权都集中在中央手中[③]，“所有‘地方’税收都是分配的，并且税率和税基都是由中央政府设定的”[④]，因而，地方政府无法也不能去根据当地经济发展的实际情况建立内含于经济发展的收入增长机制，即财政收入不能随当地经济形势的变化而弹性地变化，亦即在经济高涨的时候财政收入往往并没有出现递增比例的增长[⑤]。比如，从个人所得税的历史数据上看，1998、1999、2000、2001、2002 年的个人所得

① 陈共. 财政学[M]. 北京：中国人民大学出版社，2009：353.

② “两个比重”指财政收入占 GDP 的比重和中央财政收入占全国财政收入的比重。追求“两个比重”的稳步提高是我国 1994 年推进分税制改革的主要背景和衡量标准之一。

③ 陈少克. 县乡财政困难、财政风险与财政体制调整[J]. 地方财政研究，2007(6)：34 - 37.

④ 劳伦·勃兰特，托马斯·罗斯基. 伟大的中国经济转型[M]. 上海：格致出版社，上海人民出版社，2009：374.

⑤ 陈少克. 县乡财政困难、财政风险与财政体制调整[J]. 地方财政研究，2007(6)：34 - 37.

税占全部税收收入的比重分别为 3.91%、4.28%、5.57%、6.57%、7.12%（近5年来，保持在6%左右），这一比重与个人财产占总财产的比重极不相称（张志超，2005）。这在客观上将会对政府财政预算平衡能力、宏观经济调控能力和债务偿还能力带来不利影响，致使财政抗拒风险的能力降低，从而加剧财政风险。

另外，财政分权使得边际收入的大部分归于地方政府，但在复杂的退税制度下，虽然中央政府承诺将来自增值税以及相关的特许权税——消费税的新增收入退给地方政府30%，但分税制仍然显著地削弱了企业和地方收入之间的关联。例如，烟草行业的产品税约为40%～66%，所以，地方政府支持亏损企业往往能提高收入。在分税制下，虽然除增值税外还有40%的特许权税，但仅有25%的增值税归地方政府，而额外收入的30%上缴中央政府。在饱和的市场中，如果地方烟草生产企业不能增加销量（退税的基础），地方政府既得不到消费税税收，又得不到来自增值税的进一步退税[①]。同时，现行分税制财政体制通过划定统一比率同地方政府分享原产地的增值税税收收入，从而确保了富裕地区能够得到更多的税收，这就使税收分享非常不平等：往往是沿海省份比内陆省份获得更多的税收分享额度。

第二，分税制财政体制下，地方政府财权弱化的同时相伴随产生了扭曲性的税收竞争。例如，原产地（征税的地方，比如企业的总部）决定了地方政府分享的增值税税收和企业所得税税收收入的多少，所以，从长远来看，这可能会阻碍全国性企业的发展，减缓企业合并过程。如果一家企业在多个管辖区域内拥有生产设施（不是独立单位），这就会产生在哪里支付增值税和企业所得税的问题。企业可能在其总部所在地申报纳税，结果将不可避免地产生地方管辖区域为了使其增值税和所得税份额最大化而出台保护主义措施（这也是为什么各地都在努力建立总部基地的原因之

---

① 劳伦·勃兰特，托马斯·罗斯基. 伟大的中国经济转型[M]. 上海：格致出版社，上海人民出版社，2009：368－369.

一），从而损害资源配置效率。特别是，地方政府为了吸引更多的总部迁往自己的辖区，承诺向企业退回一部分税收等，这样扭曲性的税收竞争显然是地方政府应对财政收入不可持续的一个重要举措，进而成为现行财政体制下财政利益分配格局的一个派生物。

第三，在事权划分上，分税制改革的最大缺陷在于，财政只侧重于对收入的划分，而对支出责任的划分则不明确，直接后果表现为上下级政府之间对事权的相互推诿。各级财政相对是相互独立的，但由于上级政府在政治上对下级政府仍然有绝对的权威，因而，上级政府很容易发生机会主义行为，把问题尽量往下级政府压。例如，下放亏损企业、无资金授权（unfunded mandates）① 等。这样的结果直接导致基层政府承担大量支出责任却没有充分的收入支持②，结果便是地方财政收入份额相对下降，同时支出份额则有相对较高的增长幅度（见图 6－1、图 6－2）。

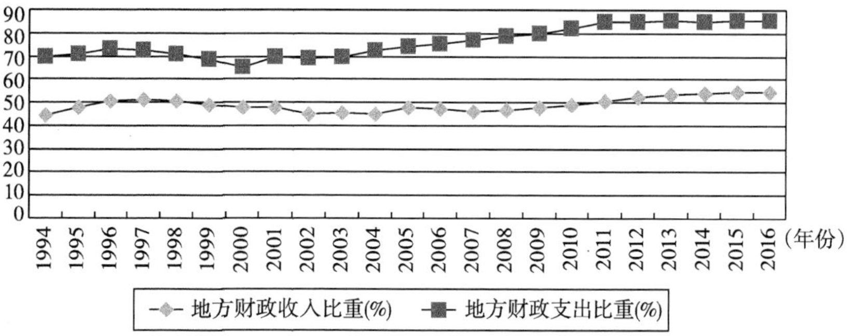

图 6－1　我国地方财政收入比重和地方财政支出比重对比走势（1994—2016）

数据来源：《中国统计年鉴（2017）》。

第四，在财权和事权不对等的情况下，地方财政越来越依赖于上级政府的转移支付。而在现行财政体制中，政府间的转移支付还存在诸如管理不规范、不透明等问题（主要是专项转移支付），因而，在财政转移支付过程中，资金分配上的随意性便不可避免。特别是在我国大量存在的自上

① 无资金授权（unfunded mandates）是美国的一种提法，指的是上级政府授权下级政府提供某些公共服务，但对其分内的责任既不出钱也不出力，即“上级吃饭，下级买单”的一种情况。

② 陈少克. 县乡财政困难、财政风险与财政体制调整[J]. 地方财政研究，2007（6）：34－37.

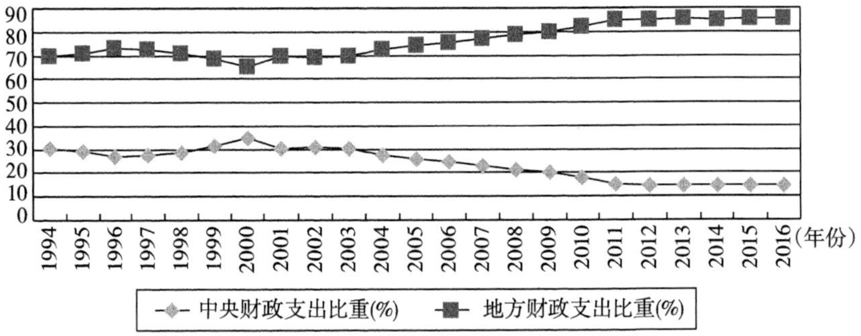

图6－2　我国中央和地方财政支比重对比走势（1994—2016）

数据来源：《中国统计年鉴（2017）》。

而下转移支付过程中，中央对基层政府的转移支付一般是通过省级政府作为“二转手”划拨给基层的，而“二转手”“多转手”的形式使转移支付在“转”的过程中往往产生了巨大的漏出①。

同时，以“税收分享”“税收返还”等形式存在的转移支付模式又削弱了政府间转移支付的均等化能力。在以前的财政体制下，只有贫穷地区接受转移支付，而现行财政体制下，包括上海、北京等发达地区在内的所有的省级单位在财政支出上都依赖于中央政府的转移支付。比如，劳伦·勃兰特，托马斯·罗斯基（Loren Brandt and Thomas G． Rawaki，2009）的统计显示，中国中央政府转移支付为各省约50%的支出提供资金②。这种税收分享和返还设计直接影响了财政利益分配的公平性：这种返还方式有利于富裕省份的退税在转移支付中占据了主导地位，强化了分税制自身的非平等特性。

因此，我国现行财政体制造成的各级政府之间收入和支出的不匹配导致了整个财税体系的扭曲，而各级政府在这个扭曲的结构下千方百计地寻找它们各自的税收来源，比如“土地财政”等，这已经成为我国目前最关

① 冯文荣，陈少克．地方政府行为与县乡财政困难的形成——基于两种预算约束的分析[J]．宁夏社会科学，2007(6)：38－42．

② 劳伦·勃兰特，托马斯·罗斯基．伟大的中国经济转型[M]．上海：格致出版社，上海人民出版社，2009：370－371．

键的财政问题之一，并制约着税制结构的进一步调整和完善。

三、现行财政分权体制对税制结构调整的挑战

对我国现行财政分权体制争议最多的地方表现在各级政府的财权和事权的不对等，特别是地方政府在财政收入上表现出来的由于地方财政自给能力的不足而导致的地方财政能力的弱化，而财政收入的汲取能力下降是财政自给能力下降的重要原因①。地方债的发行可以缓解地方财政困难②，但债务本身是有偿性的，其还本付息的要求使其在财政收入筹集的作用上不可能成为取代税收的更好的手段。分税制框架下的税种被划分为中央税、地方税和共享税，但地方税体系的缺失③的同时，随着共享税分享比例的提高（比如，两大所得税有原来中央和地方“四六分”到现在的“六四分”），地方税比重也相应降低。因此，改变现有财政利益分配格局，为地方政府构建一个具有长期稳定的收入来源的地方税体系，以提高地方政府的财政收入筹集能力，便成为我国现行政府间财政关系对现行税制改革的重大挑战，成为中国税制改革能否顺利推进的重要因素。

第一，税制结构转型要考虑解决地方财政汲取能力弱化的问题，这意味着要不断突破现有分税制框架。但是，这将面临一系列挑战：其一，从税政管理权限划分上看，税权（包括税法的制定和修订、中央税、地方税和共享税的划分等）过多地集中于中央，对地方财政产生诸多不利影响。但税权的下放又将面临税收规则不统一的风险。其二，针对现行财政分权体制存在的问题，要解决的重要问题是如何提高地方政府的财政收入。目前，中央税种或中央与地方共享税种大多具有“税源相对集中稳定、征管

---

① 陈少克．县乡财政困难、财政风险与财政体制调整[J]．地方财政研究，2007(6)：34－37.

② 李玉红，白彦锋(2010)曾经对此做出了分析，认为我国2009年和2010年先后两次各发行的2000亿元的地方债(财政部代发)中标利率总体上呈现出先攀高、后回落的趋势，总体利率水平偏低，而且认购比例偏低。虽然总体上较低的利率水平有助于降低未来地方财政偿债的负担，但在二级市场上显然难以吸引投资者的目光，导致地方债交投清淡，不利于地方债的长期发展。因此，债务筹资根本不具备为地方政府筹资的特质。详见李玉红，白彦锋．地方税制改革格局中的主体税种选择问题研究[J]．中央财经大学学报，2010(6)：18－22.

③ 其中，完全属于地方固定收入的税种有10个，具有共享性质的就有7个。

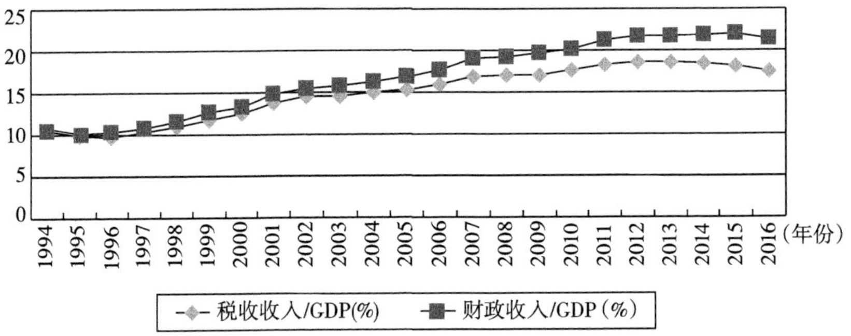

图 6-3　我国 1994—2016 年宏观税负状况走势

数据来源：根据国家统计局历年《中国统计年鉴》相关数据计算整理。

相对便利”等特征，而“税源分散不稳定、征管难度和成本高”的小税种构成了地方税种的主体特征。现有税制结构框架中只有 17 个税种，在各级政府之间进行分税确实存在难度①，要真正完善财政分权体制需要开征新的税种以便“有税可分”。其三，在税制结构不变的条件下，增加税种又面临着整个社会税负水平递增趋势的限制（见图 6-3），同时，即使在不改变现有宏观税负的条件下增加税种（且不考虑增加什么样的税种）必将导致税收分散度的提高②，进而增加税务管理的成本。其四，上述问题的解决只能在突破现有分税制框架下通过税制结构的全面调整来进行，但相关试点改革也没有进行突破性实验，如《财政部、国家税务总局、中国人民银行关于上海市开展营业税改征增值税试点有关预算管理问题的通知》（财预 2011 第 538 号）中规定，“试点期间收入归属保持不变”，这实际上没有涉及中央和地方关系的调整。而全面营改增之后，收入划分按 50% 的比例进行划分，实际上也是在维持原分配比例基本不变的基础上进行测算。因此，中央政府和地方政府这种 20 多年的收入分配格局如何破解，是一个难题。

第二，现有税制体系中，地方税存在的主要问题是缺乏稳定的收入来

① 贾康，白景明. 县乡财政困难与财政体制创新[J]. 经济研究，2002(2)：3-9.

② 维托・坦兹(Vito Tanzi，1981)在有效税制应具备的质量特征中认为，一个良好的税制结构应该具有集中性的特征，即如果少量税种能够筹集到大部分收入，那么税制的透明度就比较高，管理就相对容易，税收政策调整就更有效，因而是一个有效税制应具有的良好特征。详见维托・坦兹. 有效税制的质量特征[J]. 税收译丛，1998(3).

源，因而，税制结构转型改革需要着力构筑地方主体税种。但是，地方主体税种的确定也存在诸多难题。就现有相对稳定的地方税税种来说：其一，资源税主要是为了发挥其政策调节职能，由于资源区域分布不均，在不同地区其筹集财政收入的能力和潜力都有限且不均，因此，不适合作为地方税的主体税种。其二，营业税曾是我国现行税制中地方税的主体税种，从2008年起，营业税在地方各税种税收入中的比重超过了50%，2011年这一比重超过52%①。但随着营业税改征增值税的完成，这一税种已经消失，地方主体税种目前已经缺位。其三，财产税具有地方主体税种的传统优势，但中国目前财产税体系还没有真正确立，虽然正在推进财产税体系建设，但其中涉及更大范围的利益协调。除此之外，即使建立、完善了财产税，并使之成为地方主体税种，地方政府财政并不会因此而平稳，因为房地产税作为主体税种意味着各级地方政府要根据当年的预算、应纳税财产的总价值、其他来源的收入等变量确定其当年的税率，这种可变性使地方政府每年都不得不面临与公众之间持续的博弈。这种不确定性使地方政府不得不面临一系列风险②。

因此，从政府间财政关系，特别是着眼于提高地方财政能力的角度看，需要对现有税制结构进行根本性调整，但其中现有财政体制框架本身对税制改革带来了诸多挑战，形成了对税制改革的一种约束。因此，税制结构的完善与调整也只能建立在财政体制不断完善的基础上。

第二节　现行税制结构固化了税收利益分布格局

本书称的税收利益分布指的是在现行税制结构下，产业之间、行业之间、地区之间乃至纳税人之间由于税负分布不均而产生的相对利益分布。

① 这一比重是指营业税收收入占个别地方税种税收收入的比重，不包括共享税种的税收收入。

② 马海涛.中国税收风险研究报告[M].北京：经济科学出版社，2011：131－140.

具体就行业之间而言，税负水平相对较低的行业相对于税负水平高的行业就获得了相对的税收利益，同样，对产业之间、地区之间、纳税人之间也是如此。在税收制度或税收政策中，税收利益不均的设计是对产业结构、行业结构和地区经济结构调节的重要方式，一般情况下，也是税收制度设计中的重要宏观内容，但就税制结构转型来说，税制结构转型意味着对现有的税收利益格局进行重新调整。本书通过产业税负分布、行业税负分布和地区宏观税负分布的差别对比，对现行税制结构固化了的税收利益分布进行分析。

一、三次产业之间的税收利益分布

三次产业之间税收利益分布的衡量可以通过三次产业税收贡献和税负率水平来衡量。其中，各产业税收贡献用各产业实现的税收收入占全国税收收入的比重来衡量，而税负率水平用各产业实现的税收收入与各产业增加值的比率来衡量。

从三次产业的税收贡献（见表6-1、图6-4）来看，第一产业税收收入比重一直较低，特别是2002年取消农业税以来第一产业税收收入贡献一直在0.04%左右。而第二产业和第三产业税收贡献率相对稳定，其中第二产业税收贡献率保持在55%左右，占主体地位，这与我国流转税特别是增值税在税制结构中的主体地位是分不开的。同时，各产业的税负水平（见表6-2、图6-5、图6-6、图6-7、图6-8）也保持相对稳定，第二产业税负水平一直保持在20%左右，而第三产业的税负率水平则与第二产业保持基本一致。

表6-1　我国三次产业历年税收收入贡献结构　　单位：亿元

年份＼税收	第一产业		第二产业		第三产业	
	税收收入	比重（%）	税收收入	比重（%）	税收收入	比重（%）
1996	369.46	5.35	3882.06	56.18	2658.30	38.47
1997	397.48	4.83	4449.41	54.04	3387.15	41.14
1998	398.80	4.31	5490.74	59.28	3373.26	36.42

续表

税收 年份	第一产业		第二产业		第三产业	
	税收收入	比重（%）	税收收入	比重（%）	税收收入	比重（%）
1999	423.50	3.96	6112.29	57.22	4146.79	38.82
2000	465.31	3.70	7100.71	56.44	5015.49	39.86
2001	481.70	3.15	8445.83	55.20	6373.85	41.66
2002	421.44	2.47	9858.54	57.83	6768.20	39.70
2003	4.81	0.02	11844.18	59.25	8142.81	40.73
2004	4.72	0.02	15002.52	59.56	10181.55	40.42
2005	6.37	0.02	17965.86	59.28	12336.54	40.70
2006	14.22	0.04	21293.15	57.63	15642.24	42.33
2007	13.54	0.03	26041.68	53.61	22519.70	46.36
2008	86.44	0.15	30643.76	53.00	27091.60	46.85
2009	56.05	0.09	33415.54	52.95	29632.01	46.96
2010	78.21	0.10	40615.36	52.48	36700.87	47.42
2011	81.26	0.08	49797.47	52.02	45850.74	47.90
2012	120.35	0.11	54835.70	49.51	55807.98	50.38
2013	160.63	0.13	56720.58	47.28	63078.71	52.58
2014	203.91	0.16	60014.72	46.33	69322.49	53.51
2015	179.22	0.13	61476.70	45.20	74365.91	54.67
2016	234.91	0.17	60854.30	43.31	79414.83	56.52

资料来源：《中国税务年鉴》（2003—2017）。

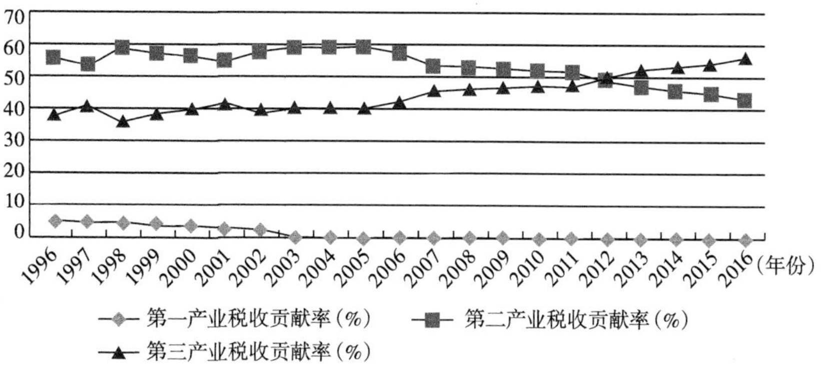

图 6-4　三次产业税收贡献率变化

表 6－2　我国三次产业历年税负结构

单位：亿元

年份	宏观税负	第一产业			第二产业			第三产业		
		税收收入	增加值	税负率(%)	税收收入	增加值	税负率(%)	税收收入	增加值	税负率(%)
1996	10.32	369.46	13878.30	2.66	3882.06	33828.10	11.48	2658.30	24107.20	11.03
1997	10.85	397.48	14265.20	2.79	4449.41	37546.00	11.85	3387.15	27903.80	12.14
1998	11.59	398.80	14618.70	2.73	5490.74	39018.50	14.07	3373.26	31558.30	10.69
1999	12.64	423.50	14549.00	2.91	6112.29	41080.90	14.88	4146.79	34934.50	11.87
2000	13.36	465.31	14717.40	3.16	7100.71	45664.80	15.55	5015.49	39897.90	12.57
2001	14.78	481.70	15502.50	3.11	8445.83	49660.70	17.01	6373.85	45700.00	13.95
2002	15.53	421.44	16190.20	2.60	9858.54	54105.50	18.22	6768.20	51421.70	13.16
2003	15.80	4.81	16970.20	0.03	11844.18	62697.40	18.89	8142.81	57754.40	14.10
2004	16.31	4.72	20904.30	0.02	15002.52	74286.90	20.20	10181.55	66648.90	15.28
2005	16.90	6.37	21806.70	0.03	17965.86	88084.40	20.40	12336.54	77427.80	15.93
2006	17.66	14.22	23317.00	0.06	21293.15	104361.80	20.40	15642.24	91759.70	17.05
2007	18.99	13.54	27788.00	0.05	26041.68	126633.60	20.56	22519.70	115810.70	19.45
2008	19.19	86.44	32753.20	0.26	30643.76	149956.60	20.44	27091.60	136805.80	19.80
2009	19.63	56.05	34161.80	0.16	33415.54	160171.70	20.86	29632.01	154747.90	19.15
2010	20.12	78.21	39362.60	0.20	40615.36	191629.80	21.19	36700.87	182038.00	20.16
2011	21.23	81.26	46163.10	0.18	49797.47	227038.80	21.93	45850.74	216098.60	21.22
2012	21.70	120.35	50902.30	0.24	54835.70	244643.30	22.41	55807.98	244821.90	22.80
2013	21.71	160.63	55329.10	0.29	56720.58	261956.10	21.65	63078.71	277959.30	22.69

续表

年份	宏观税负	第一产业			第二产业			第三产业		
		税收收入	增加值	税负率(%)	税收收入	增加值	税负率(%)	税收收入	增加值	税负率(%)
2014	21.80	203.91	58343.50	0.35	60014.72	277571.80	21.62	69322.49	308058.60	22.50
2015	22.10	179.22	60862.10	0.29	61476.70	282040.30	21.80	74365.91	346149.70	21.48
2016	21.46	234.91	63672.80	0.37	60854.30	296547.70	20.52	79414.83	383365.00	20.72

资料来源:《中国财政年鉴》(2017),《中国税务年鉴》(2003—2017),《中国统计年鉴》(2017)。

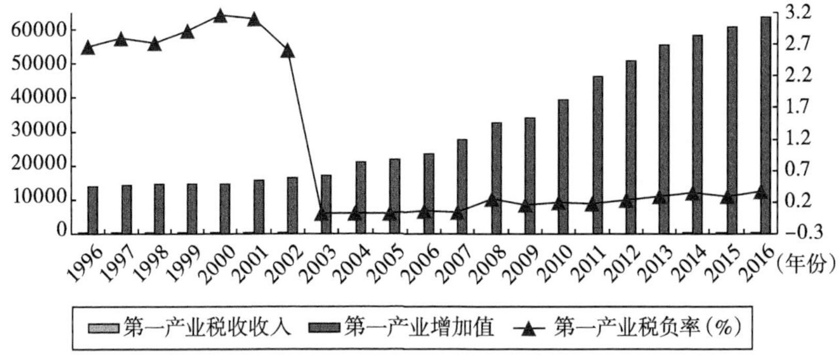

图6－5　第一产业税收收入、增加值与税负率变化

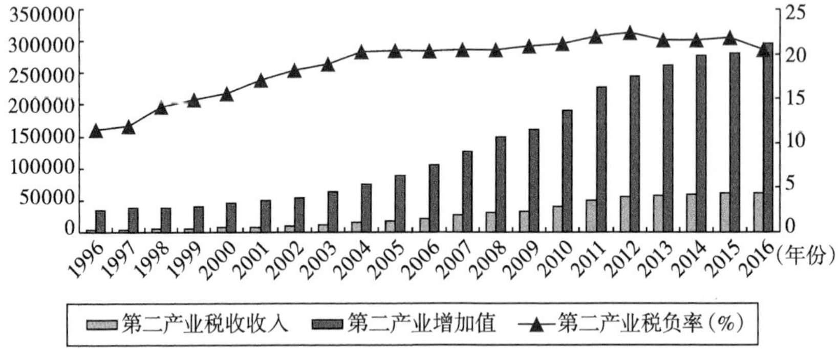

图6－6　第二产业税收收入、增加值与税负率变化

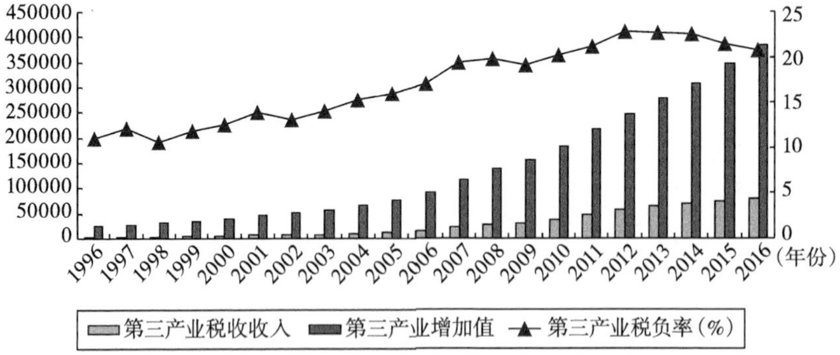

图6－7　第三产业税收收入、增加值与税负率变化

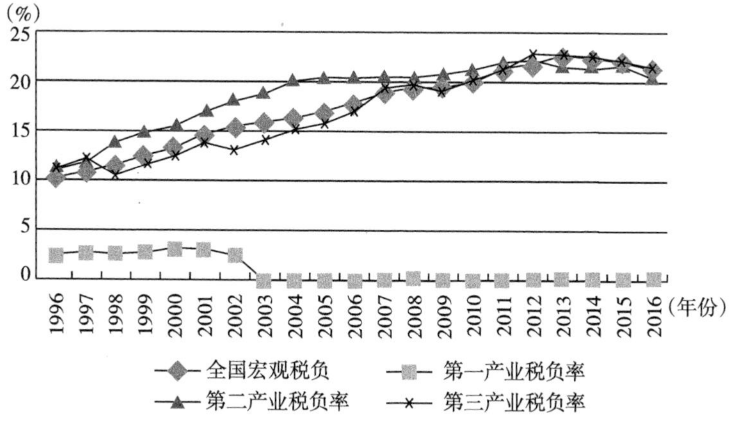

图 6-8　三次产业税负率与全国宏观税负水平比较

从三次产业的税负率水平来看，2007—2016 年全国第二产业税负率水平呈先上升后降低的趋势，而第三产业税负水平呈提高趋势，这与近些年来第三产业的飞速发展有着紧密的关系。10 年间第二产业的平均税负率水平（21.3%）仍高于第三产业的平均税负水平（20.63%）且都高于 10 年间全国宏观税负水平（18.98%）①。从分年度的角度看，第二产业的税负率 2007—2016 年都是稳重有小微上升的波动。第三产业税负水平从 2012 年开始超越第二产业。这也说明 2012 年是十八大的开局之年，国家之后出台一系列促进第三产业发展的政策，使得第三产业能够得到较快的发展。特别是，自 2012 年开始第三产业税收负担率呈逐渐降低的趋势，且降低的幅度有所增加，一方面说明刚刚启动的营业税改征增值税的结构性减税效果已经开始逐渐地发挥；另一方面也反映出推进“营改增”的必要性，即通过降低服务业特别是现代服务业税负水平促进现代服务业的发展是培植税源的长久之策。

从全国三次产业（这里仅考察第二产业和第三产业）的税收弹性系数（$产业税收弹性系数=\frac{产业税收增长率}{产业\ GDP\ 增长率}\times 100\%$）指标来看，如表 6-3

① 用全国财政收入占全国 GDP 的比重来衡量。

所示，第三产业税收弹性系数在2009年之前和之后基本呈现富有弹性的状态，2009年情况可能是受经济危机的影响，接下来几年税收弹性系数有所降低，可能是受“营改增”的影响。而第二产业税收弹性系数一直基本上相对偏低。2006—2015年，第二产业的平均税收弹性系数为1.09，2015年税收弹性系数的大幅提高在一定程度上说明第二产业在全国税收贡献中存在较大的潜力。第三产业的平均水平为1.17。这说明，第三产业在这10年间基本上都是富有税收弹性的。

表6-3　全国第二、三产业税收弹性系数（2006—2016）

年份	2006	2007	2008	2009	2010	2011	2012	2013	2014	2015	2016
第二产业	1	1.04	0.96	1.32	1.1	1.22	1.3	0.49	0.97	1.51	—
第三产业	1.45	1.68	1.12	0.71	1.35	1.33	1.63	0.96	0.91	0.58	0.63

数据来源：根据《中国统计年鉴（2017）》和《中国税务年鉴》（2008—2016）数据计算得出。

利用上文数据，可以测算出三次产业税收的协调系数，即产业税收贡献率（产业税收收入与税收总收入之比）与产业GDP比重之比。用于反映产业税收贡献与经济贡献的协调程度（见表6-4），全国第二产业在税收协调系数近10年都高于1，但是逐年呈现小幅度的下降，第二产业的税收贡献与经济贡献的匹配呈协调的趋势，基本维持在1.1左右。而第三产业10年间的平均税收弹性系数达到1.08，说明产业增长对税收收入增长是富有弹性的，10年间税收协调系数在1.1左右，即第三产业的税收贡献稍微有所超过经济贡献。第三产业税收协调系数是逐年有所增加，这说明第三产业的发展在对经济的贡献中也呈上升状态，第三产业在我国经济发展转型中逐步提升其自身的贡献。

表6-4　全国第二、三产业税收协调系数（2006—2016）

年份	2006	2007	2008	2009	2010	2011	2012	2013	2014	2015	2016
第二产业	1.21	1.14	1.13	1.15	1.13	1.12	1.09	1.07	1.07	1.10	1.09

续表

年份	2006	2007	2008	2009	2010	2011	2012	2013	2014	2015	2016
第三产业	1.01	1.08	1.09	1.05	1.07	1.08	1.11	1.13	1.12	1.09	1.10

数据来源：根据《全国统计年鉴》（2017）和《中国税务年鉴》（2008—2016）数据计算得出。

这意味着，现行税制结构在产业之间的税收利益格局基本稳定，在整个社会税收收入不变的情况下，税制结构变化如果使某一个产业税收贡献率下降必将导致另一产业税收贡献率的上升，进而税负水平上升（这从“营改增”后各年度的相关指标数据中可以看出）。从这个意义上讲，现行税制结构转型在税收利益格局上面临的第一个约束便是产业之间税负水平的重新权衡。同时，发展型税制结构意味着对第三产业的轻税负设置，显然，在目前的税收利益行业分布格局上看，如何在保持税制结构收入汲取能力稳定的条件下降低第三产业的税负水平也成为税制结构转型的一个现实约束，也正是在这一意义上讲，目前在营业税改征增值税的基础上推进的增值税改革如何能够有效降低第三产业的税收负担将成为税制结构转型试点的重要内容。同时，第二产业的发展是发展实体经济的重要内容，而第二产业的发展在税负结构上看应该给予低税负的刺激，但对第二产业的低税负与发展型税制结构中对资源环境税的内容相结合便会有一个税负水平的结构性增加，因此，如何通过对第二产业课税的结构性安排，特别是通过结构性减税的方式降低整体税收负担，同时实现对第二产业的结构性调整，是税制结构安排的重要挑战，显然，这需要对第二产业内部各行业税负分布进行分析。

二、不同行业之间的税收利益分布

由于现行税收统计中没有直接的分行业税收收入数据，间接的税收收入数据主要是在编制投入产出表时测算的生产税净额。因此，在进行行业之间税负结构比较时，本书用统计年鉴中的“生产税净额”①数据做近似的分析。由于生产税净额数据并非每年都有（最近10年的数据资料中仅有2007、2010年和2012年的生产税净额数据，见表6－5），因而在分析时，我们用已有的生产税净额数据来估算相关年度的行业税收收入数据，具体地看，我们用2007年各行业生产税净额占该年度生产税净额之和的比重分别乘以2007、2008、2009年税收收入总额来估算2007—2009年各行业的税收收入；用2010年各行业生产税净额占该年度生产税净额之和的比重分别乘以2010年和2011年税收收入总额来估算2010年和2011年各行业的税收收入；用2012年各行业生产税净额②占该年度生产税净额之和的比重分别乘以2012、2013、2014、2015年和2016年税收收入总额来估算2012年和2016年度各行业的税收收入。估算结果见表6－6和表6－7③。

表6－5　各行业生产税净额及其占比（2007—2012）　单位：亿元

行业	2007年		2010年		2012年	
	生产税净额	比重（%）	生产税净额	比重（%）	生产税净额	比重（%）
农、林、牧、渔业	47.8	0.13	78.35	0.13	—	—
采矿业	2516.34	6.54	5259.25	8.78	6172.03	8.07
食品、饮料制造及烟草制品业	3241.94	8.41	4668.49	7.79	6236.8	8.15
纺织、服装及皮革产品制造业	1906.01	4.95	1993.41	3.33	1774.42	2.32
其他制造业	1687.27	4.38	1827.91	3.05	2106.32	2.75
电力、热力及水的生产和供应业	1218.14	3.17	2164.49	3.61	2137.38	2.79

① 生产税净额实际上是各企业“主营业务及附加”会计科目的一个汇总，主要包括消费税、营业税、城市维护建设税、教育费附加、资源税和土地增值税。

② 2012年农林牧渔业生产税净额为－2895.66亿元。

③ 由于可能涉及“营改增”的影响，我们以2012年为界将我们的估算结果分别放在两个表格之中（本节下文的估算数据也依此分别放在两个表格之中）。

续表

行业	2007年		2010年		2012年	
	生产税净额	比重（%）	生产税净额	比重（%）	生产税净额	比重（%）
炼焦、燃气及石油加工业	1072.93	2.79	3215.77	5.37	4152.1	5.43
化学工业	2419.31	6.28	3550.2	5.93	3869.44	5.06
非金属矿物制品业	1351.95	3.51	1692.67	2.83	2505.94	3.28
金属产品制造业	3875.07	10.05	3351.89	5.59	4243.25	5.55
机械设备制造业	5920.96	15.36	7650.88	12.77	7414.44	9.69
建筑业	1800.37	4.68	4216.85	7.04	5121.47	6.69
运输仓储邮政、信息传输、计算机服务和软件业	1767.02	4.59	2263.26	3.78	1248.16	1.63
批发零售贸易、住宿和餐饮业	4820.3	12.49	9252.3	15.44	17166.49	22.44
房地产业、租赁和商务服务业	2288.62	5.95	4636.97	7.74	6615.96	8.65
金融业	1516.07	3.94	2555.16	4.26	3931.4	5.14
其他服务业	1068.62	2.78	1533	2.56	1806.29	2.36
生产税净额合计	38518.72	100	59910.85	100	76501.89	100

资料来源：《中国统计年鉴》（2012—2016）。

表6－6　分行业税收收入估算结果（2007—2011）　　单位：亿元

行业	分行业税收收入估算数				
	2007年	2008年	2009年	2010年	2011年
农、林、牧、渔业	59.31	70.49	77.38	95.17	116.66
采矿业	2983.68	3546.24	3892.71	6427.91	7879.03
食品、饮料制造及烟草制品业	3836.81	4560.22	5005.77	5703.12	6990.62
纺织、服装及皮革产品制造业	2258.29	2684.08	2946.32	2437.92	2988.29
其他制造业	1998.24	2375.00	2607.05	2232.93	2737.02
电力、热力及水的生产和供应业	1446.22	1718.89	1886.83	2642.91	3239.56
炼焦、燃气及石油加工业	1272.85	1512.84	1660.65	3931.42	4818.95

续表

行业	分行业税收收入估算数				
	2007 年	2008 年	2009 年	2010 年	2011 年
化学工业	2865. 06	3405. 25	3737. 96	4341. 40	5321. 49
非金属矿物制品业	1601. 33	1903. 26	2089. 21	2071. 87	2539. 60
金属制品制造业	4585. 01	5449. 49	5981. 92	4092. 48	5016. 38
机械设备制造业	7007. 53	8328. 77	9142. 52	9349. 02	11459. 59
建筑业	2135. 11	2537. 67	2785. 61	5154. 04	6317. 58
运输仓储邮政、信息传输、计算机服务和软件业	2094. 05	2488. 87	2732. 04	2767. 37	3392. 11
批发零售贸易、住宿和餐饮业	5698. 18	6772. 55	7434. 25	11303. 75	13855. 61
房地产业、租赁业和商务服务业	2714. 51	3226. 32	3541. 53	5666. 52	6945. 75
金融业	1797. 51	2136. 42	2345. 15	3118. 78	3822. 86
其他服务业	1268. 29	1507. 42	1654. 70	1874. 20	2297. 30
税收收入合计	45621. 97	54223. 79	59521. 59	73210. 79	89738. 39

表 6－7　分行业税收收入估算结果（2012—2016）　　单位：亿元

行业	分行业税收收入估算数				
	2012 年	2013 年	2014 年	2015 年	2016 年
农、林、牧、渔业	—	—	—	—	—
采矿业	8119. 57	8919. 83	9617. 45	10081. 22	10520. 11
食品、饮料制造及烟草制品业	8200. 06	9008. 25	9712. 79	10181. 16	10624. 40
纺织、服装及皮革产品制造业	2334. 25	2564. 31	2764. 87	2898. 20	3024. 37
其他制造业	2766. 89	3039. 59	3277. 32	3435. 36	3584. 92
电力、热力及水的生产和供应业	2807. 14	3083. 81	3324. 99	3485. 33	3637. 06
炼焦、燃气及石油加工业	5463. 36	6001. 82	6471. 22	6783. 28	7078. 59
化学工业	5091. 08	5592. 85	6030. 27	6321. 06	6596. 25
非金属矿物制品业	3300. 15	3625. 41	3908. 95	4097. 45	4275. 83
金属制品制造业	5584. 09	6134. 45	6614. 23	6933. 18	7235. 02
机械设备制造业	9749. 52	10710. 42	11548. 09	12104. 96	12631. 95
建筑业	6731. 10	7394. 50	7972. 83	8357. 30	8721. 13
运输仓储邮政、信息传输、计算机服务和软件业	1640. 01	1801. 65	1942. 56	2036. 23	2124. 88

续表

行业	分行业税收收入估算数				
	2012 年	2013 年	2014 年	2015 年	2016 年
批发零售贸易、住宿和餐饮业	22577.84	24803.09	26742.94	28032.54	29252.95
房地产业、租赁业和商务服务业	8703.14	9560.91	10308.66	10805.77	11276.20
金融业	5171.57	5681.28	6125.61	6421.00	6700.54
其他服务业	2374.50	2608.52	2812.54	2948.16	3076.51
税收收入合计	100614.28	110530.70	119175.31	124922.20	130360.73

我们将表6－6与表6－7中各行业的税收收入与对应的行业增加值之比定义为行业税负率。但由于2017年《中国统计年鉴》中“分行业增加值”中其他年份的统计口径只有“农、林、牧、渔业”和“采矿业”增加值数据与2007、2010年和2012年投入产出表中一致，而且，它们分别占当年增加值合计的比重大致相同，因此，我们首先用2007、2010年和2012年各行业增加值比重（表6－8）估算其他年度分行业增加值，为了口径统一，我们采用以下方式进行估算：用2007年各行业增加值比重分别与2007、2008、2009年的国内生产总值相乘来估算2007、2008、2009年各行业的增加值；用2010年各行业增加值比重分别与2010、2011年国内生产总值相乘来估算2010年和2011年各行业的增加值；用2012年各行业增加值比重分别与2013、2014、2015年和2016年的国内生产总值相乘来估算2012、2013、2014、2015年和2016年各行业的增加值；估算结果见表6－9和表6－10，并在此基础上估算行业税负水平（见表6－11和表6－12）。

表6－8　各行业增加值及其占比（2007—2012）　　单位：亿元

行业	2007 年		2010 年		2012 年	
	增加值	比重（%）	增加值	比重（%）	增加值	比重（%）
农、林、牧、渔业	28659.17	10.77	40533.6	10.04	52358.82	9.75
采矿业	13799.79	5.19	21991.52	5.45	26253.34	4.89
食品、饮料制造及烟草制品业	10178.45	3.83	14212.88	3.52	20699.48	3.86

续表

行业	2007年		2010年		2012年	
	增加值	比重（%）	增加值	比重（%）	增加值	比重（%）
纺织、服装及皮革产品制造业	8946.25	3.36	11352.62	2.81	13279.26	2.47
其他制造业	11243.72	4.23	13232.04	3.28	15222.29	2.84
电力、热力及水的生产和供应业	9357.91	3.52	12205.97	3.02	13335.7	2.48
炼焦、燃气及石油加工业	3974.16	1.49	5982.24	1.48	8118.13	1.51
化学工业	12592.82	4.73	18055.02	4.47	23201.25	4.32
非金属矿物制品业	6264.53	2.35	8793.39	2.18	11773.71	2.19
金属产品制造业	15615.68	5.87	19199.52	4.76	26236.35	4.89
机械设备制造业	28008.51	10.53	42724.38	10.58	49097.16	9.15
建筑业	14513.45	5.46	26660.98	6.60	36804.78	6.86
运输仓储邮政、信息传输、计算机服务和软件业	21003.75	7.89	28314.14	7.01	34734.22	6.47
批发零售贸易、住宿和餐饮业	22899.16	8.61	38623.39	9.57	59367.93	11.06
房地产业、租赁和商务服务业	16126.72	6.06	30567.04	7.57	42463.78	7.91
金融业	13431.28	5.05	20980.63	5.20	35187.75	6.56
其他服务业	29428.44	11.06	50219.63	12.44	68666.22	12.79
行业增加值合计	266043.8	100	403649	—	536800.2	—

资料来源：《中国统计年鉴》（2012—2016）。

表6－9　分行业年度增加值估算结果（2007—2011）　　单位：亿元

行业	年度分行业增加值估算数				
	2007年	2008年	2009年	2010年	2011年
农、林、牧、渔业	29104.02	34411.82	37596.07	41468.24	49125.78
采矿业	14025.06	16582.85	18117.32	22510.15	26666.88
食品、饮料制造及烟草制品业	10349.90	12237.44	13369.82	14538.67	17223.38

续表

行业	年度分行业增加值估算数				
	2007 年	2008 年	2009 年	2010 年	2011 年
纺织、服装及皮革产品制造业	9079.81	10735.72	11729.14	11606.15	13749.35
其他制造业	11430.83	13515.51	14766.14	13547.39	16049.06
电力、热力及水的生产和供应业	9512.18	11246.95	12287.67	12473.52	14776.88
炼焦、燃气及石油加工业	4026.46	4760.78	5201.31	6112.85	7241.65
化学工业	12781.99	15113.08	16511.55	18462.45	21871.74
非金属矿物制品业	6350.46	7508.61	8203.41	9004.06	10666.75
金属制品制造业	15862.64	18755.56	20491.08	19660.24	23290.71
机械设备制造业	28455.46	33644.98	36758.27	43698.61	51768.00
建筑业	14754.68	17445.55	19059.84	27260.00	32293.84
运输仓储邮政、信息传输、计算机服务和软件业	21321.33	25209.77	27542.52	28953.42	34299.97
批发零售贸易、住宿和餐饮业	23267.00	27510.28	30055.91	39527.00	46826.07
房地产业、租赁业和商务服务业	16376.08	19362.64	21154.33	31266.39	37040.06
金融业	13646.73	16135.53	17628.61	21477.58	25443.63
其他服务业	29887.69	35338.41	38608.40	51380.97	60868.99
国内生产总值	270232.3	319515.5	349081.4	413030.3	489300.6

表 6－10　分行业年度增加值估算结果（2012—2016）　　单位：亿元

行业	年度分行业增加值估算数				
	2012 年	2013 年	2014 年	2015 年	2016 年
农、林、牧、渔业	52685.82	58036.33	62787.47	67182.58	72499.59
采矿业	26423.97	29107.45	31490.33	33694.65	36361.33
食品、饮料制造及烟草制品业	20858.18	22976.43	24857.40	26597.41	28702.40
纺织、服装及皮革产品制造业	13347.07	14702.54	15906.16	17019.59	18366.56
其他制造业	15346.43	16904.94	18288.86	19569.08	21117.83
电力、热力及水的生产和供应业	13401.11	14762.06	15970.56	17088.49	18440.92
炼焦、燃气及石油加工业	8159.55	8988.19	9724.01	10404.69	11228.14
化学工业	23343.87	25714.56	27819.68	29767.05	32122.89
非金属矿物制品业	11834.05	13035.85	14103.03	15090.24	16284.52
金属制品制造业	26423.97	29107.45	31490.33	33694.65	36361.33

续表

行业	年度分行业增加值估算数				
	2012 年	2013 年	2014 年	2015 年	2016 年
机械设备制造业	49443.62	54464.86	58923.62	63048.27	68038.07
建筑业	37069.20	40833.77	44176.62	47268.97	51009.97
运输仓储邮政、信息传输、计算机服务和软件业	34961.77	38512.31	41665.12	44581.67	48109.98
批发零售贸易、住宿和餐饮业	59764.63	65834.03	71223.52	76209.16	82240.56
房地产业、租赁业和商务服务业	42743.06	47083.83	50938.34	54504.02	58817.61
金融业	35448.10	39048.03	42244.69	45201.82	48779.21
其他服务业	69112.99	76131.76	82364.27	88129.76	95104.59
国内生产总值	540367.4	595244.4	643974	689052.1	743585.5

表 6－11　行业税负率（2007—2011）

单位:%

行业	2007 年	2008 年	2009 年	2010 年	2011 年
农、林、牧、渔业	0.20	0.20	0.21	0.23	0.24
采矿业	21.27	21.38	21.49	28.56	29.55
食品、饮料制造及烟草制品业	37.07	37.26	37.44	39.23	40.59
纺织、服装及皮革产品制造业	24.87	25.00	25.12	21.01	21.73
其他制造业	17.48	17.57	17.66	16.48	17.05
电力、热力及水的生产和供应业	15.20	15.28	15.36	21.19	21.92
炼焦、燃气及石油加工业	31.61	31.78	31.93	64.31	66.54
化学工业	22.41	22.53	22.64	23.51	24.33
非金属矿物制品业	25.22	25.35	25.47	23.01	23.81
金属制品制造业	28.90	29.06	29.19	20.82	21.54
机械设备制造业	24.63	24.75	24.87	21.39	22.14
建筑业	14.47	14.55	14.62	18.91	19.56
运输仓储邮政、信息传输、计算机服务和软件	9.82	9.87	9.92	9.56	9.89
批发零售贸易、住宿和餐饮业	24.49	24.62	24.73	28.60	29.59
房地产业、租赁业和商务服务业	16.58	16.66	16.74	18.12	18.75
金融业	13.17	13.24	13.30	14.52	15.02
其他服务业	4.24	4.27	4.29	3.65	3.77

续表

行业	2007年	2008年	2009年	2010年	2011年
税收收入/GDP	16.88	16.97	17.05	17.73	18.34

资料来源：根据表6－6与表6－9的数据测算。

表6－12　行业税负率（2012—2016）　　单位：%

行业	2012年	2013年	2014年	2015年	2016年
农、林、牧、渔业	—	—	—	—	—
采矿业	30.73	30.64	30.54	29.92	28.93
食品、饮料制造及烟草制品业	39.31	39.21	39.07	38.28	37.02
纺织、服装及皮革产品制造业	17.49	17.44	17.38	17.03	16.47
其他制造业	18.03	17.98	17.92	17.56	16.98
电力、热力及水的生产和供应业	20.95	20.89	20.82	20.40	19.72
炼焦、燃气及石油加工业	66.96	66.77	66.55	65.19	63.04
化学工业	21.81	21.75	21.68	21.24	20.53
非金属矿物制品业	27.89	27.81	27.72	27.15	26.26
金属制品制造业	21.13	21.08	21.00	20.58	19.90
机械设备制造业	19.72	19.66	19.60	19.20	18.57
建筑业	18.16	18.11	18.05	17.68	17.10
运输仓储邮政、信息传输、计算机服务和软件	4.69	4.68	4.66	4.57	4.42
批发零售贸易、住宿和餐饮业	37.78	37.68	37.55	36.78	35.57
房地产业、租赁业和商务服务业	20.36	20.31	20.24	19.83	19.17
金融业	14.59	14.55	14.50	14.21	13.74
其他服务业	3.44	3.43	3.41	3.35	3.23
税收收入/GDP	18.62	18.57	18.51	18.13	17.53

资料来源：根据表6－7与表6－10的数据测算。

从以上数据的分析上看，除“农、林、牧、渔业”之外，我国现行税制结构和行业结构之间存在不协调性：各行业增加值排序中，“其他服务业”最高，其次是“机械设备制造业”“批发零售贸易、住宿和餐饮业”“运输仓储邮政、信息传输、计算机服务和软件业”等，但从税负水平上看，税负水平最高的是“食品、饮料制造及烟草制品业”，其次是“炼焦、

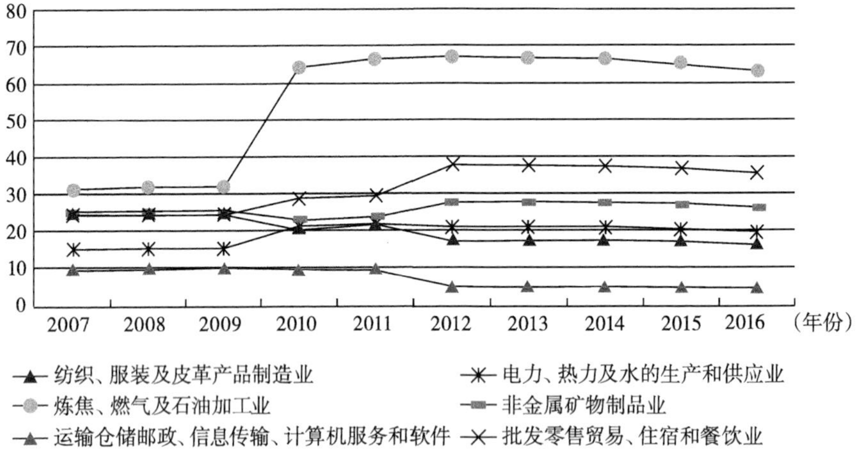

图 6－9　部分行业税负率（2007—2016）

燃气及石油加工业”“金属制品制造业”“非金属矿物制品业”“纺织、服装及皮革产品制造业”“机械设备制造业”“批发零售贸易、住宿和餐饮业”，“其他服务业”则远低于行业平均税负水平，这一结果与三次产业中第三产业较高的税负率水平相比可以看出，在我国，生产性服务业税负水平较高已经是现行税制结构在行业税收利益分布上的一个特点。另外，虽然 2009 年开始已经全面推行了增值税由原来的生产型增值税向消费型增值税的转型，但仍然没有改变制造业税负水平较高的状况。当然，一个合理的税制结构体系，在行业构成上应该对服务业进行低税设置。从这一角度看，我国现行税制结构在“其他服务业”高增加值的基础上实现了低税负设置，但对金融业相对较高的税负率水平则会成为阻碍金融部门发展的一个重要因素之一。同时由于生产制造业税负水平偏高，税制结构转型在如何保持“其他服务业”低税负的情况下降低这些生产制造行业、生产性服务业的税收负担，实现鼓励实体经济发展的目标是对税制结构转型的一个挑战，也因此构成了我国税制结构转型的一个约束条件。

三、地区间（省际）税收利益分布

地区之间（省际）税收利益分布状况可以通过宏观税负数据的比较进

行简单分析。由于在财政收入中税收收入比重持续增加，使财政收入占GDP的比重和税收收入占GDP的比重所反映的基本趋势是一致的，同时，地方财政收入中包含了中央政府对地方的税收返还等数据，因此，财政收入占GDP的比重更能够衡量实际税收负担。

表6－13　各地区历年宏观税负比较　　单位：%

年份 / 地区	2002	2003	2004	2005	2006	2007	2008	2009	2010
北京	17.36	16.72	16.90	18.10	19.23	20.79	22.62	22.69	22.77
天津	13.97	13.83	13.69	15.01	16.18	17.31	16.68	16.31	17.35
河北	8.17	8.19	8.55	9.06	9.41	9.78	9.86	10.47	10.49
山西	11.65	12.14	13.69	16.38	20.12	18.25	19.48	18.36	17.53
内蒙古	8.86	9.01	10.05	11.16	11.06	12.25	12.66	12.55	13.11
黑龙江	11.73	11.20	11.60	11.02	11.79	11.27	12.11	13.35	12.77
吉林	10.22	10.52	10.26	10.53	10.16	10.47	11.17	11.68	12.05
辽宁	10.99	11.29	13.14	13.45	13.84	14.73	14.66	16.36	16.76
上海	20.58	21.11	22.54	22.74	24.28	24.51	26.06	26.94	26.99
江苏	10.93	11.31	11.72	12.12	12.75	14.05	14.36	14.94	15.03
浙江	11.27	11.43	12.20	13.17	13.65	14.31	14.48	15.46	15.20
福建	8.94	8.99	9.76	10.59	11.28	11.70	11.76	12.04	12.12
河南	8.07	8.10	8.14	8.09	8.59	8.86	8.47	8.78	8.84
山东	8.99	8.84	9.13	9.38	9.86	10.21	9.89	10.27	10.81
安徽	9.53	9.48	9.78	10.57	11.46	11.79	12.40	13.09	13.97
江西	8.82	9.27	9.16	9.44	9.91	10.66	11.14	11.31	11.99
湖北	9.45	9.14	9.35	9.86	10.56	10.62	10.27	10.66	10.87
湖南	9.56	9.71	10.03	10.60	10.91	11.11	10.70	10.72	10.87
广东	13.06	12.28	12.55	13.02	13.48	14.19	14.50	14.85	15.51
广西	11.08	10.86	10.56	10.45	10.59	10.58	10.57	11.46	11.53
海南	9.90	10.76	10.86	11.61	11.64	13.38	13.92	17.75	19.60
重庆	10.44	11.32	11.67	12.56	13.57	15.31	15.70	13.82	16.10
四川	9.59	9.70	9.39	9.98	10.58	11.60	11.71	11.70	12.76
贵州	14.84	14.95	15.64	16.32	17.33	17.51	17.39	17.26	18.08
云南	20.15	19.96	19.77	19.68	21.22	21.05	21.51	21.96	22.68

续表

地区＼年份	2002	2003	2004	2005	2006	2007	2008	2009	2010
陕西	11.20	11.50	12.01	13.14	13.86	14.58	14.33	15.32	16.17
甘肃	11.33	11.72	11.77	11.75	11.60	12.79	13.21	16.05	15.44
青海	10.62	10.58	10.23	10.79	11.50	12.29	12.13	13.13	13.22
宁夏	11.16	10.73	11.66	13.00	13.78	14.19	14.04	13.41	14.49
新疆	12.09	11.54	12.59	12.75	13.39	14.55	15.06	16.54	16.55
西藏	5.94	5.80	6.06	6.21	6.61	7.72	8.37	8.85	9.46
全国	15.7	16.0	16.5	17.3	17.9	19.3	19.5	20.1	20.7

资料来源：《中国财政年鉴》（2011）。其中，宏观税负用财政收入占 GDP 的比重来衡量，各地区的财政收入数据用的是各地区地方本级财政收入加消费税和增值税的75%，全国财政收入中不包括国内外债务收入。

从表 6－13 中的历年数据来看，经济比较发达的北京、上海历年宏观税负水平均高于全国水平，但同时，经济不发达的地区税负水平也保持了较高的水平，比如，欠发达的云南省税负水平也持续高于全国水平，而贵州、陕西、新疆等欠发达地区的宏观税负水平与经济发达的广东省基本一致（并有赶超势头）。这说明，我国现行税制结构并没有对地区之间的经济发展差距做出反应。从变化趋势上看，在 2002 年至 2010 年，各地区宏观税负水平基本保持稳定，这也说明现行税制结构对地区之间产生了相对稳定的税收利益分布。

但是，要更好地把握地区之间的税收利益分布状况，需要分析地方税收收入与税源的一致性问题。税源与税收收入的一致性问题的核心是关注是否存在税源外流的问题。对这一问题的判断和分析可以沿着以下步骤进行：

1. 地区 GDP 位次和税收负担位次比较

根据各省、自治区、直辖市地方税收收入、地区生产总值相关数据计算并排列地区 GDP 位次、税收负担位次，比较两个位次之间的差异。一般来说，地区 GDP 可以看作地区的经济税源，在税制体系既定的情况下，即在名义税负既定的情况下，税收负担位次应该与地区 GDP 的位次相一致。如果两者之间的位次不同，便意味着税源的流出（入）。具体来说，当地区税收负担位次相对滞后于地区 GDP 位次，意味着存在税源的流出；反之，当地区 GDP 位次相对滞后于地区税收负担位次，意味着存在税源的流入。

根据《中国统计年鉴》（2012—2016）各省、自治区、直辖市地方税收收入、地区生产总值相关数据计算并排列地区 GDP 位次、税收负担位次和税收弹性位次以及税收收入净流入的位次，通过分析各地区之间税收收入与税源的协调性，判断全国的基本情况。

表 6－14　2011—2015 年各省、自治区、直辖市 GDP 及税收负担排序

地区	2011 年		2012 年		2013 年		2014 年		2015 年	
	地区GDP位次	税收负担位次	地区GDP位次	税收负担位次	地区GDP位次	税收负担位次	地区GDP位次	税收负担位次	地区GDP位次	税收负担位次
北京	13	1	13	1	13	1	13	1	13	2
天津	20	9	20	14	19	11	17	9	19	7
河北	6	28	6	28	6	28	6	28	7	25
山西	21	14	21	13	23	13	24	14	24	16
内蒙古	15	21	15	22	15	22	15	23	16	21
辽宁	7	8	7	7	7	8	7	17	10	29
吉林	22	23	22	23	21	24	22	27	22	26
黑龙江	16	24	17	25	17	27	20	26	21	28
上海	11	2	11	2	12	2	12	2	12	1
江苏	2	13	2	11	2	12	2	11	2	8
浙江	4	5	4	9	4	7	4	7	4	6
安徽	14	18	14	19	14	19	14	18	14	17
福建	12	20	12	21	11	20	11	20	11	20
江西	19	22	19	20	20	17	18	15	18	11
山东	3	25	3	26	3	26	3	25	3	24
河南	5	30	5	31	5	30	5	30	5	30
湖北	10	29	9	27	9	25	9	24	8	23
湖南	9	31	10	30	10	31	10	31	9	31
广东	1	11	1	10	1	9	1	6	1	5

续表

地区	2011年		2012年		2013年		2014年		2015年	
	地区GDP位次	税收负担位次	地区GDP位次	税收负担位次	地区GDP位次	税收负担位次	地区GDP位次	税收负担位次	地区GDP位次	税收负担位次
广西	18	27	18	29	18	29	19	29	17	27
海南	28	3	28	3	28	3	28	3	28	3
重庆	23	10	23	15	22	15	21	13	20	10
四川	8	17	8	18	8	18	8	19	6	18
贵州	26	6	26	6	26	4	26	4	25	4
云南	24	4	24	4	24	5	23	5	23	13
西藏	31	15	31	5	31	14	31	10	31	12
陕西	17	16	16	16	16	21	16	21	15	22
甘肃	27	26	27	24	27	23	27	22	27	19
青海	30	19	30	17	30	16	30	16	30	15
宁夏	29	12	29	12	29	10	29	12	29	14
新疆	25	7	25	8	25	6	25	8	26	9

数据来源：根据《中国统计年鉴》（2012—2016）数据计算得出。

从表6－14近5年的地区GDP位次和税收负担位次可以看出，5年内各个省、自治区、直辖市的位次变化不大基本相同，可以看作一个整体来分析。从表中可以看出西部各省、自治区、直辖市税收负担较重，除了四川、广西、内蒙古、陕西4个地区税收负担相对较轻，其余8个省区的税收负担与其GDP规模均不相匹配，属于全国税收负担较重的地区。从数据中可以看出贵州、云南、新疆是地区GDP位次和税收负担位次相差最大的几个省份，贵州省GDP5年内有4年排在全国第26位，有1年为第25位，但其税收负担5年内为全国第4位或第6位；云南省的GDP排在全国第24位或第23位，但其税收负担前4年却为全国第5位或第4位，第5年变为第13位，但依旧远高于其地区GDP位次；新疆的GDP排在全国第25位，但其税收负担为全国第8位左右；宁夏GDP排全国第29位，但其税收负担排全国第12位左右；西藏GDP排全国第31位，但其税收负担5年内最低排全国第 15 位，最高排到全国第 5 位；重庆 GDP 排全国第 22 位左右，但其税收负担在全国第 10 位到第 15 位波动；青海 GDP 排全国第 30 位，但其税收负担排全国第 16 位；甘肃 GDP 排全国第 27 位，但其税收负担呈逐渐上升的趋势，从 2011 年的第 26 位逐渐上升到 2015 年的第 19 位。

中部地区省份的总体税收负担相对较轻，除了山西和江西税收负担相对较重外，山西省 5 年间 GDP 排全国第 21～24 位，但其税收负担却是中部地区最重的省份，排全国第 13 位或第 14 位；而江西省 2013 年之前税收负担高于 GDP 的位次，但是从 2013 年之后税收负担位次明显上升，GDP 排全国第 18～20 位，而其税收负担却逐渐上升到全国的第 11 位，其他省份税收负担均较轻。安徽 GDP 排全国第 14 位，其税收负担排名有小幅度上升，从全国第 19 位上升到第 17 位，但依旧低于地区 GDP 位次；吉林 GDP 排全国第 22 位，但其税收负担近 5 年有所下降，2014 年降到全国第 27 位；湖北 5 年 GDP 排全国第 9 位左右，税收负担排名虽有上升，但与地区 GDP 的位数依旧相差巨大；黑龙江 GDP 与税负 5 年来同时下降，GDP 降到排全国第 21 位，但其税收负担降到全国第 28 位；河南 GDP 排全国第 5 位，但其税收负担排全国第 30 位，相差幅度最大；湖南 GDP 排全国第 9 位或第 10 位，但其税收负担排全国第 31 位。

东部地区省份税收负担总体较轻，除了北京、天津、上海和海南税收负担较重，北京和上海 2011—2015 年税负排在全国的前两位，但是北京 GDP 排全国第 13 位，上海 GDP 排全国第 12 位；海南 GDP 和税负排名 5 年内没有变化，GDP 排全国第 28 位，而其税收负担排全国第 3 位；天津 GDP 排全国第 19 位或第 20 位，而其税收负担 2012—2013 年虽有所下降，但 2014 反而升高到了全国第 7 位；其他省份税收负担都比较轻。辽宁 2011—2013 年 GDP 排全国第 7 位，而其税收负担排全国 8 位，基本持平，自 2014 年起税负突然下降，降到全国排名第 29 位；江苏 GDP 排全国第 2 位，而其税收负担排全国 12 位；浙江 GDP 排全国第 4 位，而其税收负担排全国第 5—9 位；福建 GDP 排全国第 11—12 位，而其税收负担排全国第 20 位；山东是东部地区 GDP 与税负相差最大的省份，2011—2015 年 GDP

排全国第3位，而其税收负担排全国26位左右；广东GDP排全国第1位，而其税收负担有所上升，上升到第5位，但依旧小于地区GDP位数。

从理论上讲，如果把GDP看作经济税源，那么，地方税收负担率排位应该与GDP的排位相一致。总体上来看，西部地区的税负较重，而中东部的相对较轻，GDP排名前十的省份的税负排名都相对较低，例如山东、河南、河北GDP位次和税负排名相差极大，一个可能的原因是存在着税源外流问题，即理论上的税基（可看作GDP）存在一部分没有转化成相关省份的实际税基。但要准确把握地区之间税负水平，还需引入相对指标来考察。

2. 各地区税收弹性系数与税收负担率的结合分析

由于税收弹性系数是反映税收收入增长率与国内生产总值（GDP）增长率之间比例关系的重要指标，我们借此来考察个地区之间的税负状况，即在上述分析的同时利用地方税收收入弹性系数，分析税源流失的敏感性，并结合地方税收负担率分析地方税收负担变化趋势与税源流出（入）的变化趋势。

表6-15　2011—2015年各省、自治区、直辖市税收弹性及其排序

地区	2011年		2012年		2013年		2014年		2015年	
	地区税收弹性	税收弹性位次	地区税收弹性	税收弹性位次	地区税收弹性	税收弹性位次	地区税收弹性	税收弹性位次	地区税收弹性	税收弹性位次
北京	1.77	4	0.94	29	1.16	26	1.28	18	1.32	7
天津	1.30	21	0.72	31	1.55	9	1.51	11	1.19	13
河北	1.26	23	1.87	4	1.50	13	2.38	1	2.79	2
山西	1.18	26	2.53	2	1.92	2	-0.30	30	-174.92	30
内蒙古	1.34	16	1.29	27	1.30	22	0.58	27	16.14	1
辽宁	1.48	10	1.47	18	0.93	29	-1.46	31	-196.84	31
吉林	1.92	3	1.69	8	1.36	20	0.56	28	-1.04	25
黑龙江	1.55	9	1.47	19	1.61	7	1.75	4	-33.72	29
上海	1.45	13	1.56	16	1.33	21	1.39	13	2.29	3

续表

地区	2011 年		2012 年		2013 年		2014 年		2015 年	
	地区税收弹性	税收弹性位次	地区税收弹性	税收弹性位次	地区税收弹性	税收弹性位次	地区税收弹性	税收弹性位次	地区税收弹性	税收弹性位次
江苏	1.32	20	1.58	14	1.26	24	1.21	21	1.30	8
浙江	1.19	25	1.29	26	1.10	27	1.36	15	1.21	12
安徽	1.17	27	1.42	20	1.41	18	1.35	16	1.14	14
福建	1.56	8	1.22	28	1.79	5	0.99	23	0.30	23
江西	1.38	14	2.43	3	1.82	4	1.90	3	1.53	5
山东	1.33	17	1.67	10	1.52	12	1.61	7	0.99	15
河南	1.46	12	1.65	11	2.29	1	1.24	19	1.30	9
湖北	1.62	6	1.81	5	1.85	3	1.60	8	1.44	6
湖南	1.12	28	1.69	7	1.52	11	1.09	22	1.90	16
广东	1.25	24	1.59	13	1.44	16	1.51	12	1.80	4
广西	0.92	31	1.63	12	1.37	19	1.38	14	0.76	17
海南	1.11	29	1.41	21	1.54	10	1.65	5	1.22	11
重庆	1.59	7	0.72	30	1.22	25	1.31	17	1.29	10
四川	1.35	15	1.39	22	1.43	17	1.22	20	0.33	22
贵州	1.30	22	1.56	15	1.29	23	1.53	10	0.73	18
云南	1.11	30	1.30	25	0.97	28	0.17	29	-0.29	24
西藏	4.19	1	3.37	1	0.13	31	1.55	9	0.62	20
陕西	1.33	18	1.36	23	0.91	30	0.69	26	-1.81	26
甘肃	1.33	19	1.79	6	1.67	6	2.17	2	-11.85	28
青海	1.47	11	1.68	9	1.60	8	1.63	6	0.65	19
宁夏	1.63	5	1.48	17	1.46	14	0.80	24	0.41	21
新疆	1.97	2	1.31	24	1.46	15	0.76	25	-5.30	27

数据来源：根据《中国统计年鉴》（2012—2016）数据计算得出。

从表 6-15 的分析来看，2011、2012 年全国各省、自治区、直辖市税收收入增长都基本或者绝对是富有弹性的；2013 年除西藏以外都富有弹性，2014、2015 年个别省份出现负值，即出现税收没增长反而降低，但是总体上大部分还是富有弹性。分析弹性应该与单个年份中的与税收负担率一起分析，因为地区税收弹性高的一个结果就是该地区宏观税负的提高。因此，就地区税收弹性指标而言，协调程度与地区的发达程度有紧密的关系，西部地区的税负水平与其经济发展水平不相协调，宏观税负最重，中部次之，东部发达地区宏观税负较轻。税收收入可持续性本有的含义中包含合意性，也就是说，从理论上讲，一个地区拥有多大规模的税源就应获得多少税收，即如果税收负担率和税收收入弹性与其经济规模相一致，这才能称之为可持续性。但是，从上文分析中可以看出，一些地区，税收负担率和税收收入弹性排位都在前列，而地区生产总值的排位却是居于后位，很多情况下发现税收负担率和税收弹性与其经济规模并不是一致的。类似的这种情况只能说明税源存在着流失。当一个地区生产总值排位与其税收负担率排位不相一致时，就存在着税收与税源的背离。税收与税源的背离意味着区域之间有些地区是税收净流入地，有些地区是税收的净流出地。

3. 构造税收转移指标衡量税收转移程度

构造税收转移指标衡量税收转移的程度，可以简单地用各地税务机关（国税和地税）组织的税收收入总量（即区域税收收入总量）占全国税收收入的比重，减去区域经济总量占全国的比重来衡量。若该差额为零，表示该区域税收与税源一致，基本不发生背离；该差额为正，表示该区域为税收转入地；该差额为负，则表示该区域为税收转出地。

由此可知，如果前两个步骤探讨的是经济因素或税制因素产生的税收收入与税源的背离，那么第三个步骤探讨的便是财税体制因素引致的税收收入与税源的背离。

我们用2012—2016年《中国税务年鉴》和《中国统计年鉴》的统计数据做相应的计算如表6－16所示。

表 6－16　2011—2015 年各地区税收转移指标及其排序

地区	2011 年		2012 年		2013 年		2014 年		2015 年	
	税收转移	位次	税收转移	位次	税收转移	位次	税收转移	位次	税收转移	位次
北京	0.0476	2	0.0486	2	0.0531	2	0.0559	2	0.0569	2
天津	0.0127	3	0.0102	3	0.0093	3	0.0087	3	0.0051	3
河北	-0.0188	27	-0.0179	27	-0.0177	26	-0.0167	26	-0.0156	25
山西	-0.0017	11	-0.0015	11	-0.0024	11	-0.0036	12	-0.0048	13
内蒙古	-0.0085	18	-0.0093	21	-0.0094	21	-0.0116	21	-0.0100	21
辽宁	-0.0186	26	-0.0170	26	-0.0179	27	-0.0197	29	-0.0226	29
吉林	-0.0069	17	-0.0068	16	-0.0062	16	-0.0062	14	-0.0066	16
黑龙江	-0.0068	16	-0.0064	15	-0.0058	15	-0.0063	15	-0.0080	19
上海	0.0610	1	0.0566	1	-0.0544	1	0.0567	1	0.0664	1
江苏	-0.0063	15	-0.0082	18	-0.0087	18	-0.0079	18	-0.0060	14
浙江	-0.0163	24	-0.0154	23	-0.0154	25	-0.0148	25	-0.0146	24
安徽	-0.0089	19	-0.0092	20	-0.0092	20	-0.0085	19	-0.0077	18
福建	-0.0154	23	-0.0154	24	-0.0145	23	-0.0145	24	-0.0158	26
江西	-0.0090	20	-0.0082	17	-0.0075	17	-0.0068	17	-0.0060	15
山东	-0.0435	31	-0.0425	31	-0.0428	31	-0.0429	31	-0.0444	31
河南	-0.0303	30	0.0288	30	-0.0268	30	-0.0261	30	-0.0248	30
湖北	-0.0167	25	-0.0160	25	-0.0151	24	-0.0145	23	-0.0132	23
湖南	-0.0202	28	-0.0194	28	-0.0187	28	-0.0192	27	-0.0187	27
广东	-0.0211	29	-0.0204	29	-0.0205	29	-0.0193	28	-0.0191	28
广西	-0.0095	21	-0.0087	19	-0.0090	19	-0.0091	20	-0.0092	20
海南	0.0013	6	0.0012	5	0.0010	5	0.0011	5	0.0012	4
重庆	-0.0056	14	-0.0060	14	-0.0053	13	-0.0049	13	-0.0046	12
四川	-0.0149	22	-0.0141	22	-0.0131	22	-0.0130	22	-0.0131	22
贵州	-0.0009	9	-0.0008	10	-0.0006	9	-0.0005	8	-0.0012	10
云南	0.0026	4	0.0027	4	0.0023	4	0.0017	4	0.0003	5
西藏	-0.0002	7	0.0001	7	-0.0002	7	-0.0001	7	-0.0001	6
陕西	-0.0036	13	-0.0043	13	-0.0055	14	-0.0067	16	-0.0069	17
甘肃	-0.0024	12	-0.0023	12	-0.0028	12	-0.0026	11	-0.0012	11
青海	-0.0008	8	-0.0008	9	-0.0007	10	-0.0008	10	-0.0010	9

续表

地区	2011年		2012年		2013年		2014年		2015年	
	税收转移	位次	税收转移	位次	税收转移	位次	税收转移	位次	税收转移	位次
宁夏	-0.0009	10	-0.0007	8	-0.0005	8	-0.0006	9	-0.0006	8
新疆	0.0014	5	0.0012	6	0.0006	6	0.0002	6	-0.0003	7

数据来源：根据2010—2015年《中国税务年鉴》和《中国统计年鉴》数据计算得出。

由表6-16的计算结果可以明显地看出，全国各个省、自治区、直辖市税收转移指数都没有太大的变化，每个省、自治区、直辖市的排名也没有较大的变化，基本上稳定，这说明税收的净流出（入）是一个长期存在的情况。同时大部分的省、自治区、直辖市税收转移的指数为负值，说明大部分省份都或多或少地存在税收净流出。但是北京市和上海市、天津市等5年内税收转移的指数为正值，所以是税收收入净转入地区，而且，2011—2015年上海市、北京市、天津市在净转入排位中稳居前三的位置，没有变化，税收净转入程度高于其他省份。排在后三位的广东省、河南省、山东省则是税收净流出地，由表6-16可知，在2011—2015年这5个年度，河南省税收转移指标排位分别为29、30和31，这说明了相对于其他省份，广东省、河南省、山东省的税收净流出是最大的几个省份。

目前来看，现行税收制度可能引起的税收流动因素要考虑以下几个方面：

一是现行税收征管中税收属地主义原则与属人主义原则的冲突。在税收征管中，一般奉行的是属地主义原则，但在我国，属地主义原则并没有在《税收征收管理法》中明确，反倒是在各个税种的征收管理中散布了属地主义、属人主义等诸多原则，而这种多重管辖原则的相互交织导致税收的区域转移是不可避免的。比如，如果采用属人主义原则进行税收征管，那么，当企业采用“总公司—分公司”模式时，所涉及的增值税、营业税、城市维护建设税、教育费附加税等都要在公司注册地进行缴纳，这便使分公司所在地税收向总公司所在地流动。因此，对地方税收收入可持续性进行分析需要将税制的相关规定和该地区企业组织形式、行业结构等结合进行分析。

二是行业税收征管因素。在我国，比较典型的是海洋石油企业、金融机构、铁路运输等行业需要汇总到总机构所在地缴纳相应税收，这将导致税收由产生地向总机构所在地的转移。

三是转让定价因素。总、分公司之间和母、子公司之间往往可以通过转让定价等内部交易形式转移计税依据，导致税收的跨地区流动。

四是不合理的区域税收优惠政策。这主要表现在两个方面，即税收相关法律法规确定的对高新技术开发区、民族自治地区、经济开发区等特定区域的优惠条款导致了税收的区域间转移；各地方隐形的、变相的税收优惠政策导致税收的跨区域转移。

上述分析表明，税制结构转型中如何在税制结构设置中考虑区域差距的变量，将区域之间税负公平性问题考虑进税制结构重构之中，是发展型税制结构的应有之义。显然，这种固化了的税收区域利益格局的调整不单涉及税制结构本身，更需要在财政体制调整的基础上进行良好性质的税制结构的设置，比如，在税制要素安排中，合理安排纳税地点，比如，可设计跨区域公司就地申报，总部机构汇总申报并抵扣分支机构已纳税款等方式，以实现各地区实现的税收收入与各地财政收入的对等，解决地方政府之间恶性的税收竞争。这也是解决地区之间税收利益分布不均的重要手段之一。

任何税制结构下，三次产业之间、行业之间和区域之间都会存在既定的税收利益分布，但一个良好性质的税制结构应该能够与产业结构、行业结构、区域结构发展保持一致，并随着它们的变动而弹性变动。我国现行税制结构固化了税收利益的分布格局，使不同产业、不同行业、不同地区之间的税负水平保持了长时期的稳定，即税负水平持续较高和持续较低的现象成为一种固化的模式。这种固化的税负分布在持续的稳定中形成了既定的利益格局，这样的利益格局才是现行税制结构给中国税制结构转型带来的最大的障碍。因此，任何税制调整都会引起特定群体的质疑并设置障碍，显然，这需要通过税收法治环境的优化为税制结构转型建立良好的制度基础。

第三节 现行税收法治环境弱化了税制转型的制度基础

“优化税制结构，逐步提高直接税比重”是《深化财税体制改革总体方案》（以下简称《方案》）对税制结构转型的一般界定。税制结构转型需要有一个良好的税收法治环境为税制结构转型提供制度基础。税制结构转型或者更优性质的税制结构的建立需要经过顺畅的税收制度调整程序，这一程序使政府与公众之间通过良好的沟通在法律层面达成一致，这将有利于税收法律制度的执行，并实现较好的税收遵从。正是从这一角度考虑，《方案》提出并强调了“推进依法治税”，然而，从目前情况看，我国现行税收法治环境在税收法律制定、执行和遵从等方面存在的缺陷，从而在一定程度上成为税制结构转型的重要环境约束。因而，推进税制结构转型，优化税收法治环境，需要从整体上把握我国现行税收法治环境如何制约税制转型。

一、税收制度调整程序的理论分析

从理论分析的角度看，税收制度调整程序实际上涉及的是政府与公众的关系问题。从税制变迁的角度看，税制结构变迁最终要通过政府强制性的税收法律制度来实现，但税制结构毕竟涉及社会利益格局的调整，因此，这种强制性制度变迁背后不可避免地涉及不同利益（不同纳税人之间的利益、纳税人与政府之间的利益等）之间博弈而形成的诱致性因素。这些诱致性因素在强制的制度变迁中能否得到体现以及体现的程度如何将直接决定税制结构执行成本的高低，进而影响税收实现程度①，即一个合理的、能够保证最大限度税收遵从的税收制度的建立过程需要建立政府和公

① 陈少克，陆跃祥. 税制结构变迁与调整的理论分析——非均衡状态、变迁主体与发展路径[J]. 云南财经大学学报，2012(5)：36－43.

众之间的有效互动关系。

（一）公共产品理论和公共选择理论的基本分析

公共产品理论认为，政府和公众之间是通过税收与公共产品之间的关系相连接的，即公众向政府支付税收，换取政府提供的公共物品。因为这里假设政府是一个仁慈的政府，因而，政府和公众之间是一种理论上的和谐关系，即政府通过对公众偏好的把握尽可能地满足公众的社会需要。传统财政理论中，政府和公众的关系还存在“用脚投票”的机制，即公众通过在不同区域之间的流动，以选择能够尽可能满足自身公共需要的区域居住，而地方政府为了争取尽可能多的财政收入也尽可能地满足本区域居民的需要，以降低相对税负。

公共选择理论认为，政府和公众都是追求自身利益最大化的行为主体，政府和公众之间的关系通过选票相连接，公众通过选票表达自己对公共物品和公共服务的偏好，并以此选择政治家，政治家选择政府来实现自己的追求。在这一理论体系中，政府行为受到公众选票的约束，因而，政府的政策方向通常要受到公众利益导向的影响。由于公众内部利益偏好不同，进而产生了不同的利益集团，各利益集团通过自身的方式对政府政策施加影响，这成为政府与公众关系中的一个重要内容。

公共产品理论和公共选择理论对政府与公众关系分析的视角有差异，但其中有共同的地方，即要充分考虑公众的偏好：在公共产品理论中，由于税收是对公共产品的“支付”，因此，这个价格水平的高低（即税收制度确定的税率水平）和公共产品的数量、质量（税收制度决定的公共支出水平）都应该根据公众的偏好来确定。但由于公众偏好表露上存在问题，因此，公共选择理论才从政治程序上设置“选票”来表达公众偏好，虽然，投票有不同的规则，但这却说明税收法律制度的制定与实施过程中与公众沟通的必要性（决定其效率水平）。尽管在公众偏好显示过程中可能出现特定利益集团对公众利益的“挟持”，但不同利益集团之间的角逐至少比政府部门一元化活动更有效率，尽管在现实中要尽可能把握并权衡不同利益集团之间的利益诉求。

（二）税收意识与税收控制的理论分析

一个具有良好性质的税制结构的形成过程实际上是政府和公众相互之间良好沟通的结果。而在税收领域中，政府与公众之间的这种关系还可以通过税收意识和税收控制来反映。如果用 TS、TC 和 TI 分别表示一个良好性质的税制结构、税收控制和税收意识，则 $TS=F(TC, TI)$，对此可以做如下分析：

关于税收控制，虽然一般意义上的税收控制通常注重的是税收实施过程中的微观行为[①]，但完整的税收控制应该包括三个层面的规范：第一层面的税收控制表现为国家通过税收制度、税收政策的制定和调整，维护社会秩序的过程；第二层面的税收控制表现为税务系统通过税收征管调节和制约社会经济关系的过程；第三层面的税收控制则表现为税务系统内部的调整和控制，其目的是更好地实施其维护社会秩序的目的[②]。显然，这三个层面中，第一层面的税收控制是根本，决定了第二、第三层面的税收控制，第二、第三层面的税收控制则是对第一层面税收控制的具体反映。

关于税收意识，从广义上看，税收意识包括税收文化、税收伦理等内容，作为社会意识的重要组成部分，税收意识是征税意识、纳税意识、用税意识等要素的总和，也是一个社会对税收的整体感觉、要求、期待、评价、认识等观念和理论的综合[③]。显然，税收意识是税收控制的对象，也是税收控制实施效果的决定因素之一。

因此，一个良好的税收控制的设置必须在充分考虑了社会税收意识和其他社会环境因素的前提下才能施以有效的控制。同时，税收意识常常又受到税收控制的影响，比如，如果第一层面的税收控制为社会设置的以透明度低的税制结构为特征的税收制度约束，那么，由于纳税人的主体意识低下，则纳税意识、用税意识也将是低下的，同时，如果第二、第三层面

① 王磊. 税收社会学[M]. 北京：经济科学出版社，2011：66－70.

② 显然，王磊（2011）仅关注了税收控制的后两个层面的含义。而第一个层面往往是税收领域改革或改良需要考虑的关键问题。

③ 王磊. 税收社会学[M]. 北京：经济科学出版社，2011：55－56.

的税收控制中人为因素增加，这也将导致纳税意识的低下。因而，税收控制便成为三个层次税收控制和税收意识以及社会环境变量的函数，用 TC_1、TC_2 和 TC_3 分别表示三个层次的税收控制，λ 表示社会环境因素变量：则税收控制可表示为 $TC = f(TC_1, TC_2, TC_3, TI, \lambda)$，同时，用 TI_Z、TI_n 和 TI_y 分别表示征税意识、纳税意识和用税意识，那么税收意识便可表示为三种意识（即征税意识、纳税意识和用税意识）和税收控制、税制结构及社会环境变量的函数，即 $TI = g(TI_Z, TI_n, TI_y, TC, T, \lambda)$。税收控制和税收意识就分别成为对方函数的变量，一个具有良好性质的税制结构也因此变成一个复杂的复合函数，即 $TS = F[f(TC_1, TC_2, TC_3, TI, \lambda), g(TI_z, TI_n, TI_y, TC, TS, \lambda)\varepsilon]$（其中，$\varepsilon$ 为其他技术性变量）。该函数形式本身就说明，一个具有良好性质的税制结构的建立需要建立在税收控制和税收意识的不断交流的基础上。从这个意义上讲，税收意识和税收控制之间的关系，进而政府与公众之间的关系便可以通过图 6－10 反映。

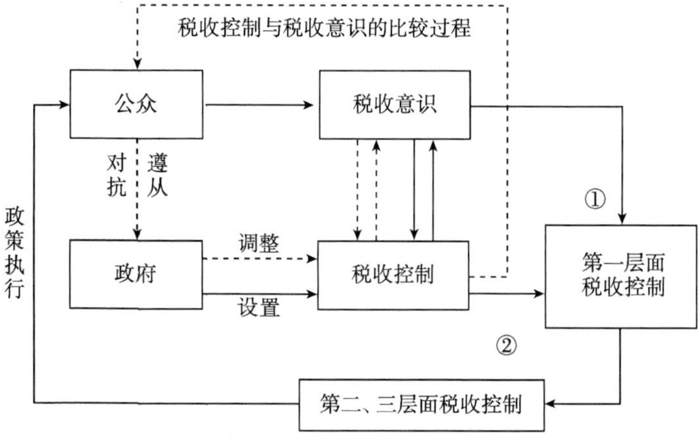

图 6－10　税收意识与税收控制关系

如图 6－10 所示，一个国家税收制度和税收政策的制定要充分考虑当前社会的税收意识。从某种意义上说，一个国家税收意识水平在税收制度和税收政策的制定过程中起着决定性的作用：充分考虑税收意识的税收制度和税收政策，往往通过第一层面税收控制，并经由第二、三层面的税收控制施于公众才能够产生对应的税收遵从（或不遵从），进一步通过税收意识对税收制度或税收政策的完善提供依据（①）；同时，还可以直接通过第二、三层面的税收控制，强制性地改变公众的纳税行为（②），如强化税收征管等，但这往往带来税收征纳关系的紧张。①和②的关系可用图6－10中的实线循环反映。实际上，税收控制和税收意识之间是一个不断磨合的过程，特别是在政策制定过程中，经常出现的是在税收制度和政策付诸实施之前，要在税收控制和税收意识之间进行不断的比较、权衡（如图6－10中的虚线循环），以使政府的征税行为和公众的纳税行为相协调。

因而，图6－10中所反映的这一关系便构成税制改革过程的约束关系。显然，这一约束关系不仅表现在税收意识和税收控制之间的相互关系和过程，更重要地体现在政府和公众之间目标函数的不同。一个良好的税收意识环境能够促进税制结构的不断完善，同样，政府充分的顶层设计也能促进税制结构的不断完善，两者之间的结合是一个理想状态。但税收意识和税收控制两者任何一个方面不健全都将阻碍税制结构的不断完善。

二、我国现行税收法治环境与税收制度调整程序

（一）我国现行税收法治环境

本书将税收法治环境的内容定义为：税收法律体系环境、税收法律执行环境和税收法律遵从环境。其中，税收法律体系环境主要用现行税法以及税收相关法律体系反映；而税收法律执行环境强调的是相关国家机关执行税收相关法律的过程中造就的税收法治环境，主要是税务机关对税收法律的执行；税收法律遵从环境主要是纳税人在税法体系和税务管理环境下的行为选择和效果。

1. 现行税收法律体系环境

我国现行税收法律体系包括税法和税收相关法律。其中税收相关法律是指除单行的税法之外的其他法律法规或相关条款，主要包括两类：其一

是与税法密切相关的行政法、民商法、刑事法律和诉讼法律制度等[1]；其二是散见于我国其他法律法规之中的涉税条款，如《刑法分则》中对危害税收征管罪等的规定，对涉税犯罪立案标准的界定等。税法包括税收实体法和税收程序法：税收程序法在我国指的是《中华人民共和国税收征收管理法》，是对税收的征收管理程序和过程进行规定的法律规范；税收实体法主要是对具体税种进行规定的税收法律法规。包括：全国人大制定的税收法律（如《中华人民共和国企业所得税法》《中华人民共和国个人所得税法》）；经全国人大授权国务院制定的税收暂行条例（如《中华人民共和国增值税暂行条例》等我国多数税种的立法形式）和实施条例（如《〈中华人民共和国企业所得税法〉实施条例》《〈中华人民共和国个人所得税法〉实施条例》等税收法律实施过程中的具体问题规定）；经国务院授权由财政部、国家税务总局制定的税收法规的实施细则和其他管理办法（如《〈中华人民共和国增值税暂行条例〉实施细则》等税收法规执行中具体问题的界定）；根据税收法律、税收法规授权由地方政府制定的地方税务规章（如对城市维护建设税、房产税等地方性税种的暂行条例立法中都规定省级人民政府可根据规定制定实施细则）[2]。

从我国税收法律体系中可以看出，我国税收法律体系环境呈现如下特点：

第一，税收法律体系相对比较完备，但缺少税收基本法。税收基本法在税收法律体系中起着母法的作用，其基本内容一般包括：税收制度的性质、税务管理机构、税收立法和管理权限、纳税人的基本权利和义务、征税机关的权力和义务、税种设置原则等[3]。显然，缺少税收基本法对税法

① 参见全国注册税务师执业资格考试教材编写组所编写的历年《税收相关法律》的教材体系。

② 在我国税法体系中省级人民政府可以按规定制定相关的税收暂行条例实施细则等地方性规章，但由于我国在税法上遵循"统一税法"的原则，因此，地方人民代表大会制定地方性税收法规是受到严格限制的。目前，在我国只有海南省和民族自治地区可以按照全国人大授权立法的规定，在遵循宪法、法律和行政法规原则的基础上，可以制定有关税收的地方性法规。因此，严格来讲，我国税收法律体系中还应该包括这些地方的地方性税收法规。中国注册会计师协会. 税法[M]. 北京：经济科学出版社，2012：15.

③ 中国注册会计师协会. 税法[M]. 北京：经济科学出版社，2018：3.

体系的限制和指导，使我国目前的税法体系在税种确定上缺乏原则性指导以致对税制结构性质的规定缺乏确定性，使纳税人沦为“纳税义务人”而缺乏权利界定等。

第二，从税法适用原则的角度看，我国税法遵循“法律优位原则”“法律不溯及既往原则”“新法优于旧法原则”和“特别法优于普通法的原则”① 等，一方面保证了税法的稳定性和可预测性；另一方面为法律的完善、更新提供了法律适用上的保障，能够在保障纳税人基本利益的基础上确保税收收入的实现。

第三，我国税法规则过多地强调“统一税法”的原则，虽然可以减少地方政府对税法实施的干扰，但却导致税法规则缺乏与地方经济社会发展状况的协调，特别是使地方税种的税法规则无法“因地制宜”。

第四，我国税收法律体系中，特别是税法规则中的税收实体法中，全国人大制定税收法律较少，而大多数是由国务院制定的暂行条例，同时在税法实施过程中又过多地依赖财政部的实施细则和税务总局的税法解释，使税法规则过多地与税法的执行联系起来，税务执法部门也进一步有了更多的自由裁量空间。

2. 税收法律执行环境

从广义上来看，税收法律的执行包括税务征收管理过程和税务司法过程。但税收法律的执行通常是指狭义上的税收征收管理过程。我国税收征收管理主要经由两大部门进行，其一是海关，负责关税相关税收的征收管理；其二是税务部门对税收的征管过程。本书侧重狭义上的税收法律执行，并集中分析税务部门的税收征收管理。

如此，我国税收法律执行环境的特点主要包括以下几点：

第一，从税法适用原则的角度看，我国税法在执行上遵循“实体从旧，程序从新的原则”和“程序优于实体的原则”，保证了税法特别是程序法的溯及力，保证了税收征收不受纳税争议的影响，有利于税收及时、

① 全国税务师执业资格考试教材编写组. 税法（Ⅰ）[M]. 北京：中国税务出版社，2017：6－7.

足额入库。

第二，根据我国分税制的基本框架，我国税法的执行主要有国税系统和地税系统来分别执行，虽然有助于税收的分类管理，但却因此造成了税源竞争。同时，由于国税系统和地税系统之间的信息很难实现互相沟通，因此，信息“互叉”往往增加税务征管难度，造成税收流失。

第三，在税收管理中，“税收计划”是各级税务部门的主要目标，而税收计划往往是按“上年实绩加本年增长率”进行编制的①，这便造成“税收计划”编制与宏观经济运行状况相背离，随着“税收计划”成为一个强制性任务，依法治税便屈居其后成为次要目标，因此，税收收入“空转”“买税卖税”“过头税”“人情税”等便成为我国税收法律执行环境中的重要特色。除此之外，其他的人为因素也限制着税务管理的有效性，比如，在税务稽查中主要还是人工选案，缺乏严密的选案方法和稽查程序，这往往造成相关企业负担的增加和税收稽查成本的提高。

第四，税务处罚上较大的自由裁量空间与税务处罚选择性执行成为我国税收法律执行环境中的特色之一。我国税收违法处理规定给税务机关预留了充足的自由裁量空间，如违反日常税收管理的违法行为，“可处以2000元以下的罚款”，情节严重的，“处2000元以上10000元以下的罚款”②，“对纳税人偷税，由税务机关追缴其不缴或少缴的税款、滞纳金，并处不缴或少缴的税款50%以上5倍以下的罚款”③等。同时，在相关纳税人受到处罚时，相关人物或部门的出面往往使处罚不了了之，常见的比如，当地方某重要企业逃税被查后，地方政府往往从自身利益出发，仅让其补缴税款而免于处罚。这些现象限制了税务机关独立的稽查权和处罚权的行使。

---

① 李永刚.中国税制改革研究——基于拓展的最优税制理论[M].上海:立信会计出版社,2012:150.

② 全国注册税务师执业资格考试教材编写组.税收相关法律[M].北京:中国税务出版社,2011:61~63.

③ 同上。

3. 税收法律遵从环境

税收法律遵从所考察的是纳税人和征税机关对税收法律的反应。税收法律遵从可以通过对税收逃逸规模的测算来进行衡量，一般情况下，当纳税人和征税机关都严格按照税收法律规范行事的话，便不存在税收逃逸。而税收逃逸的存在则反映了纳税人和征税机关的行为方式都或多或少地违背了税收法律，因而，税收法律遵从环境便可以通过税收逃逸相关指标及其变化来进行反映。

国际货币基金组织对我国 20 世纪 90 年代的税收逃逸进行测算的结果是：20 世纪 90 年代中国税收逃逸规模占 GDP 的比重为 13%，年均逃税率在 50% 以上[①]。而胡怡建和许文（2007）在此基础上选择 1995 年为基期，对 1995—2002 年中国地上经济和地下经济中的税收逃逸规模进行了测算：1995—2002 年，我国年均税收逃税率在 33% 左右，且逃税率水平也呈现下降趋势。显然，这一测算结果与 20 世纪 90 年代中国的逃税率相比有了很大的下降，但这一比重依然较高。因而，中国税收法律遵从环境整体上表现出纳税人税收行为不遵从。

严格来讲，税收法律遵从指的是纳税人和税务机关都严格遵从税法，纳税人没有逃税和避税行为，税务机关没有徇私舞弊行为的状态。因此，中国现行税收逃逸规模较高的现象一方面与三个层面税收控制方面存在的漏洞有关。长期以来，在我国税收法律法规的制定过程中缺乏与公众的有效沟通（详见我国税收法律制度调整程序），税收法律执行过程中的人为因素也层出不穷，使征税成本一直处于较高水平[②]。另一方面与整个社会税收意识淡薄密切相关，在税收意识层面，政府具有很强的征税意识，但由于中国现行税制结构以流转税为主体，这一基本特征往往伴随着税收透明度低下，税收“取之于民，用之于民”的用税意识缺失，直接导致“纳

① 胡怡建，许文. 税收逃逸的形成与治理[M]. 上海：上海人民出版社，2007：114.

② 劳伦·勃兰特，托马斯·罗斯基(2009)基于 2003—2004 年的实地调查，发现，中国地方税务机关征税成本总体达到 3% ~4%，在一些地方甚至高达 10% 或者更高。劳伦·勃兰特，托马斯·罗斯基. 伟大的中国经济转型[M]. 上海：格致出版社，上海人民出版社，2009：374.

税是每个公民应尽的义务"这一纳税意识缺失，正因如此，在税收法律遵从环境中常常呈现出税务征管和纳税之间"道高一尺，魔高一丈"的现象，使税收控制与税收意识之间产生了一种恶性循环。

（二）我国税收法律制度调整程序

我国税收法律制度的调整程序一般包括三个阶段①：第一阶段为提议阶段，即由财政部或国家税务总局负责税收法律制度的调查研究，并提出方案上报国务院；第二阶段为审议阶段，即由国务院负责审议财政部或国家税务总局上报的税法调整方案，国务院审议通过后以议案的形式提交全国人大或全国人大常务委员会审议通过；第三阶段为通过和公布阶段，这一阶段分两种情况：其一是税收行政法规（即税收暂行条例或税法实施细则）在国务院审议通过后，以国务院总理的名义发布实施；其二是税收法律（即有限的以法律形式出现的税法规则）在全国人大或其常务委员会开会期间，先听取国务院关于税法调整议案的说明，然后经讨论以简单多数的方式通过后，以国家主席的名义发布实施。

显然，在我国，税收法律的制定和调整有两个阶段都是在政府部门内部转动，而我国大量的以实施条例和实施细则形式存在的税收行政法规则完全是在政府部门内部的转动。同时，税收法律实施过程中的大量的税收规则依据又是以税务总局内部的部门规章的形式出现。这些说明在我国，税收法律制度的调整程序基本上是缺乏与公众的有效沟通的。因此，按照图 6－10 的循环系统，要制定一个完备的税收法律制度（在此基础上确定一个更优性质的税制结构）由于缺乏公众的参与，其制定和修改过程常常是高成本的，而且其中所反映出来的第一层面的税收控制往往是造成税收意识，特别是纳税意识缺失进而税收不遵从的根本性原因。

三、我国税收法治环境与税制调整对税制结构转型的约束

改革开放以来，随着中国税制体系的不断完善和税收法制的不断健

① 中国注册会计师协会. 税法［M］. 北京：经济科学出版社，2018：15－16.

全，税收意识和税收控制也有了很大的改观，然而，还存在诸多问题：其一，虽然我国税收相关法律对征纳双方的权利和义务有许多规定，但对纳税人权利以及税务机关如何为纳税人服务等方面的规定还不够充分，使纳税人权利意识缺失。其二，“非税”观念根深蒂固，使税收遵从缺乏税收伦理秩序的支撑。其三，长期的流转税为主体的税制结构框架，使整个税制体系缺乏透明度，即税负相对隐蔽，弱化了纳税人的主体意识。同时，流转税的累退性使整个税制结构在收入分配调节上的作用弱化，降低了税收控制的公众支持基础。其四，税收法律法规的制定存在诸多漏洞，且人为刻画的痕迹明显，破坏了稳定的税收控制秩序。其五，税收开征仍是行政部门独掌的权力，各种税收条例、部门规章和地方规章政出多门，影响了纳税遵从，进而使税收控制弱化。因而，良好的税收意识与税收控制依然需要重新建构和发展。

一个良好的税收意识需要整个社会拥有“主体观念”“平等观念”“权利观念”“责任观念”和“法制观念”①，这些观念的不健全是税收意识存在缺陷或需要重构的重要原因②。在税收意识不健全的条件下完善税收制度和税制结构就需要一种合意的顶层设计③，因而，在顶层设计中如何处理公众的呼声以及政府如何有效表达顶层设计等便成为税制改革的重要约束。

纵观中国税制改革的过程，公众利益表达在促进税制结构和税收制度不断完善等方面起到了重要的作用，大致体现在：第一，对内资企业“国民待遇”的利益表达促进了企业所得税的两税合并；第二，对“减税”的利益表达促进了生产型增值税向消费型增值税的转型、促进了营业税改征增值税改革的推进；第三，对公平的诉求促进了农业税的取消、消费税的调整和个人所得税年复一年不断的调整等。这些表明，公众的利益诉求在

① 王磊. 税收社会学[M]. 北京：经济科学出版社，2011：37-38.

② 但这些观念的形成是一个过程，需要一个国家政治环境、社会环境等外部环境不断优化提供相应的环境条件。

③ 以下分析假设政府能够通过顶层设计不断优化税制结构。

中国税制改革过程中发挥着并将继续不断地发挥积极性作用。

但是，公众的利益诉求，特别是在更多情况下，当特定利益集团“挟持”公众来表达自身的特定的利益时，这种所谓公众的利益诉求在很大程度上也阻碍了中国税制结构的不断完善。比如，在个人所得税领域，长期以来公众着眼于对“起征点”[①] 的关注，试图仅仅通过“起征点”的调整促进个人所得税收入差距调节功能的完善，而其他方面并没有相应的关注。个人所得税确实要发挥收入分配调节的职能，但其前提条件是实现充分的税收收入，在流转税占主体地位而且个人所得税伴随着费用扣除标准的提升和税率结构的调整而致汲取能力下降的情况下，这一职能的发挥受到了极大的限制，同时，未来税制改革，如果降低流转税税负同时提高个人所得税税负水平时，将会受到很大的阻力（税负不可逆）。再如，财产税调整中，对房地产税的调整常常着眼于其对调控房价的作用，使房地产税改革试点一开始便偏离财产税本有的性质。税制结构调整需要着眼于整体性的构架，而公众利益表达往往集中在某一个领域，使税制结构整体优化受到一定的阻力。从根本上看，这些负面的影响是由于我国税制演进的非规范性，使税收控制失范，进而降低了特定利益集团寻租成本，使强势集团的行为极大地左右了税制演进的路径。

因此，在我国社会税收意识尚不健全的条件下，政府在税制改革和调整过程中必须通过对公众利益诉求的识别和顶层设计，通过与公众的有效交流引导社会税收意识，以不断地深化、完善税制结构和税收制度。其中，最为关键的是提高利益集团寻租成本，以使其行为选择逐渐被导向于有利于税制优化的利益集团运作模式。要想实现这一目标，唯一的途径便是推动税收控制规范化（规范化的税收控制可以使民众意愿通过法定程序得以表现），利益集团在税制的重大变革上只能通过影响民众的选择而达

---

① 从严格意义上讲，这是个人所得税的税前费用扣除标准，或者可以近似地称为免征额。由于媒体和公众现在常常言必称起征点，因此，我们在这里将这里所谓的起征点加引号。

到其目标，这在大大提高其寻租成本的同时，也将约束利益集团所能影响的税制变迁过程的实质内容。

本章小结

既然中国税制结构转型是要在现有增长型税制结构的基础上重新构建发展型税制结构，既然发展型税制结构要求对税制结构中的税类、税种及其税制要素组合进行根本性的调整，那么对税制结构转型所面临的约束条件进行分析就是必要的，毕竟任何税制结构背后反映的都是相应税收利益格局，税制结构转型也就意味着对原有税收利益格局的重新调整。

税收制度是一个国家财政体系中的重要内容，同时，一个国家的税收制度也常常与整个财政体制相适应，并在两者相互作用下共同构筑一个国家的财政体系。因此，税收制度的任何变动都要在财政体系内与财政体制相结合考虑。也正是基于这个原因，一个国家的财政体制往往成为税收制度调整的重要制度约束。在我国，1994 年在分税制改革的基础上确立的财政分权体制在分税的基础上产生了对税制结构转型的重大挑战，这些重大挑战的焦点在于：在新的税制结构体系下如何为政府特别是地方政府设定稳定的收入来源。显然，这是税制结构在构筑税类结构，在安排税种及其税制要素设置中需要考虑的税收收入汲取功能的重要方面，但同时还要在此基础上通过打破现有财政体制规定的财政利益分配格局来实现。显然，这也彰显了税制结构转型的复杂性。

一个国家的税收制度往往在和国家经济发展导向相结合的基础上，通过税种及其税制要素的设定给不同产业、不同行业和不同地区带来不同的税收负担，这些税收负担是衡量税收利益分布格局的重要指标。从相关数据分析上看，我国现行税制结构在三次产业、不同行业和地区之间产生了稳定的税收利益分布格局，这一格局与经济结构和区域经济结构之间的不协调性是税制结构转型要解决的重要问题，同时，这种不同的利益结构也形成了对税制结构转型的重要约束。

固化了的税收利益格局需要在税收控制和税收意识的框架下，通过政府与公众在良好的税收法治环境下的有效沟通加以有效调整，然而，我国目前的税收法治环境却存在诸多问题：税收法律体系不健全、立法层次低；税收法律制度的建立与调整程序不能走出政府自己设定的框架，因而无法与公众进行有效沟通，也就无法反映公众偏好等，也正是在这一背景下，税收意识特别是纳税意识淡薄，税收控制特别是第二、三层面的税收控制（税收征管）在大量自由裁量空间下不能有效控制人为因素、政府因素等的干扰等。这些税收法治环境的弱化也限制了税制结构转型过程中对税收利益调整的合理性，将构成税制结构转型的直接制度约束。

显然，在确定了税制结构转型的基本方向的基础上，需要在对这些约束条件进行有效分析的基础上形成税制结构转型的基本思维，并在此基础上形成与财政利益分配、税收利益分布和税收法治环境相协调的税制结构转型路径。

第七章　促进经济发展方式转变的中国税制构建

我国税制转型面临的约束条件在一定程度上规定了税制改革的基本路径，因而，税制结构转型改革也就需要在这些约束条件下形成特定的税制改革思维，在发展型税制结构具体构建的前提下，推动税制结构改革不断深化。

第一节　中国税制结构整体性设计构想

一、间接税改革和直接税重构

从前文分析看，我国税制结构转型在数量关系上应该表现为间接税比重的下降同时提高直接税的比重，但发展型税制结构的构建还需要从税种结构和税制要素组合等方面进行综合考虑。从目前来看，间接税改革主要是在推动营业税改征增值税的基础上重构流转税内部结构，直接税重构主要是在完善企业所得税内部要素和推动个人所得税改革的基础上，推动所得税的完善，以及在房产税改革试点的基础上推动财产税制结构的完善。在此基础上不断完善资源环境税制建设。

（一）流转税的税种组合及其税制要素设置

流转税在税种组合中应安排增值税、地方销售税、消费税和关税（包括船舶吨税）。由于关税的设计与国家的进出口政策紧密相连而且具有较大的政策弹性，因此，我们将其视为税制体系之外的一系列调节性税种，用于调节国际平衡。本书研究中的流转税暂不考虑关税。

1. 增值税

增值税的课税范围应包括在我国境内销售货物、进口货物、提供生产性服务业劳务。其中，货物指有形的动产（不包括无形资产和不动产），生产性服务业劳务指为生产过程提供的具有生产性的劳务，包括加工、修理修配、建筑业劳务（含修缮）、交通运输业劳务、货物租赁、物流（含仓储）、为货物生产提供的金融保险服务等。

因此，增值税纳税人的一般界定为在我国境内销售货物、进口货物、提供生产性服务业劳务的单位和个人。增值税的课税环节为整个流转过程，即道道计征，因此，应采取普遍的进项税额抵扣制度。要保证普遍的进项税额抵扣制度的实施，就应该取消现行的一般纳税人和小规模纳税人的划分，对所有纳税人都采取严格的增值税专用发票管理制度，并继续采取价外计征的形式。

由于目前增值税在整个税制结构体系中是最大的税种，这一地位决定了我国目前税制结构在收入分配调节上的累退性，因此，在发展型税制结构设置中，现行增值税的税率水平应该根据所得税特别是个人所得税、社会保险税税负水平的适当提高而降低。同时，出于行业之间税负平等的考虑，增值税应该设置单一比例税率。

在税收优惠设置上，首先，由于增值税调整中取消了小规模纳税人，因此，出于对经营规模较小的纳税人的保护，增值税的起征点应该有所提高；其次，由于增值税实行多环节多次计征以及税款抵扣的办法，因此，增值税的税收优惠应该主要集中在对最终产品的优惠；最后，增值税税收优惠的设置应主要侧重于其经济结构优化的功能，降低企业税收负担，因而，可以从增值税退税机制的设计入手：由于新兴产业往往存在研发周期长的特性，而增值税进项税额在没有销售额的期间不能获得抵扣，这将使购进项目所包含的税款在研发过程中停滞（甚至逾期不能抵扣）进而增加企业税收负担，因而，可以规定在新兴产业研发期间的进项税额退税制度（相当于进项税额提前抵扣）。然而，在执行中由于无法准确判断企业所处的具体阶段（研发阶段和生产阶段的界限模糊甚至经常出现交叉），因此，可设置一定的退税期，如可以规定新兴产业自成立之日起的 5 年内为退税期，在此期间可以申请将其购进的符合增值税进项税抵扣规则的进项税额按一定的程序进行退税。

2. 地方销售税

地方销售税可以作为与增值税改革相辅助的一种流转税，即在营业税全面改征增值税的条件下，出于完善增值税制的考虑，对于不适合改按增值税进行课征的项目，或改征增值税后税负有一定提高的项目保留下来按地方销售税进行课征。可引入消费税理念，对特定的行为比如奢侈性服务业，在一般征收增值税的基础上再增加课征地方销售税（弥补消费税课税范围的不足）。地方销售税的课税范围可以是除生产性服务业劳务之外的其他劳务以及奢侈性服务业。因此，由于这一课征范围大多数涉及的会是与人们生活密切相关的消费性服务业，税率结构应该适当降低。同时，为鼓励服务业的发展，可考虑将企业为提供相关劳务（非增值税应税劳务）而购进的货物中所包含的增值税进行一定比例的退税。同时，对于奢侈性服务业比如娱乐业应该加重税收负担（对消费行为调节基础上也实现了部分收入分配调节功能）。同时借鉴消费税理念，地方销售税可定位为单一环节计征。地方销售税可以作为地方税种，为避免区域之间不合理的税收竞争，地方销售税可在零售环节计征，零售商为纳税人（具有间接税的性质），也可以选择在最终消费环节计税，消费者为纳税人，销售方为扣缴义务人（使地方消费税具有一定直接税的性质）。

3. 消费税

消费税是对特定消费品进行的旨在增加其税收负担以起到对特定消费行为进行调节的非中性的税种。目前，我国消费税主要是在生产环节课征，通过层层税负转嫁的方式调节消费行为，但由于生产环节课征的税负透明度低，因而，对消费行为的调节作用有限。因此，可以将消费税的课税环节设置为最终环节，并采取价外计征的方式由消费者在消费环节直接支付税款（规定销售方为扣缴义务人）。消费税的课税范围通常采取税目列举的方式，应该在现有消费税税目的基础上增加奢侈品的品目，增加污染环境产品和不利于资源保护的产品种类。

消费税是对特定消费行为进行调节的税种，因而，消费税一般没有税收优惠条款。但在计征过程中，出于资源的节约和循环利用，取消“外购或委托加工收回的已税消费品用于连续加工应税消费品”中扣税范围的规定，提高成品油的单位税额幅度。同时，出于对收入分配的调节，也应提高奢侈品的税率水平。

通过以上设计，流转税中税种和税制要素组合下的整体效应便可通过图7－1表现出来。显然，流转税的主要功效在于财政收入的筹集和尽可能的中性设置。而其中的收入分配调节和对资源环境的保护性调节只是其中的特定设置，尽管这种特定设置能够在一定程度上调节流转税的性质。

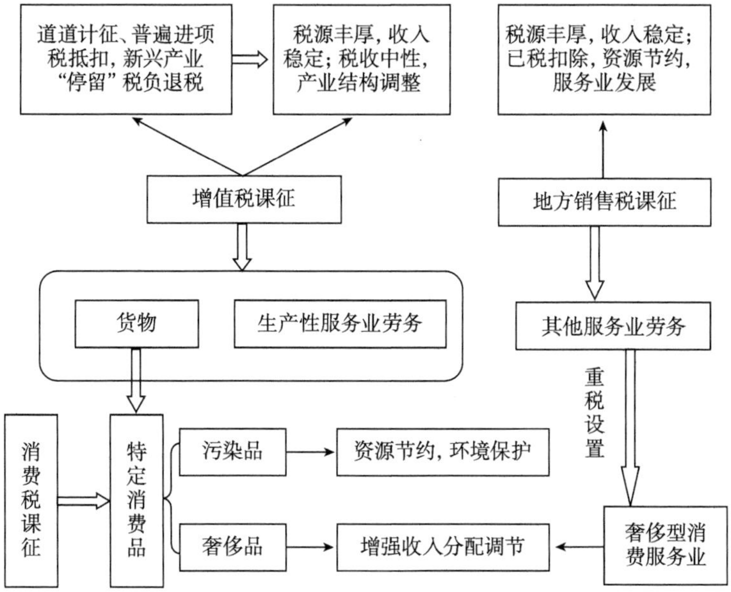

图7－1　流转税组合及其经济作用

（二）所得税的税种组合及其税制要素设置

所得税在税种组合中应安排企业所得税、个人所得税以及在社会保障缴费基础上开征社会保险税。其中，企业所得税用于调节法人企业的净收益，对经济增长会起到一定的阻碍，但应通过所得额的核算和税收优惠对相关行业发展发挥特定调节作用。另外，所得税在收入分配调节中应发挥主要作用，但其前提条件是所得税特别是个人所得税、社会保险税的税收收入规模要在现有基础上有大幅度的增加，这就需要在税制要素上进行调节或重新安排。

1. 企业所得税

就企业所得税而言，随着对税收中性的强调，目前，各国企业所得税通常采用比例税率课征，这就降低了所得税收入分配调节的功能。因此，企业所得税的调整主要应结合不同时期经济发展阶段的具体情况从所得额核定和税收优惠上进行调整。目前，我国企业所得税调整应注重对现有产业结构的调整，特别是注重推动重点产业的发展。据此，可在现有企业所得税应纳税所得额核算和优惠政策的基础上做出灵活性的、弹性的规定：

第一，根据不同企业的特殊性，规定弹性的税前费用扣除标准。对一般性企业可按照统一的费用扣除标准进行应纳税所得额的核定；而对于新兴产业或国家认定的战略性新兴产业，其费用支出中对技术进步有特殊作用的部分，可规定适当增加费用扣除标准，比如，对其中的教育培训费可采用按合理的实际发生额据实扣除等。“建立风险成本列支制度，借鉴金融理论，将研发风险换算成成本”①，按一定的比例进行税前扣除，以降低高新技术产业的税负水平，增强其抗风险能力。

第二，对不同的产业或行业规定不同的税前亏损弥补期限。我国目前的企业所得税法一般性地规定5年的亏损弥补期限，没有考虑到具体产业或行业的具体情况，对于新兴产业而言，一般情况下，其产品从产品研发、实验、推广、销售到实现利润的周期比较长，因而，在产业发展初期，利润水平往往不具有稳定性，因此，可考虑对该类性质的行业或企业（经过严格认定）在连续5年的亏损弥补期限的基础上适当延长，以确保企业发展的稳定性。

---

① 蒋震，梁军. 促进战略性新兴产业发展的税收政策[J]. 税务研究，2010(8)：8－12.

第三，进一步完善和放宽加速折旧的规定。对于一些固定资产更新换代较快的新兴产业，可以考虑放宽其固定资产的折旧年限或者取消“加速折旧年限不得低于规定折旧年限60%”的规定，使企业可以在相对较短时间内提取折旧，以更好地实现固定资产的更新换代。

第四，完善再投资抵免税制度，并考虑建立再投资退税机制。我国目前的企业所得税税收优惠中仅规定了对“专用设备”① 投资按其投资额的10%抵免企业本年度应纳税额的税额抵免规则，这一投资抵免税的规定虽然有助于提高企业所得税，但存在抵免比例较低、范围小等不足，限制了“优惠”的激励作用。因此，可考虑将新兴产业中的专用设备列入抵免税范围，并适当提高抵免比例，比如，可以按投资额的20%进行抵免等。在此基础上，为了鼓励企业发展新兴产业，可考虑建立再投资退税的税收优惠措施，即规定企业将以前年度的利润用于购买专用设备、技术改造和新兴产业相关的其他认定的投资项目时，可以按照一定的比例（年度利润额中用于再投资的比例）退还其以前年度所缴纳的企业所得税一定比例。

第五，资本利得是在实现时一次性课税的，持有时间越长，收益积累的时间也越长，因此，区分持有时间的长短实行不同的税收政策，是比较科学、合理的做法。我国企业的资本利得也应该按持股时间的长短区别对待，比如，持股1年以内的全额征收，持股1～3年的减半征收，持股3年以上的免税。其意义在于：鼓励企业长期投资。

2. 个人所得税

个人所得税的定位是调节收入分配。而我国现行个人所得税在课征模式、纳税人、税率结构和费用扣除标准设置等方面存在诸多缺陷，这些缺陷限制了个人所得税调节收入分配的作用。税率和费用扣除标准问题在前

---

① 企业所得税法中的“专用设备”特指按照财政部、国家税务总局和国家有关部门公布的《环境保护专用设备企业所得税优惠目录》《节能节水专用设备企业所得税优惠目录》和《安全生产专用设备企业所得税优惠目录》中所规定的专用设备。这些专用设备投资额的10%可以在当年应纳税额中予以抵免。

文相关部分已经做了探讨，这里仅就个人所得税在课征模式和纳税人选择方面如何提高其收入分配调节作用进行探讨。

我国现行个人所得税采用分类课征的方法，这种课征方法对于不同性质的所得实行差别调节，且计算相对简便，便于从源头扣缴，因而适合税收征管水平较差的国家或地区，但这种课税模式容易造成纳税人分解收入、逃避税收，造成税收流失。特别是，由于该模式对不同来源的所得分别规定不同的税前扣除标准并分别采用不同的税率，不能全面反映纳税人的真实纳税能力，公平性较差：对收入渠道多、综合收入高的人有利，而对收入渠道窄的固定职业者，尤其是工薪阶层最为不利。综合课征模式将纳税人的收入不分来源和性质进行统一课征能够弥补上述缺陷，而且具有税基宽、税负公平的特点，因而是发达经济体常用的课征模式。虽然年收入在 12 万元以上的要求自行申报，为课税模式增加了综合课征的色彩，但综合课征模式还没有真正推行，主要是因为这种课征模式建立的基础条件比较苛刻[①]。财政部 2009 年公布的《我国个人所得税基本情况》中认为这些条件包括："加强现金管理，大力推进居民信用卡或支票结算制度；尽快实现不同银行之间的计算机联网；在个人存款实名制度的基础上，对个人金融资产、房地产以及汽车等重要消费品也实行实名登记制度；建立健全海关、工商、劳务管理、出入境管理、文化管理、驻外机构以及公检法等部门向税务部门提供有关人员经济往来和收入情况信息的制度等。"[②] 并认为，"有了这些制度的保障，综合与分类相结合的个人所得税制改革才能得以顺利推进"[③]。但朱志钢（2011）认为，目前这些制度保障已经基本具备，个人所得税计征方式改革所需的只是改革的"决心和魄力"[④]。

对于个人所得税的纳税人而言，这里实际上要探讨的是申报单位的问

① 郝春虹. 多元目标约束下的中国税制优化研究——理论与实证[M]. 北京：中国财政经济出版社，2005：209.

② 参见财政部网站：http://www.mof.gov.cn/zhuantihuigu/zhongguocaizhengjibenqingkuang/gerensuodeshuizi/200906/t20090619_169579.html.

③ 同上。

④ 朱志钢. 个人所得税改革依然任重道远[J]. 中国税务，2011(06)：29－30.

题，即个人所得税是以个人为单位进行申报，还是以家庭为单位进行申报的问题。个人所得税定位于调节收入分配，但就收入分配而言，一般情况下，所谓个人收入分配的差距最终要体现为家庭之间的收入差距上。因此，个人所得税以家庭为课税单位更能有效地调节社会收入差距。比如，考虑两个三口之家的家庭 A 和 B，假设 A 家庭只有一人取得收入（20000 元/月），另两人需要赡养或抚养；B 家庭三人都取得收入（每人每月 20000 元），显然，在分类计征的条件下，B 家庭的税负水平远低于 A 家庭（如果费用扣除为 4000 元/月，则 A 家庭只享受到 4000 元/月的免征额，而 B 家庭却享受了 12000 元/月的免征额度）。要使个人所得税能够真正起到调节两个家庭收入差距的作用，显然，采用以家庭为单位申报纳税下，A 家庭由于总体收入水平低下，可以享受更多的税收优惠。然而，以家庭为单位课税常常会产生一些负面效应，比如“婚姻税效应”等，解决这个问题实际上要在税制设置中对家庭进行界定，比如可以将纳税单位意义上的家庭在社会学意义的家庭的基础上进一步强化抚养赡养关系。

3. 社会保险税

社会保险税是当今世界上绝大多数国家都开征的用于社会保障所需资金的一个特定的所得税种。由于社会保障制度本身具有缓解收入差距的目的，因此，社会保险税的开征也就具有较强的收入分配调节作用。目前，在很多发达经济体，社会保险税已经成为第一大税种或主要税种。我国目前主要是通过社会保障缴费的方式为社会保障筹集资金，但由于各地区、各企业工资差别大、负担能力差别大等原因，社会保障费的负担不均匀。因此，需要借鉴国际经验开征社会保险税①。

社会保险税的纳税人应按照权利和义务相对应的原则，将社会保障的潜在受益人都列入纳税人的范畴。据此，社会保险税的纳税人应该是中国境内各类企事业单位的职工和自由职业者。由于社会保障制度费用负担一

① 实际上，不管是社会保障筹资是以“费”的形式还是“税”的形式，这种筹资方式本质上都是税，只是这种筹资方式是一种指定用途的税而已。庞凤喜. 社会保障缴款“税”“费”形式选择中若干问题辨析[J]. 财政研究，2010(10)：68－71.

般是企业和个人共同负担，因此，中国境内的各类企业、事业单位也应该作为社会保险税的纳税人。社会保险税的课税对象应该是纳税人支付的工资薪金总额或取得的工资薪金。为了防止企业采用低工资、高奖金、高补贴的收入分配方案避税，应该将企业支付或个人取得的与工资薪金有关的各种奖金和补贴纳入课税范围之中。

社会保险税的税率水平应根据国际惯例和我国社会保障费的负担率综合考虑。目前，国际上开征社会保险税的国家，其平均税率水平在20%左右，这和我国社会保障缴费占GDP的比重比较接近①，因此，可参照国际惯例，将我国社会保险税的税率设定为：养老保障15%、医疗保障6%、失业保障3%，并借鉴国际经验由雇主和个人各承担50%②。

（三）财产税的税种组合及其税制要素设置

财产税体系通常由房地产税、遗产税和赠与税组成。由于遗产税（含赠予税）的开征往往要与一个国家财产遗赠传统和财产公开情况紧密相连，因此，就我国而言，财产税在较长一段时期内仍然要立足于完善房地产税，并在此基础上，随着社会财产公开的不断透明化，不断探索在一定宽免额基础上的遗产税（赠予税）的计征方式。

1. 房地产税

房地产税要课税普遍，将所有房地产（而不仅仅是经营性房产）都纳入房地产税的课征范围，只有这样才能够充分发挥房地产税的调节作用和收入筹集功能（因为收入分配职能的发挥前提条件是税收收入规模的提升），当然，实现收入分配职能还要有合适的免征额设置。其次要解决的

---

① 我国目前社会保障费率（个人基本工资水平的比例）结构大致是：基本养老保险：个人负担率：8%，单位负担率：20%；基本医疗保险：个人负担率：2%，单位负担率：不超过6%；失业保险：个人负担率：1%，单位负担率：2%。参见陈共．财政学[M]．北京：中国人民大学出版社，2009：164－167．另，根据郝春虹（2005）的测算，我国社会保障基金占税收收入的比重2002、2003、2004年分别为18.67%、19.61%和23.92%，与加拿大（16.5%）、英国（17.8%）的水平相当，低于美国（29.9%）、日本（32.8%）和大多数北欧国家。郝春虹．多元目标约束下的中国税制优化研究——理论与实证[M]．北京：中国财政经济出版社，2005：216－217．

② 阎坤，曹亚伟．我国社会保障税制设计构想[J]．税务研究，2003（5）：43－39．

是对房地产保有环节计征，这是作为财产税的房地产税本有的性质。

第一，新房地产税的设置应该改变原房地产税体系中的重复征税问题。探索并正确处理土地出让金与房地产税之间的关系，将土地出让金并入房地产税。在“相应取消有关收费”的原则下，在确保地方财政收入稳定的前提下，将与房地产有关且具有财产税性质的税种进行合并，将虽然与房地产税有关，但不具有财产税性质的税种根据其本来的性质和现实需要进行撤销或归并，“减少房地产转让、出租环节的税收，增加房地产持有、使用环节的税收”①。

第二，科学处理房地产税的计税依据。当前重庆和上海房产税试点方案都是按照房地产市场交易价格或其一定比例作为计税依据，但是从国际房产税经验和房产税应有的作用等来看，按照评估价值征税应该是中国房产税改革的方向。房地产评估可根据具体情况采用市场价值法、重置价值法和收益价值法，但房地产税的评估计征关系到纳税人的税负水平、纳税能力，也要考虑税务征管条件，因此，结合我国目前的情况，可以采取渐进式方式，可先统一计税依据，从价计征，平衡税负，由房产原值或 3 年的平均值改为评估值，等条件成熟后实行以房屋的评估值，即市值为计税依据（杨卫华，2010）。

第三，应本着“宽税基、低税率”的原则科学设置房地产税税率。首先，要对整个房地产行业流转环节和保有环节的整体税负进行准确测算，整体上降低该行业的税负水平（安体富，2004）；其次，在总体税负下调的基础上，调整房地产行业流转环节和保有环节的税收负担。出于地方财政收入需要和体现税收公平等的考虑，保有环节的税收负担应相应提高，但要依据房产属性区别对待，特别是考虑到经营性房产和非经营性房产的区别，从减少征税阻力和公平的角度考虑，对非经营性房产应结合居民纳税能力采取较轻的税负（蔡昌，张云华，郭宏宇，等，2011）。因而，在房地产税税率的确定上，可以考虑将“以支定收法”“税负测量法”和

① 刘佐. 谈中国房地产税的改革方向[J]. 地方财政研究，2010(7)：49－52.

“收入测量法”结合起来，在充分考虑政府收入和支出决策、公共需求水平和家庭税收负担率水平、房地产评估价值的基础上核算各地的房地产税税率。

第四，在普遍征收的前提下，科学地设定房地产税的免税额（或免征面积），以保证房地产税课征的公平性并保证低收入群体的低税负水平。在免征额（或免征面积）的设定标准上，国内学者进行了较多的争论，有主张按居住面积设定免征面积（计金标，2009），有主张按照住房套数设定免征（岳树民，2005，2010；安体富，王海勇，2005；於鼎丞，杨柳，2005；等），有主张按照收入能力设置免征（吴俊培，2006），这些讨论都反映了房地产税免征额设置的基本原理，但作为地方税种，免征额的设定应该由各地政府在全国统一规则前提下根据平均居住水平、各地的实际情况和税务征管技术的具体情况具体选择按照面积、套数和收入进行免征。

2. 遗产税

遗产税是调节收入分配的一个重要手段，同时是增加财政收入，提高税收透明度的一个重要税种。通常认为，对遗产课征即使税率很高也不会影响到财富拥有者生前的享用，因而是一个无痛苦税。遗产税的纳税人通常是遗嘱执行人、遗产继承人或受赠人（如果纳税人属于无民事行为能力人或限制民事行为能力人，则纳税义务由法定代理人代为履行）。遗产税的纳税人应该按照属人主义和属地主义原则划分为居民纳税人和非居民纳税人，并确定其对应的纳税义务（可参照个人所得税的相关规定）。课税范围应包括动产、不动产和具有财产价值的权力，如土地使用权、居住用房、厂房、营业用房、机器设备、汽车等交通工具、现金和存款、有价证券和票据、金银珠宝、各种保险权益、著作权、专利权等。其计税依据应该是应税遗产，即遗产总额扣除各种扣除项目（诸如丧葬费用、遗产管理费用、被继承人生前应尝未尝的债务、被继承人生前发生的应缴未缴的税收、社会捐赠和遗留给未亡配偶的遗产等）之后的余额。根据国际惯例，遗产税的税率一般都超过50%，我国遗产税课征的税率和计征模式应根据国民承受能力、国际惯例和税收征管等方面的因素综合考虑。

（四）资源环境税的税种组合及其税制要素设置

1. 资源税

资源税首先要能够实现资源所有权的国家所有，彻底改变无偿开采、使用资源的现象。同时，资源税要能够体现由于资源开采而产生的环境外部性成本，要能够通过税收杠杆的作用原理，将资源和环境成本纳入市场交易价格，借以引导企业和社会自觉地节约资源和加强污染的控制。

第一，从课征范围的角度看，要在改变现有资源税费体系的基础上逐步扩大资源税的覆盖范围。首先，改变我国现行资源税、矿区使用费和矿产资源补偿费并存的状况，将矿区使用费、矿产资源补偿费并入资源税，可采用国际上通用的权利金形式，按照矿产品销售收入的一定比例统一计征资源税；规范其他资源收费，逐步将水资源费、林业补偿费、育林基金、矿山专项维护费、渔业资源费等并入资源税。其次，土地是自然资源的重要组成部分，而由于我国现行税制对土地的课征税费过多、范围较窄、减免过宽等，不利于土地资源的合理配置，因此，要逐步将现行的耕地占用税、土地使用税、土地出让金等作为一个税目纳入资源税，并在现行税费负担的基础上，合理设置土地资源税的税率，以加强土地资源的合理开发利用和保护耕地。最后，要在此基础上要逐步对水资源、森林资源、草原资源、土地资源、海洋资源、野生动植物资源等开征资源税。

第二，完善计征方式和税率结构。由从量计征分门别类地改为从价计征或从价计征与从量计征相结合的征收方式。资源税税率设置应该遵循以下原则：其一，资源税税率设置要充分体现资源的稀缺程度和政府对该类资源开采的限制程度。对不可再生的、稀缺程度高的资源实施重税。其二，资源税税率设置要考虑资源输出地区的经济发展能力，通过资源税提高当地财力。其三，资源税税率要能够调整资源开采的级差收入，遵从资源优质重税、劣质低税的原则。据此，在资源税的税率设置上，可采用弹性的差别税率和产品差别的比例税率和单位税率：对非再生性资源的金属矿产品（如铁、铜等）和非金属矿产品（如煤、石油等）可实行复合税率

（定额税率与比例税率结合）计税方法（一般在资源的开采或生产环节实行定额税率，而在销售环节实行比例税率），对其他资源可继续采用单位税率。同时，拉大税率幅度，由地方政府结合实际确定具体税率，以保证资源输出地的获得相应经济利益，从而确保生态环境保护和治理的需要。另外，可以考虑将资源企业的回采率与资源税税率挂钩，加强资源税在节约非再生资源、稀缺性资源等方面的调节力度。

第三，建立合理的减免税规则。在资源税税收优惠上，其激励方向应该以资源环境保护为目标。减免税规则的制定要建立在制定国家资源开采标准的基础上，同时，也应建立在对资源的开采提出合理的具体回收率等方面要求的基础上，要综合考虑资源的储量和实际开采量的对比，并考虑资源综合利用状况。将减免税优惠重点由鼓励开采转为鼓励资源节约，制定必要的鼓励资源回收利用、开发利用替代资源的税收优惠，鼓励通过技术创新发展新能源和可再生能源。

2. 环境税

环境税是一个税收体系，这一体系包括在其他税种的税制要素设计中加入环境保护因素（如我国消费税中对鞭炮焰火、小汽车、成品油等的征收以及车辆购置税中根据排气量确定计税标准等），还包括设置独立的税种。这都是税制绿化的重要内容。通常认为，在其他税种设计中加入环境保护因素虽然能体现环保的理念，但由于税负的不透明（纳税人很难感知），调节效果比较差。同时，环境税的另一作用是为环境治理筹集资金，客观上需要税收的“专款专用”，显然，这是一般性税种不能实现的。因此，需要单独开征环境税。

单独设立环境税可以针对大气污染、水污染、固体废弃物排放、垃圾排放和噪声释放等进行课征，一般以污染物的排放量为税基（水污染税可以以废水排放量及其污染浓度为税基），可以选择在生产环节计征（调节企业的污染行为）也可以在消费环节计征（调节人们的消费行为），其税款专款专用，用于环境治理。环境税设计中的难度在于税率的设置，在征税范围确定的情况下，税率应该适当：既不能过高对生产产生抑制，又不能过低产生不了调节效果；可以根据不同地区的气候条件、人口密度以及对清洁的需求程度设置地区差别比例税率。同时，由于税款专款专用，因而，税率的设置应该具有弹性，即随着环境治理技术水平的提高和治理的边际成本的下降而适当降低环境税税率水平。

二、中央和地方税权的重构

间接税改革和直接税重构实际上是根据发展型税制结构的基本特征，在结构性减税的基础上对行业税负进行重新安排的税制结构架构。然而，这一架构的推行必须在中央和地方财政关系重构的基础上进行。政府间财政关系的核心问题是事权和财权的划分，从一定意义上讲，各级政府财权的划分依赖于其所承担的事权，即财权和事权相对应的原则。为简单起见，本书在税权探讨上假设事权已经得到或可以得到很好的界定。因而，税权重构包括税种的设定和划分以及主体税种的界定。本书从主要共享税种调整和主体税种设定两方面做如下分析。

（一）调整中央和地方共享税种的分享比例

目前，中央政府税收收入大多依赖于共享税种的增值税和所得税。这意味着，中央政府要获得充足的税收收入，必须努力培养这两个税种的税基，这便使中央政府行为产生更强烈的增长导向。同时，地方政府有发展经济的强烈动力，但从经济发展中获得的税收增量相对较低，这种现象对地方政府发展经济的积极性产生了消极影响。在两大共享税种中，地方政府获得比重较低的状况也促生了“土地财政”“收费财政”“资源财政”等与经济可持续发展相悖的行为。因而，需要通过重构共享比例协调中央和地方税权关系：

第一，对于增值税而言，随着营业税改征增值税的全面推行，原属地方主体税种的营业税将纳入增值税的课征范围。从短期过渡的角度上考虑，为保持地方政府营业税和获得的增值税税收收入占全国财政收入比重不变，营业税改征增值税后，增值税的分享比例保持地方政府占50%。从长期来看，伴随着税制结构调整中流转税比例的适当下降或直接税比重的上升，以及其他共享税、中央税的调整，这一分享比例需要进一步调整。基本原则首先是保持地方分享比例相对稳定，同时根据中央地方财力结构进行合理化调整。

第二，对于所得税而言，逐步调整个人所得税共享比例，最终使个人所得税成为中央税种。企业所得税税收收入可保持现有分享比例，但应该做以下调整：其一，扩大企业所得税共享面，即将原属中央固定收入的中央企业所得税、地方银行和外资银行及非银行的金融企业所得税等列入共享范畴；其二，为配合共享面的调整，需调整企业纳税地点和计税方法，即企业（含分支机构）属地纳税（保证地方的可分享基数），总机构汇总缴纳的企业所得税时，可采用已纳税款抵扣的方式，同时，汇总缴纳时可均衡分支机构之间的盈亏关系，配以按比例退税的原则，以均衡地方政府和企业的利益。

（二）调整中央和地方的主体税种设置

一般情况下，主体税种的衡量标准是在一个国家税制结构中实现税收收入比重较高的税种。因而，主体税种便能够反映一个国家税制结构的性质，从而反映税制结构的调节方向。我国税制结构转型应该建立起流转税和所得税为双主体的税制结构，这一税制结构的基本特征在中央和地方主体税种设置上的要求可以从以下两个方面探讨：

第一，由于中央税种主要是税源涉及全国范围的、若由地方征收将产生区域税收保护等不良现象的税种。同时，由于中央事权除了国防、外交等之外，主要应表现为公共服务均等化、社会保障等。因此，中央主体税种应该设定为消费税、个人所得税、社会保险税。其一，从国际惯例上看，个人所得税、社会保险税一般都是各国中央税主体税种；其二，消费税、个人所得税和社会保险税都具有较强的收入分配调节作用，其收入分配调节作用的实现要建立在较强的收入实现功能基础上，因而，伴随着消费税课税范围的调整和所得税的改革，这三个税种能够为中央政府提供较大份额的税收收入；其三，这三个税种按照如前所述的税制要素安排，能够推动我国税制结构发展型转型，同时，个人所得税和社会保险税较强的透明度，也将推动财政透明度，进而财政过程的民主化进程。

第二，地方税主要是一些能够反映区域经济发展的税种，因而，地方税主体税种的设置应该能够促进地方政府推动地方经济发展和地方公共福利建设的积极性。因而，地方税主体税种应以地方销售税和房地产税为主体税种。其一，从国际惯例上看，房地产税一般都是地方税的主体税种，而且房地产税具有将地方政府税收收入与地方公共服务提供连接起来的功能，能够保证地方财政民主化；其二，从世界范围税制结构调整的趋势看，单单以房地产税为主体税种的情况下，房地产税的税收负担往往与地方财政支出规模相连，但房地产估税价值不变，税率又在社会压力下得以限制的情况下，地方财政困难将不可避免，因而，配以地方销售税将有助于缓解地方财政困难，又将调动地方政府发展经济的积极性。

三、税收法律关系的硬化约束

税收法律关系的调整和完善是推动税制结构转型的重要制度保障，在我国，这些制度保障包括：利用法律关系规范政府间税权关系①；通过法律关系规范税收法律制度的制定和调整程序；通过法律关系规范税务征管过程等。

首先，改变目前由国务院确定政府间税权关系的方法，通过法律关系约束政府间税权关系，使各级政府根据法律关系确定其在税权上的责任和义务。通过《税收基本法》确定国家整体税制结构的基本框架，在此基础上授权地方人大一定的税收立法权，使地方政府可以根据当地经济社会发展状况确定适合地方的税种或附加税种，以缓解地方财政压力。

其次，税收实体法的硬约束能够保证税法执行过程中不会因为对各税制要素处理方式理解的不同而扭曲税收的激励效应，保持税制结构既定的性质。因而，税法特别是税收实体法的制定过程要充分保证税和法的融

① 实际上，通过法律关系规范政府间税权关系是政府间税权构建的重要内容，本书将其放在这一部分来考察，主要是因为目前我国政府间的税权关系还停留在政府间协议的层次，要通过法律关系来规范还要经过漫长的过程。

合。税法的制定和调整过程应该有充分的公众参与，一方面，公众参与有助于提高公民的纳税意识；另一方面，公众充分参与制定或调整的税收法律制度有助于降低税务征管成本。但要保证公众参与的有效性，需要有充分的税收知识普及基础，以提高公众对税收法律及其对自身利益影响的认知程度。要保证税收法律制度制定和调整过程中的公众参与，需要将税收法律制定和修改的权限移交人民代表大会，逐步减少国务院的税法制定权。需要通过《税收基本法》的制定规范税收立法和调整过程中所应遵循的基本原则，使人大税收立法和国务院或财政部制定税收实体法的实施条例或实施细则能够保证税制结构的基本性质。

最后，规范税务征管过程。在税务征管过程中，税务机关的自由裁量空间是必要的，但《税收征收管理法》及其他税收相关法律要对税务征管过程中的自由裁量原则进行界定。同时，税务征管过程中要避免“税收计划”的目标导向，使税收征管能够保证税收与经济的良性互动关系。另外，伴随着税制结构的调整和完善，以及中央和地方税权关系的调整，要逐步合并国税和地税为一个统一的税务征管系统，以提高征管效率，并避免机构之间的税务竞争。

第二节　我国现代税收制度建设中的直接税改革

“十三五”规划中，对财税体制改革提出了基本的要求，即“按照优化税制结构、稳定宏观税负、推进依法治税的要求全面落实税收法定原则，建立税种科学、结构优化、法律健全、规范公平、征管高效的现代税收制度，逐步提高直接税比重”。十九大报告中提出了新时代中国特色社会主义思想，明确全面深化改革总目标是完善和发展中国特色社会主义制度、推进国家治理体系和治理能力现代化。在税制改革中提出，要“完善促进消费的体制机制，增强消费对经济发展的基础性作用”，并提出“深化税收制度改革，健全地方税体系”。这是我国推进税制改革的基本方向。

我国现行税制结构以间接税为主，直接税比重偏低，因而，逐步提高直接税比重，是优化税制结构的应有之意。但是深入推进税制改革，特别是推进直接税改革需要将其置于现代税收制度的框架中进行思考，即税制结构调整和直接税改革需要有助于现代税收制度和税收治理现代化和建立与完善。

一、现代税收制度与直接税比重的关系

将直接税改革置于现代税收制度的大环境中思考，需要关注的首要问题是：什么是现代税收制度？现代税收制度“现代”在什么地方？按照“十三五”规划的说法，现代税收制度的基本特征是“税种科学、结构优化、法律健全、规范公平、征管高效”。但当把现代税收制度置于“国家治理体系和治理能力现代化”的语境中的话，会发现，现代税收制度是税收治理现代化的基础，要处理的是通过税收制度的设置明确政府和市场的关系，明确国家与分散的纳税人之间的利益协调关系。

税收制度是明确政府和市场关系的基础制度之一。从税收经济学的角度看，税收具有两大基本功能，即筹集财政收入和调节作用。据此，现代税收制度应该从这两个方面明确政府和职场的关系：其一，一个现代化的税收制度应能够保证财政收入的可持续性。据此，在建立现代税收制度的过程中，应该设置合适或最优的宏观税负水平，为政府参与国民收入分配划清“界限”。其二，一个现代化的税收制度应该能够合理地利用其调节作用引导经济社会朝着现代化的方向行进。据此，建立现代税收制度应该使其与现代化的经济体系相适应。既要强调发挥流转税的中性作用，又要强调直接税收入分配的调节作用，还要强调绿色税制建设和有利于创新的税制体系建设①。

与现代社会体系相适应的现代税收制度要强调税收制度所调整的社会利益关系。税收制度调整的是国家和纳税人之间利益关系的基本制度。尽管从宏观上看，国家和纳税人之间的利益关系可以通过宏观税负进行一般

① 马海涛，郝晓婧．现代化经济体系建设与税制改革[J]．税务研究，2018(02)：5－11.

衡量，但从治理或税收治理的角度看，多大程度上能够处理好国家与分散的纳税人之间的利益关系，是一个国家税收制度现代化程度的主要标志。因此，一个现代化的税收制度应该置身于税收治理现代化的框架之中，充分调动治理主体各方的积极性，实现税收各项治理活动的科学化、制度化、法治化和公共性①。而要实现这样的治理现代化，在课税安排上需要对税负不易转嫁或转嫁方向比较明确的课税（尽管这样的直接课税会增加征管的难度，却是税收治理现代化的必要条件）。

由此看来，直接税改革是建立现代税收制度的重要内容。从税收性质的角度看，直接税税负直接由纳税人负担，纳税人的纳税意识以及税收治理意识必将被调动起来，从而促进税收治理现代化，并为税收法律主义提供了良好的社会环境。同时，直接税的税制设置往往使其在收入分配调节中发挥较强的作用，从而能够使税收制度与现代化经济体系相协调。

中国税制长期以来是以间接税为主体，直接税所在比重较小。这种税制结构在筹集财政收入和税收征管上有其特有的优势，但在推进现代税收制度建设中“结构不合理”的问题便暴露出来，从而导致了“公平”问题的突出，进而滞碍了税收治理现代化的步伐。从这个角度看，中国现代税收制度建设中需要推进直接税改革，特别是逐步提高直接税的比重。

二、提高直接税的比重面临的基本问题

在我国探讨直接税，面临的首要问题是：在我国直接税都包括哪些税种？尽管理论界对直接税的界定已经形成共识，即直接税是指税负难以由纳税人转嫁出去、必须由纳税人负担的各税种。但由于税制的复杂性，在涉及具体税种的分类时，哪些税种属于直接税却没有形成一致意见。就我国税种划分上看，崔军（2011）、朱志刚，高梦莹（2013）将所得税类中的个人所得税、企业所得税，财产税类中的房产税、契税、车船税、船舶吨税、车辆购置税，行为税中的城市维护建设税以及烟叶税列入直接税；

① 赵慧敏．税收治理现代化的逻辑与演进[J]．当代经济研究，2018(01)：77－82.

刘佐（2010）、肖伟娜（2014）将增值税、消费税、营业税、关税、资源税、城市维护建设税之外的其他税种均归为直接税；李心源（2011）认为车辆购置税应属间接税，而资源税应列入直接税；朱志刚等（2013）认为烟叶税、城市维护建设税、船舶吨税应列入间接税；郭月梅（2014）、安体富（2015）等则认为车辆购置税应为间接税；刘国艳等（2015）认为社保费实质上具有税收的性质，主张将其纳入直接税。马海涛（2016）依据税收的作用机制将企业所得税、个人所得税（除房屋转让所得）、房产税、印花税、城镇土地使用税、车船税、车辆购置税、烟叶税、耕地占用税、契税、资源税、社会保险费列入直接税范围之中。特别是，在将社会保险费纳入直接税的统计口径后，直接税与间接税呈现着“二分天下”的局势[①]。因而，由于在不同的统计口径下，税制结构存在差异，要“提高直接税比重”，首先要界定的是直接税都有哪些？

诚然，如果按照税负是否易于转嫁或纳税人和负税人是否为一体区分直接税和间接税，我国现有税种中许多小税种都可以归于直接税，但我们更需要在现代税收制度框架中来把握直接税改革。特别是，从“结构优化”的角度看，目前我国税制结构面临的最大问题是直接税制的不完善甚至在一定意义上存在部分的缺位。首先，从税种结构上看，我国在建立现代税收制度中需要建立并不断完善实质缺位的财产税。在税收理论中，财产税主要是不动产税和遗产赠予税，尽管我国目前存在房产税，但其与真正的不动产课税还存在较大的距离，事实上是缺位的，而遗产税和赠予税则一直处于缺位状态。这是建立现代税收制度需要推进的直接税改革的重点内容之一。其次，从税收的功能结构上看，现代税收制度需要在收入分配调节上发挥有效的作用。但是，从我国现行税制的功能结构上看，收入分配调节功能的弱化是不可回避的问题，其主要原因在于，税收在收入分配调节机制上的不完善：收入分配调节需要通过个人所得税调节收入流

① 马海涛，段琦．“供给侧”财政改革背景下的税制重构——基于直接税和间接税相对关系的角度[J]．苏州大学学报（哲学社会科学版），2016（03）：100－109.

量，但我国现行个人所得税由于规模的限制使其在收入流量调节上的作用弱化；收入分配调节需要通过财产税制调节财富存量，但目前财产税制的不完善（甚至实质缺位）使其调节作用不能有效发挥；收入分配调节需要通过特别消费税调节消费支出，但目前消费税课税范围的设置限制了其有效的调节（而消费税又是我国间接税中的重要税种）。

基于此，在现代税收制度的框架下思考直接税改革应该基于“抓大放小”的原则，着重关注我国直接税制中存在的突出问题，主要是现有税种性质的调整、个人所得税制的完善和房地产税制的设置与完善等问题。

三、逐步提高直接税比重需要处理好的几对关系

在我国，建立现代税收制度需要提高直接税的比重，这是充分有效发挥税收制度调节作用的需要，也是提高全社会纳税主体意识、实现税收治理现代化的需要。但是，逐步提高直接税的比重只有从整体税制结构的调整入手才能完善税制结构的性质，进而建立起现代税收制度。因此，在建立现代税收制度的框架下考虑逐步提高直接税的比重，需要着力处理好以下几方面的关系：

1. 要处理好直接税和间接税的关系

首先，从理论上看，由于间接税合理设置有益于促进效率水平的提升，而直接税的合理设置有利于实现公平。因而，合理地进行直接税和间接税的搭配有其必要性。在我国，直接税比重较低，特别是个人所得税和财产税比重较低，制约了税收制度对收入分配的调节作用。从这个意义上讲，提高直接税的比重需要解决的是在不损害效率的前提下如何提高税制公平调节的功能。

其次，从宏观税负的角度看，税制改革，特别是我国现代税收制度的建立需要在“稳定宏观税负”的前提下推进。因而，“稳定宏观税负”意味着在逐步提高直接税比重的过程中需要逐步推进间接税改革，主要是降低间接税的税负水平。从这个意义上讲，直接税改革需要和间接税改革同步进行。

再次，在逐步提高直接税比重的过程中，处理好直接税和间接税的关系，其关键问题是税收制度的功能定位，主要是公平和效率的权衡。理论上讲，我国现行税制以间接税为主，这意味着我国当前税制偏重于对经济效率的追求，这符合市场经济的要求。但偏重于追求效率必然会对公平产生损害。然而，间接税比重相对较高实际上也对经济效率产生了损害：间接税从价计征，使其成为市场价格的“税收楔子”，影响商品的价格水平和市场价格的有效性，必然会对资源的有效配置产生负面影响。尽管增值税具有中性特征，但现行增值税实行的小规模纳税人制度以及“营改增”后不同税率的引入也破坏了增值税的中性特征。从这个意义上讲，适时降低间接税的比重并完善间接税制，是保证效率的必要步骤，同时也将为逐步提高直接税比重提供改革的空间。另外，需要从税种性质的角度把握直接税和间接税的关系。具体地讲，如果通过重构税制要素使某一间接税种具有直接税的性质，这将是提高直接税比重的重要方式之一。

2. 要处理好直接税内部各税种之间的关系

首先，要结构性看待直接税和间接税比重的“此消彼长”。理论上看，直接税和间接税之间存在此消彼长的关系，但应该看到，这种“此消彼长”的关系主要表现在间接税和企业所得税之间。具体来说，主要表现为增值税比重的下降，在很大程度上被企业所得税的上升所弥补。之所以出现这样的情形，原因在于：第一，虽然增值税是价外税，理论上与企业所得税之间并无关联性，但以增值税为计税依据的城市维护建设税和教育费附加却能带动企业所得税的关联变化。第二，增值税若是小规模纳税人缴纳的，其购入货物无法进行进项税额抵扣，其支付的增值税额算作购入货物的成本，在这种情况下，在企业所得税的成本核算和扣除上，就相应增加了企业成本，故而将影响企业所得税的缴纳。上述的情形使得增值税和企业所得税在一定程度上存在着比较明显的关联关系，而且这种情形在“营改增”之后将更为突出。

其次，应该对直接税各税种的功能有明确的认识。尽管直接税的一般功能是调节收入分配，但具体到税种上其功能各有侧重，就企业所得税而言，整体上看，企业所得税，由于是对扣除成本、费用后的纯所得和利润课税，不干扰市场价格体系，也具有较高的效率。随着对税收中性的强调，目前，各国企业所得税通常采用比例税率课征，这就降低了所得税收入分配调节的功能。另外，在所得额核算的过程中，常出现自有资金成本不可扣除、股息重复课征等问题，因而，由于借入资金的成本可以扣除，因此，企业所得税的课征鼓励了企业的债务融资。由于对公司支付的股息重复课税（这些股息在负担了企业所得税之后还要由获得该项收益的个人缴纳个人所得税——目前是由支付方扣缴），因此，所得税的课征鼓励了企业的再投资而非分配。同时，获得加速折旧的投资将受到较大的激励。于是，古典制下的企业所得税对经济增长也具有刺激作用。因而，在税制结构性质上，随着各个国家企业所得税收入占税收收入比重的不断增加，而所得税没有完全放弃完全归属制之前，企业所得税将使税制结构的性质表现为主要以收入型和增长型税制结构为主。从这个意义上看，如果提高直接税的比重的目的是提高税制的公平诉求，那么，直接税改革的重点应该是个人所得税和财产税。

再次，要合理处理个人所得税和财产税之间的关系。个人所得税和财产税的共同之处在于都能够对收入分配调节发挥较好的作用。但毫无疑问，其较好的调节作用需要依赖于其收入筹集能力的充分发挥。同时，个人所得税和财产税的调节对象是不同的：个人所得税通过调节收入流量实现收入分配调节功能，而财产税通过调节存量财富实现收入分配的调节。因而，在两者之间需要考虑一个基本的均衡关系：个人所得税课税深度强，将降低纳税人的税后可支配收入，从而影响其存量财富的数量，进而影响财产税的课征。而两者之间的关系究竟如何处理，实际上还要考虑外在因素，特别是社会保障制度，比如，如果考虑到社会保险税，那么，社会保险税和个人所得税是同源课税的，因而，个人所得税税收负担的核定会挤占社会保险税和个人财产保有课税的空间。因此，个人所得税和财产税之间的关系要充分考虑我国社会保障面临的问题和社会稳定长效机制的建立：我国社会保障制度运行需要适度提高个人社会保障缴费比重。同时，我国正处于个人积累资产特别是不动产积累初期，其中中等收入阶层是主力军。如果个人财产积累进程加快，那么，社会公众抵御经济波动的能力就会增强。

3. 要处理好直接税比重提高与应对财税风险之间的关系

尽管直接税侧重于公平的调节，不会直接对市场产生干扰，但直接税对经济增长的负面影响仍然是实证研究中大量证实的，因而，在当前经济下行压力增大的情况下，提高直接税的比重将不可避免地产生“雪上加霜”的作用，对税源产生影响，进而加大财政风险。

同时，对财产税而言，房地产税作为对居民财富存量进行调节的地方税种在各个国家地方税体系中发挥着重要的作用。由于房地产税通常是地方税种，因此，在房地产税的征收上，各级地方政府往往需要考虑当年的预算、应纳税财产的总价值、其他来源的收入等变量确定其税率。以美国为例，用于设定税率的变量每年都在变化，地方政府确定的税率通常每年都不同。而这些变化往往需要一定的限制，比如，美国1978年6月6日加州13号提案（Proposition 13 in California）之后，美国对财产税进一步设置了更为严格的限制措施（见表7－1），加大了美国地方财政风险。

表7－1　美国财产税限制结构及其影响

限制种类	例　子	限制措施所产生的影响		
		对财产税税率	对财产税收入	对政府支出
对法定财产税率的限制	各市规定，财产税税率（每100美元财产估税价值）应当限定在5美分	与州财产税税率的上限相同	可通过提高财产估税价值或者在税率上限范围内提高财产税的税率	与对财产税收入的影响相同，此外，还要取决于其他财政收入来源情况
将财产税税率冻结	各市对2005年适用税率的限制	各州的最高上限各不相同	只能提高财产的估税价值	同上
对财产税税收收入进行限制	各市在2007年的财产税收入不能超过2006年的105%	取决于财产估税价值的变化情况	限制在限额之内	取决于其他财政收入的使用情况

续表

限制种类	例　子	限制措施所产生的影响		
		对财产税税率	对财产税收入	对政府支出
对地方政府支出规定限额	2007年市财政的拨款总额不能超过2006年的108%	取决于估税价值变化和其他财政收入来源的变化	取决于其他财政收入来源的变化程度	明显得到了控制（新增财政收入来源可减轻财产税税负）
对评估价值增长的限制	城市财产评估价值增长幅度在2007年不得超过5%	根据一般税率进行计算	取决于地方预算过程和税率的确定	取决于地方预算
“真实课税”/信息充分披露	各市课税信息应充分披露，包括：若税率保持不变，新评估价值对税负的影响；评估价值调整后，税率降低多少才能保持税负不变等	根据一般税率进行计算	取决于地方预算过程和税率的确定	取决于地方预算

资料来源：Daniel Mullins and Bruce Wallin，“Tax and Expenditure Limitation：Introduction and Overview”，Public Budgeting & Finance，24（Winter 2004）：2－5.（转引自马海涛．中国税收风险研究报告［M］．经济科学出版社，2011：138）

直接税由于产生了纳税人税负的直接感知往往具有“税收厌恶”的特点，因此，尽管直接税有其自身的优点，也有提升比重的必要性，但是，在征收的技术上，它要求纳税人直接纳税，因而，如果纳税人收入、财产存量不透明或者在技术上不能完全可查，那么，即使直接税比重在制度上得以提升，即使经济发展确实带来了收入和财富的巨大增长，但税收的应有功能也未必能够得到实现。这就需要通过完善的税务征管体系来实现。

尽管直接税改革会带来很多挑战，但“整个社会要走向现代化，那么税制必须走向现代化，中国需要推进直接税方面深刻的税制改革，而这个改革必然是中国走向现代化道路上横亘于前的一个历史性的考验”①。

① 贾康．中国全面配套改革中的直接税改革问题［J］．税务与经济，2018(05)：1－4.

第三节　绿色嵌入方式与中国税制“绿化”的基本思路

2015年6月10日，国务院法制办公布《环境保护税法（征求意见稿）》，向社会公开征求意见（目前已经独立开征了环境保护税）。2015年9月中共中央、国务院印发《生态文明体制改革总体方案》，在“健全资源有偿使用和生态补偿制度”中提出要加快推进环境保护税立法。而“十三五”规划中则不单单提出要“开征环境保护税”，更进一步提出了“建立覆盖资源开采、消耗、污染排放及资源性产品进出口等环节的绿色税收体系”。从理论和各国有益实践的角度看，进一步发挥税收保护生态环境的作用，需要深入推进税制“绿化”。从理论研究上看，从庇古税理论产生以来，关于环保税以及税制“绿化”的研究文献可谓汗牛充栋，而从环保税的设置模式的角度看，王金南等（2006）提出税制“绿化”有“独立型环境税模式”和“融入型环境税模式”，认为融入型环境税在实施过程中相对简单，可以作为近期的选择，但从税制“绿化”的效果上看，需要引入独立型环境税模式[①]。何云晶等（2013）将熵权—模糊综合评判模型引入环保税征收模式选择中，认为独立型环境税模式是最优的选择[②]。但这些研究共同的不足是忽略了税制结构的平衡问题。本书认为，税制“绿化”是对整体税制结构的改造，是在稳定税负的前提下，通过把新设独立环保税和“绿化”改造现有税种两相结合，在保持税制结构平衡的基础上使绿色理念全面嵌入税制结构，实现税制整体“绿化”。按照这一理念安排税制“绿化”可以尽可能实现环保税的“双重红利”，同时可以保持税制结构的平衡关系。基于此，本书从环保税“双重红利”实现条件的理论

① 王金南，等.打造中国绿色税收——中国环境税收政策框架设计与实施战略[J].环境经济，2006(09):10-20.

② 何云晶，黄德林，路红光，等.中国环境税征收模式选择研究——基于熵权—模糊综合评判模型[J].中国国土资源经济，2013(07):47-52.

推演入手，加入税制结构平衡的考虑，探讨税制“绿化”的实现方式。以此为基础，对我国税制“绿化”的基本思路进行讨论。

一、单一绿色嵌入的庇古税效应分析

需要说明的是，从形式上看，本书所提的“绿色嵌入”这一概念类似于王金南等（2006）提出的“独立型环保税模式”（或“融入型环保税模式”）的概念。但两者之间的根本性区别在于：“独立型环保税模式”（以及“融入型环保税模式”）这一概念的思维方式主要侧重的是如何有效地搭建环保税模式以更有效地提高环保效果。本书所讲的“绿色嵌入”是从税制结构整体性入手，考虑如何在税制结构中加入“绿色”以达到在保持税制结构特定性质（如税制结构平衡）前提下实现税制“绿化”。据此，单一绿色嵌入指的是单独引入环保税的绿色嵌入方式，即税制“绿化”仅通过在原有税制结构中引入单独的环保税的方式进行，而没有其他方式。

庇古税原理从理论上阐释了单一环保税引入的必要性①，但在税制假设上过于抽象和简化，妨碍了其在税制实践中的应用。于是，桑德姆（Sandmo，1975）在最优商品税框架下将庇古税和拉姆齐法则结合起来发展出了庇古税的叠加性特征。根据桑德姆（Sandmo，1975）的分析，我们采用如下方式对这种绿色嵌入方式的有效性②进行分析③：

假设一个经济体中有 n 个消费者和 $m+1$ 个消费品，用 x_i 表示消费者对第 i 个消费品的消费量，X_i 表示所有消费者对商品的消费量之和，令第 m 个消费品的消费具有外部性，因此，$X_m = \sum x_m = nx_m$，若个人的时间禀赋为 1，x_0 为工作时间，因此，代表性家庭的效用函数可表示为：$u^j = u(1-x_0, x_1, \cdots, x_{m-1}, x_m)$。

① 庇古．福利经济学（上卷）[M]．商务印书馆 2003：206.

② 这里的有效性指的是庇古税效应。由于环保税引入的主要目的是消除环境污染等外部效应，因而，这种庇古税效应能否发挥才是环保税有效性的核心问题。

③ Sandmo, A. Optimal taxation in the presence of externalities[J]. Swedish Journal of Economics, 1975(77): 86-98.

假设该效用函数是严格的凹函数且可微，则其一次条件要满足：$\begin{cases} u_i > 0 \\ u_{m+1} < 0 \end{cases}$，其中，$i = 0,1,2,\cdots,m-1$。用私人物品 x_{m-1} 和公共物品 x_m 的边际替代率之和表示最优课税要反映的边际社会损害，则：$\theta_m = \frac{t_m}{q_m} = -n\frac{u_{m+1}}{u_m}$。

由此可看出，这一分析从一般均衡的角度验证了庇古税原理在最优条件下的成立。在桑德姆进一步的分析中，其设定间接效用函数 $v(q) = u[x(q)]$，设定其预算约束为 $\sum t_i x_i = n\sum(q_i - p_i)x_i = T$（这是出于政府筹集收入的考虑）。据此，得出了一阶最优条件方程：

$$-\lambda x_k + nu_{m+1}\frac{\partial x_m}{\partial q_k} - \beta\left[\sum_{i=1}^{m} t_i\frac{\partial x_i}{\partial q_k} + x_k\right] = 0\text{，其中，}k = 1,2,\cdots,m$$

因为商品的需求变化要受税收变化的影响，因而，将系数矩阵用课税商品的需求函数变化的雅可比矩阵置换，得：

$$J^* = \begin{bmatrix} \frac{\partial x_1}{\partial q_1}\cdots\frac{\partial x_m}{\partial q_1} \\ \vdots \\ \frac{\partial x_1}{\partial q_m}\cdots\frac{\partial x_m}{\partial q_m} \end{bmatrix}$$

用 J 表示 J^* 的行列式，用 J_{ik} 表示行列式的第 i 行第 k 列的余子式，则消费者的负外部性只进入关于该商品的税收计算公式，第 i 件消费品是否具有外部性并不影响对其他消费品的最优课税选择，桑德姆把这种最优税收结构概括为具有叠加性。

令 $u = -\frac{\lambda}{\beta}$ 表示私人收入与公共收入的边际替代率，其中 λ 通常为正值，表示私人部门的边际收入效用；而 β 通常为负值，为政府增税对整个社会效用的影响（负值），则有：

$$\theta_k = (1-u)\left[-\frac{1}{q_k}\frac{\sum_{i=1}^{m} x_i J_{ik}}{J}\right], k \neq m$$

$$\theta_m = (1-u)\left[-\frac{1}{q_m}\frac{\sum_{i=1}^{m} x_i J_{im}}{J}\right] + \left[-n\frac{u_{m+1}}{u_m}\right]$$

进一步假定商品之间的需求相互独立，即 $\frac{\partial x_j}{\partial q_k} = 0$ ，且 $j \neq k$ ，并用 ε_m 表示商品自身的价格弹性，d_m 表示商品 m 的边际社会损害。于是，上述关系可转化为：

$$t_k = -\frac{1}{\varepsilon_k}(1-u), k \neq m$$

$$t_m = -\frac{1}{\varepsilon_m}(1-u) + ud_m$$

对于 $t_m = -\frac{1}{\varepsilon_m}(1-u) + ud_m$ 来说，当 $u = 0$ 时，就成为拉姆齐逆弹性法则的表示式，而 d_m 则是庇古税原理的表示，即可看作单独开征环保税带来的“第一份红利”①。这说明，污染性商品课税税率的确定应该是商品逆弹性法则和庇古税原理的权重组合。

进一步，如果考虑公平和收入分配因素，则可以用 u_j 表示消费者 j 的私人物品和公共物品效用上的边际替代率，于是，上述关系即可转化为：

$$t_k = -\frac{1}{\varepsilon_k}\frac{\sum_j (1-u_j)x_{kj}}{\sum_j x_{kj}}, k \neq m$$

$$t_m = -\frac{1}{\varepsilon_m}\frac{\sum_j (1-u_j)x_{kj}}{\sum_j x_{kj}} + \sum_j u_j d_m$$

权重系数就变成了个体之间分配系数 $(1-u_j)$ 的加权平均。分配系数 $(1-u_j)$ 随着消费者 j 消费商品数量的增加而相应提高。因此，即便是考虑了公平和分配因素，桑德姆的叠加性原则还是成立。政府最优课税只能是在对商品课税

① 绿色税收的“第一份红利”指的是对具有外部效应的产品开征污染税或环保税，对环境质量的改善。按照庇古税原理，这种对环境质量的改善是通过让环境污染者通过负担环保税而承担污染的社会成本，以使外部性问题内在化。因此，公式中 B 是庇古税原理的表示，也就可以表示绿色税收的“第一份红利”。

的基础上再选择污染品叠加课征环境税。因此，在最优税框架中，单一嵌入环保税能够实现庇古税效应，即获得绿色税收的“第一份红利”。

二、税制结构平衡框架下单一绿色嵌入的有效性分析

本书对税制结构平衡的界定建立在马克思经济学两大部类的平衡关系理论上，即课税关系应该能够保持两大部类的平衡。按照马克思经济学的基本原理，在扩大再生产的条件下，保持两大部类之间的平衡关系需要满足的基本条件是：$\mathrm{I}(C+V+M) > \mathrm{I}(C)+\mathrm{II}(C)$ 和 $\mathrm{II}(C+V+M) > \mathrm{I}(V+M/X)+\mathrm{II}(V+M/X)$。简化的两大部类间的基本平衡关系可表示为：$\mathrm{I}(V+\Delta V+M/X)=\mathrm{II}(C+\Delta C)$。这一平衡关系可通过 $\begin{cases}\mathrm{I}(C+V+M)=\mathrm{I}(C+\Delta C)+\mathrm{II}(C+\Delta C)\\ \mathrm{II}(C+V+M)=\mathrm{I}(V+\Delta V+M/X)+\mathrm{II}(V+\Delta V+M/X)\end{cases}$ 表示，即第Ⅰ部类所生产的生产资料要与整个社会中第Ⅰ部类和第Ⅱ部类对生产资料的总需求相协调并保持平衡。第Ⅱ部类所生产的消费资料应该与两大部类对消费资料的需求保持平衡。

根据课税基础的基本界定，对 $C+V+M$ 课税即为商品税（或流转税），对 $V+M$ 或 $V+\Delta V+M/X$ 课征的即为所得税，而对 C 或 $C+\Delta C$ 的课征可看作对资本存量或财富存量课征的资本税或财产税。因而，对上述平衡式进行一定的课征便可以反映出税制结构的特定平衡（或不平衡）关系。假设初始的某种课征方式能够按照最优税制的标准设置以保持经济平衡，此时税制结构平衡关系便为：$\begin{cases}t\mathrm{I}(C+V+M)=t\mathrm{I}(C+\Delta C)+t\mathrm{II}(C+\Delta C)\\ t\mathrm{II}(C+V+M)=t\mathrm{I}(V+\Delta V+M/X)+t\mathrm{II}(V+\Delta V+M/X)\end{cases}$，两者合二为一，即 $t\mathrm{I}(C+V+M)+t\mathrm{II}(C+V+M)=t\mathrm{I}(V+\Delta V+M/X)+t\mathrm{II}(V+\Delta V+M/X)+t\mathrm{I}(C+\Delta C)+t\mathrm{II}(C+\Delta C)$，反映了不同税类在税制结构中的平衡关系。

按照上文分析，单独按照拉姆齐法则和庇古税原理引入环保税这种绿色嵌入方式，是在普遍课征商品税的基础上再对污染品进行的惩罚性的课

税。尽管这种课税方式可以实现最优化税制设置的目标，但在税制结构没有整体进行调整的情况下必然导致税制结构平衡关系的丧失，假设两大部类中都存在可被挑选的污染品进行课税，而对污染品课税导致两大部类产品平均税率水平都增加 δ，则 $(t+\delta)\text{I}(C+V+M)+(t+\delta)\text{II}(C+V+M)\neq t\text{I}(V+\Delta V+M/X)+t\text{II}(V+\Delta V+M/X)+t\text{I}(C+\Delta C)+t\text{II}(C+\Delta C)$，原有的税制结构平衡关系便不复存在。

于是，这种单独引入的环保税与税制结构平衡之间的不和谐性便不可避免：

第一，降低普遍课征的商品税税负水平。但当初始税制是按照最优税制标准设置的情况下，降低商品税税负水平则必然破坏最优税制的原则。同时，由于对污染品课征是在普遍课征商品税的基础上进行的再课征，因而，降低商品税税率水平将导致污染品整体税负水平的下降，在破坏了这种环保税的最优性质的同时，也将降低环保税的调节作用，进而在一定程度上失去环保税的“第一份红利”。

第二，不降低普遍课征的商品税的税负水平，而是提高对资（财）产（$C+\Delta C$）或（和）所得（$V+\Delta V+M/X$）的税负水平。从税制结构平衡的角度看，适当的比例关系能够保证税制结构的平衡关系，但这里便不可避免地出现两个基本问题：其一，税制结构平衡关系两边税负同等增加，使单独引入的环保税能够发挥庇古税效应，但同时必然将导致宏观税负水平的提高，这与税制“绿化”的前提（即宏观税负稳定的前提）是相违背的。其二，按照皮尔斯（Pearce，1991）的观点，通过征收环保税，可以相应地减少其他产生扭曲现象的税收额（如对劳动者收入的税收），这将会减少扭曲，间接增加社会福利（这即是环保税的“第二分红利”）。然而，即使不考虑宏观税负稳定这一前提，增加独立引入的环保税，在税制结构的平衡关系中，要同时提高其他税种的税负，这将不可避免地丧失掉了环保税的“第二份红利”。

第三，仍不考虑宏观税负稳定，单单提高对 $C+\Delta C$ 课征，总是可以找到一个恰当的比例使上述平衡关系成立。但是，提高对 $C+\Delta C$ 课征实际上包含着对特定的财产课征和对企业资本投入加重课征两层含义。首先，对特定财产加重课征，实际上是对现有财产行为税的改造，比如，车辆购置税、车船税等根据排气量的大小设置不同的税率，使绿色嵌入原有税种。其次，现代税收学不赞成对资本品课税（对资本品课税不利于经济增长和经济效率的提高），但将资本投入中的自然资源，如矿产品、土地、房产等纳入课税范围也是各国税收实践中的惯例，因此，加重对资本品的课征在现代税制体系中表现为对现有资源税的改造，提高资源税的课征比率。这里表明，要保证税制结构的平衡，单独引入绿色税种不能发挥有效作用，必须通过将绿色理念嵌入相关税种，共同实现税制“绿化”。

同时，即使考虑将对 $C+\Delta C$ 中能产生环境负外部效应的内容加重课征，并且是环保税的本有之意，但对其课征也不可能是无限制的，因此，当单独对财产和资本（资源）投入加重课征不能够保证税制结构的平衡时，一个可选的方案就是增加对 $V+\Delta V+M/X$ 的课征，因此，“第二份红利”的丧失依然不可避免。

据此，在税制结构平衡的视角下，单独引入环保税这种单一绿色嵌入方式由于可能丧失环保税的“两份红利”，因而，其有效性便值得质疑。因而，重构绿色嵌入方式，在保证税制结构平衡的条件下实现绿色税制的“双重红利”便是理论上要解决的重要问题。

三、“双重红利”产生条件与绿色嵌入方式多元化

（一）“双重红利”产生的条件的理论推演

环保税可能产生“双重红利”，这一问题在理论上存在诸多的争论。而其争论的核心不是“双重红利”存不存在的问题，而是在什么条件下存在。借助传统的分析方法[①]，可以作如下分析：

在宏观税负稳定的前提下，对产品和劳动收入课以线性税，税率分别

① Bovenberg, L. and R. de Mooij. Environmental levies and distortionary taxation[J]. American Economic Review, 1994,(84):1085－1089.

为 t 和 τ 。假设企业 j 使用一单位劳动生产一单位产品 j ，将工资常数化为 1。同时，假设只存在一个消费者（避免消费者的异质性），不存在总额转移支付。假设产品 1 是一种污染品，对它的消费会损害环境质量 E ，这样，对所有 $k > 1$ 的产品而言都是非污染品。定义环境质量 E 是一个平滑的递减函数，即 $E = f(X_1)$ 。

用 $U(X,L,E)$ 来表示消费者的效用函数，因而，消费者一定会在其预算约束 $\sum_{k=1}^{n}(1+t_k)X_k = (1-\tau)L$ 下寻求 $U(X,L,E)$ 的最大化。因而，在绿色税制改革下：

$$dU = U'_X \cdot dX + U'_L \cdot dL + U'_E f'(X_1) \cdot dX_1$$

定义 α 为收入的边际效用，则消费者规划的一阶条件即为：

$$U'_X = \alpha(1+t) , U'_L = -\alpha(1-\tau)$$

两边同除以 α ，并定义 $t_1^P = -\frac{U'_E f'(X_1)}{\alpha}$（显然，$t_1^P$ 就是庇古税），则：

$$\frac{dU}{\alpha} = (1+t)dX - (1-\tau)dL - t_1^P dX_1$$

现在生产函数是 $\sum_{k=1}^{n} X_k + G = L$ 。于是有 $\sum_{k=1}^{n} dX_k = dL$ ，进而，标准化之后的效用函数即为：$\frac{dU}{\alpha} = t \cdot dX + \tau \cdot dL - t_1^P \cdot dX_1$ 。其中，$-t_1^P \cdot dX_1$ 代表环境质量的改善（环保税的“第一份红利”），而 $t \cdot dX + \tau \cdot dL = \sum_{k=1}^{n} t_k dX_k + \tau \cdot dL$ 就是“第二份红利”。

据此，若假设税收是最优的，定义 $dU = 0$ ，由于绿色税制改革的“第一份红利” $-t_1^P \cdot dX_1$ 总是正的，因而，“第二份红利” $t \cdot dX + \tau \cdot dL = \sum_{k=1}^{n} t_k dX_k + \tau \cdot dL < 0$ 。如果考虑从没有负外部性的情况出发，根据拉姆齐最优税率，可以定义 $t \cdot dX + \tau \cdot dL = \sum_{k=1}^{n} t_k dX_k + \tau \cdot dL = 0$ 。于是，当初始的税制比拉姆齐最优税制更有利于污染品生产时，“第二份红利” $t \cdot$

$\mathrm{d}X + \tau \cdot \mathrm{d}L = \sum_{k=1}^{n} t_k \mathrm{d}X_k + \tau \cdot \mathrm{d}L > 0$ 则是可能的。

这一理论分析与Bovenberg（1998）的分析基本一致，考虑到现实税制改革的复杂性，环保税的引入在特定情况下能够实现“双重红利”。比如，若引入环保税之前现有税制是低效率的，即各种不同税收的边际额外负担差异较大，且此时引入环保税将使税负从较高边际额外负担的要素转向低边际额外负担的要素，那么它就会减少税制的无效率，而且，如果这一效果足够大则可以获得“双重红利”①。这意味着，税制绿化本身要求在引入环保税的同时对税制整体进行改革。

萨拉尼（2005）在对“第二份红利” $\sum_{k=1}^{n} t_k \mathrm{d}X_k + \tau \cdot \mathrm{d}L$ 进行进一步考察时，通过严格假设和严密的数理推导，得出结论为：如果政府已经把对环境的关注转化为绿色税收，“第二份红利”也必然是负的。但提高环保税有助于改进福利，从绝对值上看，“第一份红利”可能会大于“第二份红利”，但这只是理论上的一个可能的精美论点。Bovenberg and Mooij（1994）曾指出，在现实税收扭曲经济行为的情况下，最优的绿色税收可能会远远达不到庇古税的水平。而在这种情况下进行税制“绿化”时，税种之间的相互作用是不可忽视的。这一论断在托马斯·斯特纳（2000）的研究中得到了进一步论证：考虑现有税制结构情况，当过高的所得税抑制了劳动或投资的积极性，从而显著阻碍了经济增长，那么，推行税制“绿化”很可能产生“双重”或“多重”红利。也正因如此，司彦武（2009）在对环保税经济效应进行综述时，在环保税经济福利效应中特别强调了税种间的相互作用效应以及环境受益的相互作用。这也意味着，绿色嵌入方式应该是在引入环保税的同时，通过绿色理念向税制结构全面渗透，并根据不同情况改造现有税制，使其成为一个绿色税制体系。这便是税制“绿化”的多元化绿色嵌入方式。

---

① Bovenberg, L. , F. van der Ploeg. Consequences of environmental tax reform for unemployment and welfare[J]. Envinonmental and Resource Economics, 1998, (12): 137-150.

（二）绿色嵌入方式多元化：由理论走向现实

绿色嵌入方式的多元化为税制“绿化”过程中保持税制结构的平衡提供了条件，即在税制结构的平衡关系中通过相应的“加、减法”总是能够在保证税制结构平衡的同时实现税制“绿化”。这里的“加法”包含两层含义：其一，要开征新的环保税以实现绿色的直接嵌入。尽管环保税的开征存在难度，但环保税是一种能够直接将外部效应内在化的最有力的工具，同时，这种专款专用的环保税也是实现绿色税制“第一份红利”的重要保障。其二，改造现有税种以实现绿色的间接嵌入。这需要通过增加税目、提高税率、减少税收优惠等手段提高现有特定税种中特定课税对象（不利于环保的）或纳税人的税负水平，以达到对环境保护的调节作用。“减法”主要是间接的绿色嵌入，通过降低税率、增加税收优惠等手段，降低环保产品或环保项目的税负水平。那么，在税制结构平衡的视角下，如何做好这种“加、减法”？这需要对税制结构进行详尽的分析。

按照上文的分析，在税制结构平衡的视角下进行税制“绿化”以尽可能实现绿色税制的“双重红利”（甚至多重“红利”），需要采取多元化的绿色嵌入方式。但是，需要说明的是，前文对绿色嵌入方式进行分析的基本假设的前提是：税制结构处于平衡状态，即在既定的税制结构平衡状态下进行税制“绿化”（同时保持原有的税制结构平衡状态）。因此，对现实中的税制“绿化”而言，需要考虑的基本问题是原有的税制结构是否平衡。如果原有税制结构本身处于平衡状态，按照上述多元化的绿色嵌入思路进行税制“绿化”只需要考虑如何在宏观税负稳定的前提下保持税制结构平衡；但如果原有税制结构处于非平衡状态，问题就相对复杂：其一，如果先通过税制调整实现税制结构平衡，再进行税制结构“绿化”，问题的复杂性就仅体现在如何对原有税制结构进行调整；其二，如果将税制结构平衡问题和税制“绿化”同步推进，问题的复杂性就体现在，设置绿色嵌入是否要考虑调整原有税制结构。

因此，按照本节分析框架构建现实中绿色嵌入方式时，需要做出简化处理。这里主要有两点考虑：其一，从理论上看，税制结构平衡是一个国家税制的应有之义，而各国税制改革本身包含了不断推进税制平衡的探索，因此，从理论上看，每一个时期税制结构都应该是平衡的。特别是从税制演化过程来看，税制“绿化”也是在经济社会发展到一定时期，环保问题成为社会广泛关注的焦点之后的课题，其本身就是对原有税制结构平衡关系的一个调整过程。其二，本书关注的焦点是单一的绿色嵌入和多元化的绿色嵌入方式哪一个更有利于释放绿色税制“红利”，而不是关注通过什么样的绿色嵌入方式更有利于使原有的非平衡的税制结构实现平衡。因此，下文在绿色嵌入方式构建时不考虑对原有税制结构的调整，即假设原有税制结构本身是平衡的（或者原有税制结构的非平衡状态不需要通过绿色嵌入方式来进行调整），仅考虑如何实现绿色嵌入方式的多元化。

四、中国税制“绿化”的绿色嵌入思路构建

根据上文分析，结合中国现行税制结构的基本特征，我们认为，中国税制“绿化”需要按照以下思路进行绿色嵌入方式的构建：

（一）构建环保税，实现直接的绿色嵌入

单独开征环保税要集中于庇古税效应的发挥，即节能减排、遏制污染。这就要求环保税应该遵循最严格的环保要求，在税制设计上要对污染排放（含碳排放）行为施以高额税收负担（税率从高），并采取直接课税的方式（按“污染者负担”原则，任何直接或间接排放污染物的单位和个人都应该是环保税的纳税人）。

环保税应该对生产、消费等过程中利用环境容量直接或间接排放污染物的行为进行课税①。据此，环保税应考虑设置四个税目②：（1）污染排放：包括大气污染物、水污染物、固体废物、建筑施工噪声和工业噪声以及其他污染物的排放，同时，将目前排污费改税，同时包含生活垃圾、机

① 《中华人民共和国环境保护税法（征求意见稿）》第二条的规定是“直接向环境排放应税污染物”。目前的环境保护税法沿用了这一条内容。

② 王金南．科学设计环境保护税，引领创新生态文明制度［J］．环境保护，2015（16）：16－20.

动车排放、农业源污染等①。(2)污染产品：可包含电池、包装材料、涂料等，并适时逐步扩大征收范围。(3)生态保护：对自然保护区和矿产资源开采的生态破坏设置生态补偿税，可首先考虑把矿产资源开采征收的生态补偿费进行费改税。(4)二氧化碳：对排放二氧化碳的化石燃料征收②。

环保税的税率设置通常采用定额税率，税率设置应能够反映对“边际耗竭成本和边际环境成本”③部分征收，同时，为体现环境容量的价值(稀缺性和效用)，充分发挥环保税的庇古税效应，“可根据生产行为向环境中污染物排放的强度，以及生态环境质量的损失费用或恢复费用为标准设置税率”④。

同时，由于开征环保税的核心是通过调节污染排放行为，实现减少污染排放和保护生态，因此，环保税应尽可能减少税收优惠条款的设置，其征收范围以及征收强度应基于污染物、污染行为及其影响和效应，而不应该有地区差异、群体差异，不能有基于经济发展水平和程度以及支付能力的考量。

(二)改造现有税种，实现间接的绿色嵌入

在资源税方面，由于自然资源的开采利用过程往往伴随着资源消耗和环境破坏，因此，资源税对税制“绿化”具有重要意义。其一，扩大课税范围：改变我国现行资源税、费并存的状况，将矿产资源补偿费并入资源税，并逐步将水资源费、林业补偿费、育林基金、矿山专项维护费、渔业资源费等并入资源税。在此基础上逐步对水资源、森林资源、草原资源、土地资源、海洋资源、野生动植物资源等开征资源税。其二，合理调整资源税税负：改变资源税级差调节的单一性功能，加强对资源开采、利用、保护、恢复等方面的调节，将资源税税负与环境成本、资源的合理开发、

---

① 《中华人民共和国环境保护税法》将农业排放、机动车排放、城镇污水处理厂、垃圾处理厂排放等作为免税项目处理，不符合税收公平性的原则，也是对环保税功能发挥的破坏。

② 由于碳税是一个兼具环境、经济、政治三重性质的复杂的国际问题，因而，可先设为环保税的一个开放性条款，为日后细化留下空间。

③ 张世秋，李彬. 关于环境税的思考[J]. 环境保护，1995(9)：21-24+35.

④ 同上。

养护、恢复等挂钩，根据资源的稀缺性、人类对其的依存度、不可再生性资源替代品的开发成本、可再生资源的再生成本、生态补偿价值等因素，合理调整资源税的税率①。

在消费税方面，进一步“绿化”消费税首先要考虑扩大课征范围，将属于消耗资源、污染环境的行为和在消费过程中会造成环境污染的产品（电池、塑料袋、餐饮用品、氟利昂、煤炭、焦炭和火电等高污染高耗能产品）纳入消费税课征范围，并在此基础上适当提高环境污染严重和资源消耗量大的消费品的税率。

在增值税方面，为有效引导和鼓励企业从事有利于促进生态建设和优化环境的无污染产品的生产或清洁生产，应在进项税抵扣和税收优惠方面进行调整：取消能产生环境污染的化肥、农机等农业生产资料的税收优惠措施②；对企业生产的用于消烟、除尘、污水处理等环境保护设备可设置“先征后返”的税收优惠，而对企业购进的这类设备可采取加计进项税抵扣额的方式进行税收优惠。

在企业所得税方面，可通过以下方式进行绿色嵌入：其一，在税基式减免上，可对环保设备实行加速折旧制度；对环保产品的广告宣传费，提高扣除标准；对企业向环保事业的公益性捐赠支出，提高其扣除比例等。其二，在税率式减免上，对专门生产环保产品或环保设备的纳税人，可比照高新技术企业适用税率。其三，在税额式减免上，对新设立的从事环保事业或环保产品研发、生产的企业可使其从获利年份的若干年内免征或减征企业所得税；设置企业购置并使用环保设备投资额的一定比例可从其当年或上年应纳税额中抵免等优惠政策。

（三）协调税收管理，保证绿色真正嵌入

绿色税制通常是从两个方面发挥其作用的：其一，实现绿色税收的有

① 陈少克. 资源税改革：现状、问题与思路[J]. 财会研究，2012(13)：20－22.

② 在税制“绿化”中应坚持公平原则，即所有污染生产者都要承担污染环境的代价。对农业生产资料的增值税优惠初衷是降低农业生产者的税收负担，但破坏了上述原则，基于此，在取消这种税收优惠的同时，可以在其他方面以财政补贴的方式减轻农业生产者的负担。

效征管。只有严格按照绿色税制的相关规定实现完全征收，才能保证绿色税制以“限制”的方式调节污染行为，实现环境保护。其二，为有效的环境治理筹资，即以“治理”的方式促进环保的实现。据此，保证绿色真正嵌入需要有以下基本考虑：

在税收征收管理上，因税务部门不具备环境检测的技术条件，所以应由税务部门和环保部门合作进行征管。环境保护主管部门要履行对应税污染物监测、监督和审核确认的职责，协同税务机关做好税收征收管理工作。建立相应的信息交流与反馈、动态跟踪与评估机制。其一，在环保税上，环保部门要将污染物排放监测数据信息、审核确认信息和排污许可信息、排污单位环境违法和受行政处罚情况等信息与税务部门进行交流与共享，税务机关应当及时将纳税人的排污申报、税款入库、加倍征收、减免税额、欠缴税款及风险疑点等环保税涉税信息，与环保部门进行交流与反馈。其二，在其他税种上，税务部门要根据环保部门提供的环保数据与资料对纳税人适用税收优惠进行评估。同时利用数据跟踪情况适时通过法律程序调整税收优惠条款和税目设置。

在税收管理体制上，可以采用以下两种方式：其一，由于环境问题需要中央和地方（主要依靠地方）共同治理①，因此，在设定环保税税收收入“专款专用”于环境治理的同时，应将其设为共享税种，要在坚持中央统一立法的同时赋予地方一定的环保税法调整空间，由地方税务机关负责征收，按照地方占大头的原则实施环保税共享。其二，由于绿色的嵌入，其他税种也或多或少具有环保税的性质，理应为环境治理做出贡献，但由于其他税收收入属于政府一般预算收入，可以考虑在国家预算设置环境保护专项经费，并通过转移支付等方式为地方环境治理提供资金。

---

① 分税的原则应该和事权对应起来，将“专款专用”的环保税设定为共享税种，是因为在环境治理上，虽然大多责任属于地方政府，但在具有流动性和跨区域性的空气污染、流域性水污染等方面的治理上则需要中央政府发挥作用，从这个意义上看，在环保税税收分享上至少应该保证所征收的空气污染、流域性水污染等方面的环保税收归中央。

第四节　水资源税的性质与我国水资源税的完善

自 2017 年 12 月 1 日起，全国性的水资源税在河北省试行的基础上，试点范围扩展到北京市、天津市、山西省、内蒙古自治区、河南省、山东省、四川省、陕西省、宁夏回族自治区等地。水资源税的试点并逐步推进是我国绿色税制改革的重要内容，也是资源税制改革的重要内容，是由传统的对矿产资源课征的狭义资源税向本意的对自然资源课征的广义资源税迈进的重要步骤。根据水资源税试点的相关方案，水资源税的试点是要“建立规范公平、调控合理、征管高效的水资源税制度”①，其目的是“加强水资源管理和保护，促进水资源节约与合理开发利用”②。水资源税的试点将为水资源税制的设立提供重要实践参考。同时，在试点过程中也必须通过对水资源税性质的把握不断完善水资源税制。

一、水资源税的性质与特征：一个应然考虑

任何一个税种的设立都要有表现其税收性质的课征目的。从形式上看，水资源税是我国现行资源税中的一个税目，因而，水资源税的性质应该从属于资源税的性质。但由于我国资源税改革尚处于不断完善的过程，因此，对水资源税性质的确定是建立公平、有效的水资源税制的基础。

（一）水资源税的性质

水资源税性质和水资源税的定位密切相关。税收的性质包含两个基本方面，即财政收入筹集和社会经济调节两个方面，前者是税收的本源性质，后者是一种派生性质。随着现代税收体系的发展，税收的社会经济调节能力很大程度上取决于税收的收入汲取能力，比如，刘尚希、应亚珍

---

① 参见河北省水资源税改革试点工作指导意见(冀政办字〔2016〕89 号).

② 参见《关于印发〈扩大水资源税改革试点实施办法〉的通知》(财税〔2017〕80 号).

(2003) 在探讨个人所得税的功能定位与税制设计问题的时候就提到，个人所得税收入比重偏低限制了其收入分配功能的实现。李冬梅、马静(2014) 分析我国资源税改革的经济效应时认为，资源税税收收入占比低的状况阻碍了其调节功能的发挥。从这一角度看，水资源税的调节能力也需要一定的汲取能力相配合，即要实现水资源税的调节作用，过低的税负水平是完不成这一任务的。

然而，水资源税的汲取能力又不能过度强调。在一些研究资源税的文献中，对资源税的定位通常是两个方面，即通过资源税实现国家资源所有权的收益，同时通过资源税对资源的开采进行级差调节。是权益金？还是级差收益税？由于两者之间的关系交织混乱，所以，在很大程度上妨碍了资源税的定位。徐全红 (2017) 认为，应将资源税定位于“基于公共资源(含自然资源) 的外部性和对资源本身的公共管理而征收的”一种税，因而，“组织公共收入是其内在的功能定位”，并因此将资源税定位于促进基本公共服务均等化。甚至考虑将资源税逐步培育成为地方主体税种 (徐全红，2017)。实际上，这些过度强调资源税的收入汲取功能的看法主要是忽略了自然资源对于人的双重价值：人不仅要开采、消费自然资源，同时也要对自然资源进行保护。陈少英、王一骁 (2016) 将前者称资源价值，将后者称为生态价值。据此，单单追求资源税收入汲取能力实际上是在以税的名义追求自然资源的资源价值，而这一追求在一定程度上将导致资源的过度开发和使用，使资源税的调节功能沦为空谈。从财税法的角度看，税的引入是为了平衡资源价值与生态价值，以实现自然资源对于人的价值最大化 (陈少英，王一骁，2016)。

基于此，我们认为，水资源的性质应该侧重定位于实现水资源的生态价值。水资源短缺以及水资源利用率低是开征水资源税的主要考虑背景。数据显示[①]，我国人均水资源量大概为 2100 立方米，是全世界平均值的

① 邱峰. 开征水资源税的探索(上)——中国应对水资源问题之策[J]. 节能与环保,2013(3).

28%，全国年平均缺水量达500多亿立方米。我国每万美元GDP用水量是世界平均水平的4倍，工业用水的重复利用率为55%（发达国家平均达75%～85%），农田灌溉水有效利用系数仅为0.50（世界先进水平达0.7～0.8）。同时，存在过量开采地下水的普遍现象，全国地下水超采区有400多个，已形成大型地下水降落漏斗100多个，面积达15万平方公里。而水利部《中国水资源公报》显示，近10年我国综合水耗率都在53%左右①。因此，通过水资源税促进水资源的节约利用，并通过水资源税保护涵养水源便是应有之义。因此，水资源税的性质应表现为通过税的"负担"促使节约水资源，同时，通过税的"收益"保护并涵养水源。

（二）水资源税的应然特征

基于上述对水资源税性质的界定，水资源税的应然特征可通过以下几个方面表现：

第一，水资源税属于资源税，更是一种生态税。要依据开发利用程度，按照"受益者负担"的原则，通过税的强制性约束水资源开发、利用者的行为促进水资源的节约。如果说矿产品资源税要通过权益金或级差税的方式实现矿产资源的资源价值，那么水资源税应该通过税的强制约束实现水资源的生态价值。这应该是水资源税区别于矿产品资源税的一个特征。

第二，水资源税属于自然资源保护税，而不是环保税（或环境污染税）。水资源税仅约束纳税人水资源的利用量，达到节约利用的目的，但对排放污水行为无能为力。约束污水排放只能依据污染排放量征收环保税以促使污水排放主体减少污染排放。

第三，水资源税应该是一种专项税。水资源税的目的应与国家水政策目标一致，通过水资源税转款用于水生态建设和水资源的保护，实现水资源税的生态价值。因此，水资源税的税款不能一般地用于公共服务均等化，只能在特定（用水）领域实现公共服务水平的提升。

---

① 参见水利部网站历年《中国水资源公报》：http://www.mwr.gov.cn/sj/#tjgb.

因此，水资源税的各个要素的设置应该能够保证以上应然特征的实现。本书依此对我国水资源税及其发展方向进行分析。

二、水资源税试点方案与水资源费征收的对比

我国目前试行水资源税是在水资源的“费改税”的基础上完善资源税制的重要举措，也是从根本上解决水资源费征收过程中特定矛盾的有力渠道。比如，在水资源费的征收过程中，常常会因地方政府招商引资、发展经济等需要而随意减免等情况，导致水资源费的其实际征收率偏低，通过“费改税”可以通过税的强制性有效解决这一问题。但目前的试点方案是按现行水资源费征收标准进行的“平转”，现在试点的水资源税是原水资源费的继承与发展。因此，对水资源税试点现状的把握需要与水资源费相结合进行比较，主要涉及征收范围、征收标准和税（费）的管理与使用等方面。

（一）征税（费）范围确定

两者都是对地表水和地下水进行课征，征税（费）范围一致。根据对水资源费相关文件的梳理，水资源费的征收范围分为地表水、地下水，同时又根据使用主体划分为生活用水、工业用水和农业用水以及特种行业和发电等（见表 7 -2）。尽管水资源税试点方案在税率设计中仅仅涉及地表水和地下水，但在方案设计中基本上也遵从了水资源费的方式，对不同用水主体进行划分。因此，在课征范围上，水资源税表现出来的是对水资源费的继承。

两者都和取水许可证制度相联系。按照水资源税试点方案，“相关纳税人应当按照《中华人民共和国水法》《取水许可和水资源费征收管理条例》等规定申领取水许可证”，而根据《取水许可和水资源费征收管理条例》，各级水行政主管部门通过审核发放取水许可证向取水单位和个人征收水资源费。据此，水资源税的征收过程需要水行政主管部门和税务部门的协调：水行政主管部门的取水许可证是确定纳税人的重要标准（不是唯一标准），而水资源费的征管过程仅涉及水行政主管部门[①]。

---

① 个别地方如湖南省水资源费由地税部门代征。

表 7－2　水资源税试点省份 2014 年水资源税征收范围与标准

单位：元/立方米

省份	地表水			地下水			特种行业	发电（元/千瓦时）
	生活	工业	农业	生活	工业	农业		
河北	0.2～0.4	0.2～0.4	限额内免征	0.2～0.6	0.2～0.6	限额内免征	—	0.05
北京	1.57～2.61	1.63～2.61	免征	1.57～2.61	1.63～2.61	—	153	—
天津	0.63	1.41	免征	2.0～3.4	2.0～3.4	免征	20.6	—
山西	0.25～5	0.5～2.5	暂缓征收	0.5～15	1.0～7.5	暂缓征收	1～75	0.002～0.005
内蒙古	0.02～0.1	0.2～0.3	0.02～0.1	0.04～0.5	0.8～2	0.03～0.5	3～12	0.002～0.005
河南	0.15	0.25	免征	0.8～3.3	0.6～2.5	免征	0.25～9	0.002
山东	0.2～0.4	0.2～0.4	暂不征收	0.4～0.9	0.4～0.9	暂不征收	—	—
四川	0.04～0.06	0.05～0.085	免征	0.10～0.15	0.1～0.2	免征	0.06～0.2	0.0035
陕西	0.2～0.5	0.2～0.5	暂不征收	0.2～1	0.2～1	暂不征收	—	0.003
宁夏	0.15～0.2	0.1～0.3	免征	0.2～0.5	0.3～0.6	免征	1～2	0.003

资料来源：相关省份水资源费相关政策文件，转引自高萍，殷昌凡．设立我国水资源税制度的探讨——基于水资源费征收实践的分析[J]．中央财经大学学报，2016(1)．

（二）征税（费）标准确定

根据表7－2的资料梳理以及水资源税试点方案，两者的课征标准所遵循的基本原则基本一致：地下水税额高于地表水，水资源紧缺地区地下水税额大幅高于地表水；工业用水高于生活用水，特种行业用水高于一般行业用水。

由于两者都采用从量课征的方法，这就意味着征管过程中对量的核定需要有技术保证。水资源税实施中税务部门与水行政部门之间的协调关系的重要性进一步体现：税务部门的税款征收的依据依靠于水行政部门技术核定的用水量。比如，王晓洁、郭宁、杨梦（2017）对河北省水资源税试点进行研究中发现，河北省试点探索的“水利核准、纳税申报、地税征收、联合监管、信息共享”的征管模式中，计税依据确定的基本流程是：水行政部门核定取水量并向纳税人核发《纳税人取用水量核定书》，纳税人持《纳税人取用水量核定书》到税务部门填报《税源登记表》并申报纳税，地税部门根据登记表通过行业类别、水源类型、采区划分、管网覆盖范围、城市规模五个维度确定税额标准。

表7－3　试点省份水资源税最低平均税额　　单位：元/立方米

省（自治区、直辖市）	地表水最低平均税额	地下水最低平均税额
北京	1.6	4
天津	0.8	4
山西	0.5	2
内蒙古	0.5	2
山东	0.4	1.5
河南	0.4	1.5
四川	0.1	0.2
陕西	0.3	0.7
宁夏	0.3	0.7

（三）水资源税或费的管理与使用

根据《中华人民共和国水法》和《取水许可和水资源费征收管理条

例》水行政主管部门、财政部门和价格主管部门依照本条例规定和管理权限，负责水资源费的征收、管理和监督。同时，在实践中还常常出现矿管部门对部分水资源（主要是矿泉水）的管理。因此，多头管理是水资源费的主要特征。水资源费实行就地缴纳的方式，除南水北调受水地区外，一般按照1∶9的比例分别缴纳中央和地方国库，中央和地方水资源费收入纳入同级政府预算进行管理（高萍，殷昌凡，2016）。

而按照目前水资源税的试点方案，水资源税也是属地缴纳，“纳税人应当向生产经营所在地的税务机关申报缴纳水资源税”①，同时规定税的适用范围，即改革试点期间，水资源税收入全部归属试点省份。河北省试点期间水资源税按65∶35的比例在省与市（含定州、辛集市）、省财政直管县（市）之间进行分配②。

三、水资源税试点中存在的问题

水资源税试点中存在的问题包含两个层面，其一，试点实践中存在的问题，这些问题在河北省的试点实践中已经凸显，而且在新的试点范围内也将继续表现出来；其二，试点方案中存在的问题，本质上讲，这是一个短期的问题，因为试点意味着过渡，过渡就需要平稳。但平稳过渡之后要涉及的一定是通过完善方案实现制度的优化。

（一）试点方案的实践性问题

水资源税于2016年7月开始在河北省进行试点推进，根据前文分析，由于目前的水资源税试点方案是对原水资源费制度的“平转”，并基本沿用河北省的试点方案，因此，尽管目前水资源费改税方案存在很多优点，比如，和原水资源费相比其调节功能和征管的规范化程度都将得到很大的提升，但河北省试点过程中暴露出来的问题也将不可避免地在新的试点地区存在。

---

① 参见《关于印发〈扩大水资源税改革试点实施办法〉的通知》（财税〔2017〕80号）。

② 参见河北省水资源税改革试点工作指导意见（冀政办字〔2016〕89号）。

第一，计税依据的技术条件决定了征管模式的复杂化，将不可避免地提高征管成本。其一，根据上文对水资源税基本要素的分析，水资源税征管中核心的问题是计税依据即用水量的确定。为保证水资源税的征收，必须通过水资源取用计量设施对用水量进行核定。一方面，这一设施的安装不可避免地会增加纳税人的负担；另一方面，由于要对未安装计量设施的纳税人的用水量进行核定，不可避免地会由于征纳矛盾的出现而提高征管成本。其二，计税依据的真实性和合理性在目前的试点方案中要通过水行政部门的确认，因而，这就决定了水资源税的征收在数据采集和适用上需要水行政部门和地方税务部门的协调，相比其他税种而言征管模式进一步复杂化。

第二，多部门协同的征管模式不可避免地带来协调成本的增加。在水资源的征管中，水行政部门主要涉及的是取水许可证和用水量的核定，税务部门涉及的是后期的征管。但水资源税的征管客观上要求两大部门建立起健全的联合监管机制，而目前看，不管是已经试点的河北省，还是刚开始试点的省份，这一协调机制的建立仍需付出一定的协调成本。当然，这是制度过程中不可避免的。

第三，水资源税的设计客观上需要针对不同的行业设定不同的税负标准，以利于水资源的特定调节。这在目前的试点方案中已经有所体现，比如，按照目前的方案，高耗水行业在超采区域采用地下水的税负水平将不可避免地大幅度提升，这将有利于对地下水资源的节约利用和保护。但由于费改税本身也将不可避免地带来部分民生行业税负的增加，比如，在征收水资源费的条件下，居民水价中内含着水资源费，即供水企业通过水资源费加入水价的方式将水资源费转移由用户负担。而水资源费改税之后，一方面，由于用户不是水资源税的纳税人，供水企业也不是水资源税的扣缴义务人，因而，不能直接将原水价中的水资源费由水资源税替换；另一方面，在居民用水价格不变的原则下，供水企业通过税负转嫁的方式降低税负的通道也被固定的水价堵塞。因此，水资源税的征收不可避免地导致类似的民生行业税负的增加。比如，王晓洁等（2017）核算的结果认为在河北省水资源税试点过程中，城镇供水企业每抽取一吨地表水需要承担0.07元税负，每抽取一吨地下水要承担0.27元的税负，税收负担明显增加。

（二）试点方案需要完善的问题

从根本上讲，试点实践中存在以及可能存在的问题都是试点方案中存在不足而致。结合实践中的问题，并利用水资源税的性质对试点方案进行考察，可以发现，水资源税的进一步发展和完善需要处理的问题有两类。

1. 试点方案中的征税规则不足以实现对节约水资源的调节

尽管相关文献已经提到，税收的调节作用依赖于税收的汲取能力，但实际上，税收的调节作用依靠于税制各要素的协调①。因此，水资源税试点方案中的征税规则不足以实现对节约水资源的调节可以从以下进行分析：

第一，税负水平偏低使其对水资源节约利用的调节作用弱化。水资源税税负水平的设置需要考虑水资源调节与保护，同时还需要考虑用水负担能力。由于试点方案"平转"了水资源费的征收标准，因此，也就继承了水资源费征收标准偏低的弱调节缺点。高萍、殷昌凡（2016）在分析了水资源费存在问题的基础上，借鉴国外税负水平，综合考虑居民和企业负担状况的基础上，模拟出了我国合适的水资源税的征收标准，这一模拟标准都大于目前的试点方案标准（表7-4）。

表7-4　试点方案与模拟的水资源税最低平均税额对比

单位：元/立方米

省（自治区）	地表水最低平均税额		地下水最低平均税额	
	模拟结果	试点方案	模拟结果	试点方案
北京	2.0	1.6	4.5	4
天津	2.0	0.8	4.5	4
山西	1.0	0.5	3.5	2

① 陈少克，陆跃祥．税制结构的性质与中国税制改革研究［M］．北京：经济科学出版社，2013：70-76.

续表

省（自治区）	地表水最低平均税额		地下水最低平均税额	
	模拟结果	试点方案	模拟结果	试点方案
内蒙古	1.0	0.5	3.5	2
山东	0.8	0.4	2.5	1.5
河南	0.8	0.4	2.5	1.5
四川	0.4	0.1	1.0	0.2
陕西	0.6	0.3	1.5	0.7
宁夏	0.6	0.3	1.5	0.7

模拟结果来源：高萍，殷昌凡．设立我国水资源税制度的探讨——基于水资源费征收实践的分析［J］．中央财经大学学报，2016（1）．

尽管水资源税试点方案税率设定标准在区分地下水与地表水的基础上，考虑到水资源的紧缺程度、是否超采区以及用水主体的特点，保证对水资源的调节更具针对性。最低平均税额标准偏低能够保证费改税的平稳过渡，但其调节力度显然受到了一定程度的弱化。

第二，在纳税人和课税环节的设置上存在不利于节约水资源调节的因素。在纳税人和课税环节设置上，试点方案规定“直接取用地表水、地下水的单位和个人，为水资源税纳税人”，这一设置对用水行为调节主要表现为对企业的约束，通过水资源使用内化为企业成本－利润的权衡能够促进企业采用节水行为达到节水的调节作用。河北省的试点中也确实出现了一些高耗水企业因为水资源税的作用而关停的现象。但是由于课税环节设置在直接取用水环节，因而，对间接用水行为的约束力弱化。就居民生活用水而言，按照试点方案的规定，居民并不是水资源税的纳税人，因而，对居民用水行为约束只能通过类似流转税的税负转嫁的方式进行，然而，其一，税负转嫁带来的约束力由于缺乏直接感知的作用而缺乏“感同身受”的约束力。其二，如果没有水价的浮动税负转嫁难以进行的话，不可避免地家中供水企业的税收负担。其三，在水价不能自由浮动情况下，人为地将水资源税加入水价进行税负转嫁，一方面由于企业实际税负没有变化，因而将弱化水资源税对供水企业取用水行为的约束；另一方面又涉及这一行为的合法性问题。根据《中华人民共和国水法》，供水价格按照“补偿成本、合理收益、优质优价、公平负担的原则”确定，即在确定的水价中已经涉及水资源费或水资源税带来的成本补偿问题（只是补偿充分与否的问题），人为将资源税加入水价不但违反现行水法，也挑战了现行水价的确定原则。

第三，在税收优惠的设置上缺乏对纳税人有效的保护，进而影响水资源税的差别调节。税收优惠是保证税收调节作用的关键要素之一，也体现着对纳税人的保护。水资源税试点方案在这一块的缺失表现在：其一，水资源税需要通过一定的高税负实现其整体的调节作用，但整体的高税负必须考虑到居民的纳税能力。从这一角度看，由于我国现行水资源税试点缺失了对居民用水税收优惠条款的设置，在强调不增加用水负担的情况下，只能采取低税额标准，弱化水资源税整体的调节能力。其二，现行水资源税试点方案认识到用水量计量的重要性，因而，要通过取水许可和用水计量设施的安装保证计税依据的客观性和准确性，而取水许可特别是水用计量设施的安装本质上讲属于征税条件，由纳税人承担征税条件的成本，一方面加重纳税人负担，同时也构成征纳冲突，增加征管成本，进而限制水资源税的调节作用。

2. 试点方案中的用税规则不足以实现对水资源的有效保护

如果说节水需要通过征税规则实现，那么，水资源的保护就需要通过用税规则来实现。目前水资源税的试点方案规定，水资源税税收收入全部归属于地方政府。从整个税制的角度看，这一规则体现了对地方税体系完善的考虑。但是，这一规则能否实现水资源的保护？

第一，从水资源管理事权的角度看，根据政府间财政关系，从“花钱”与“办事”相统一的角度看，水资源管理方面的事权不单一归属地方政府意味着水资源税不能由地方政府独享。陈少英、王一骁（2016）对现行法律对水资源管理事权的划分进行了梳理（表7－5）认为，目前我国中央、省和县都享有一定的水资源管理事权，而且中央政府承担的事权是“量多质少”，因此，水资源税的税收收入由地方独享将影响到水资源管理事权的有效实施，进而影响水资源管理效能。

表 7－5　现行法律对水资源管理事权的划分

类型	中央	省	县
规划指导类			
划定水功能区、饮用水源保护区	√	√	√
跨区域水中长期供求计划、水量分配	√	√	
拟定水利专业技术标准	√	√	
水利中长期发展规划	√		
国民经济总体规划、城市规划、重大建设项目用水、防洪论证	√		
编制节水计划	√		
水利资金使用宏观调控	√		
审批类			
审查水利基建项目建议书、可行性报告	√	√	√
审批水土保持方案			√
组织实施类			
取水许可	√	√	√
水利设施、水域、岸线管理与大江大湖河口岸线滩涂治理开发	√	√	
协调、仲裁部门间、省份间用水纠纷	√		
水利外事	√		
水利科研、技术推广	√		
农村水利基建、水电电气化、乡镇供水	√		
建设、管理控制性或跨省水利工程	√		
水政监察、执法，调处水事纠纷		√	√
城乡供水管理		√	√
水土流失监测和综合治理		√	
监督落实类			
监督基建项目涉水计划方案的落实	√		√
功能区、保护区监督管理			√
其他法定财政资金配置			
水土保持实施资金		√	√
宣传教育、表彰节约用水先进资金			√

资料来源：陈少英，王一骁．论水资源税生态价值之优化——以央地收益权分配为视角［J］．晋阳学刊，2016（2）．

第二，必须承认，单单从水资源管理事权的划分来讨论水资源税税收收入归属是不够的，甚至是不科学的。表7－4中的事权在财政收支分类科目中属于农林水事务（类级）下水利（款级）的内容，在没有水资源税之前，这些事务已经在财政分权体系中存在并执行，而且大多属于经常性支出项目由经常性收入来满足。利用水资源税税收收入无法也不可能完成这些事项（就像城市的维护建设不可能单单由城市维护建设税来满足，教育支出也不可能仅有教育费附加来满足一样）。水资源税是一个特定调节的税种，因此，如何使用水资源税只能充分考虑水资源本身的性质以及如何能够有效地对水资源进行保护。根据水资源税的立法本意，水资源税并不是要考虑增加财政收入，而是调节并保护水资源，即实现水资源的生态价值。因此，水资源税只能作为一种专项税而专款专用于水资源保护的业务性支出上。但水资源具有连锁性的特点，因此，《中华人民共和国水法》规定了我国“流域管理与区域管理相结合”的水资源管理的体系。当然，如果进一步关注“流域管理”的实质，即按照杨绍平、何云（2013）的界定，“各流域管理机构能够实际发挥监督作用的仅限于那些由中央投资并由流域管理机构负责组织实施的部分和由流域管理机构直接管理的河段或工程范围内的建设项目”①，那么，加强流域管理需要增强中央在流域性水资源管理中的作用。这将意味着中央政府需要分享水资源税。这一管理体系本身意味着作为专享税的水资源税的税收收入不能作为地方的独享税。因此，水资源税试点方案中将水资源税归属于地方政府将破坏通过“流域管理”进行有效水资源保护的业务需要进而破坏水资源税应有的性质。

四、水资源税制的完善思路

水资源税制应该在不断总结试点经验和不足的基础上，立足于实现水资源的生态价值，通过税制要素的合理调整实现水资源的节约利用和水资源的有效保护。据此，我们认为，水资源税制在改革和完善中需要进行如

① 杨绍平，何云．水法学案例教程［M］．北京：中国水利水电出版社，2013：79.

下调整安排：

第一，在考虑纳税人合理负担的基础上，充分考虑水资源税的调节作用，适时提高水资源税税负水平。比如，最早开征水资源税的荷兰，由于税负水平偏低（整体不到饮用水成本的1%），其水资源的节约和保护效果受到了较大的影响。由于水资源的分布不均，我国现行水资源税考虑到调节强度的不同设置税率下限，即最低平均税额。在税率下限设置中应充分考虑经济发展水平和水资源保护状况的区域性特征。从国际经验上看，俄罗斯在水资源税税率设置上综合考虑了季节性因素和不同河流的具体特征。德国不同地方水资源税税负水平不同，但整体上考虑到水资源的区域分布、水质以及水资源的用途（公共供水的取水税率低）等因素。当然，税负水平的确认也应和课税环节以及纳税人结合起来考虑。

第二，适时完善课税环节设置，完善纳税人以及扣缴义务人的规范。基本原则是保证纳税人有“感同身受”的税负以提高节约用水的意识。当然，这是一个需要综合考虑的问题。首先，课税环节应包含所有的取水和用水（含售水）环节，以保证水资源税对所有纳税人的调节。同时，将税负水平的考虑因素结合起来：整体的水资源税税负水平在不同环节进行合理配置，在此基础上，取水环节税负水平应综合考虑水资源本身的性质（丰度、水质等）、季节性、区域性等特征；用水环节主要考虑水资源的用途。其次，和课税环节相适应，将纳税人定义为所有取、用水的单位和个人。但在居民用水环节，从降低征管成本的角度，可以将供水企业设定为居民用水的水资源税扣缴义务人。

第三，在税收优惠设置上，其一，如果采用取水和用水环节均课税的模式，为了保证取水企业税负水平不至于过高，可根据不同的水耗（取水量和用水或售水量之间的差额）水平设置相应的税收扣除：水耗高的设置低扣除标准，水耗低的设置高扣除标准。其二，对于有助于提高水资源税征收的专用设备的购置，如水量计量设施，可以借鉴增值税税控系统专用设备的方式在应纳税额中进行一定的抵减。其三，在居民生活用水上借鉴国际惯例采用低税率，对农业灌溉用水采用限额制，即限额用水标准之外课征。由于水资源税要发挥的是特定的调节和保护水资源的作用，因而，税收优惠应该尽可能减少。

第四，在水资源税的使用上，保证水资源税转款专用于水资源保护的基础上，合理划分水资源税在政府之间的分享比例。其一，如前文分析，水资源税不能作为地方税种，一方面，水资源保护事权并不是集中在地方政府；另一方面，将水资源税设为地方税种，在地方政府追求税收收入的作用下不可避免会损害水资源输出地居民利益（陈少英，王一骁，2016）。其二，应充分考虑水资源保护业务在政府之间的界区进行合适的央地划分。从国际经验的角度看，俄罗斯水资源税由中央和地方共享，专款专用。根据《俄罗斯联邦水法》规定，俄罗斯水资源税款40% 纳入联邦预算，另 60% 纳入联邦主体预算。

当然，水资源税的改革与完善还需要诸多配套措施：还需要税务部门和水行政主管部门，乃至住建部门之间的协调机制、信息共享、协同监管等机制的建立。同时，由于水价机制涉及纳税人用水负担问题，同时也对税率设置存在一定的影响，比如在水价机制比较健全的国家征收水资源税可以采用从价计征的方式，提高水资源税的调节能力，因而水价改革与完善也将对资源税的完善起到一定的促进作用。但税制以及相关配套措施都要在对水资源税的基本性质形成共识的基础上不断完善，才能发挥水资源税在节约水资源、保护水资源方面的作用。

参考文献

中文文献(著作类)

1. 马克思恩格斯全集(第4卷)[M].北京:人民出版社,1958.

2. 马克思恩格斯全集(第8卷)[M].北京:人民出版社,1961.

3. 马克思恩格斯全集(第2卷)[M].北京:人民出版社,1972.

4. 列宁全集(第1卷)[M].北京:人民出版社,1984.

5. 斯拉发.李嘉图著作和通信集[M].北京:商务印书馆,1981.

6. 西斯蒙第.政治经济学原理[M].北京:商务印书馆,1981.

7. 威廉·配第.配第经济著作选集[M].北京:商务印书馆,1981.

8. 魁奈.魁奈经济著作选集[M].北京:商务印书馆,1981.

9. 萨伊.政治经济学概论[M].北京:商务印书馆,1982.

10. 大卫·休谟.休谟经济论文选[M].北京:商务印书馆,1984.

11. 米尔顿·弗里德曼,罗斯·弗里德曼.自由选择[M].北京:商务印书馆,1982.

12. A.E.门罗.早期经济思想——亚当·斯密以前的经济文献选集[M].北京:商务印书馆,1985.

13. 大卫·纽伯里,尼古拉斯·斯特恩.发展中国家的税收理论[M].北京:中国财政经济出版社,1992.

14. 马斯格雷夫.比较财政分析[M].上海:上海人民出版社,上海三联书店,1996.

15. 威尼·瑟斯克.发展中国家的税制改革[M].北京:中国人民大学出版社,2001.

16. 锡德里克·桑福德. 成功试制改革的经验与问题——成功的税制改革[M]. 北京:中国人民大学出版社,2001.

17. 高峻伊东,安恩·克鲁杰. 税制改革的政治经济学[M]. 北京:中国人民大学出版社,2001.

18. 庇古. 福利经济学[M]. 北京:商务印书馆,2003.

19. 哈维·罗森. 财政学[M]. 北京:中国人民大学出版社,2008.

20. 劳伦·勃兰特,托马斯·罗斯基. 伟大的中国经济转型[M]. 北京:格致出版社,上海人民出版社,2009.

21. 伯纳德·萨拉尼. 税收学[M]. 北京:中国人民大学出版社,2009.

22. 马海涛. 中国税收风险研究报告[M]. 北京:经济科学出版社,2011.

23. 李景铭. 中国财政史[M]. 北京:北平华北大学,1936.

24. 齐涛. 中国古代经济史[M]. 济南:山东大学出版社,2007.

25. 黄少安. 制度经济学[M]. 北京:高等教育出版社,2008.

26. 克鲁伯,等. 服务业的增长:原因与影响[M] . 上海:上海三联出版社,1993.

27. 李炜光. 李炜光说财税[M]. 保定:河北大学出版社,2011.

28. 王磊. 税收社会学[M]. 北京:经济科学出版社,2011.

29. 许善达. 中国税收负担研究[M]. 北京:中国财政经济出版社,1999.

30. 李俊生. 财政效率论[M]. 大连:东北财经大学出版社,1994.

31. 全国注册税务师执业资格考试教材编写组. 税收相关法律[M]. 北京:中国税务出版社,2011.

32. 程恩富,余斌,马艳. 中级现代政治经济学[M]. 上海:上海财经大学出版社,2012.

33. 中国注册会计师协会. 税法[M]. 北京:经济科学出版社,2012.

34. 世界银行. 1988 年世界发展报告[M]. 北京:中国财政经济出版社,1988.

35. 程恩富,等. 劳动创造价值的规范与实证研究[M]. 上海:上海财经大学出版社,2005.

36. 郝春虹. 多元目标约束下的中国税制优化研究——理论与实证[M]. 北京:中国财政经济出版社,2005.

37. 胡怡建,许文. 税收逃逸的形成与治理[M]. 上海:上海人民出版社,2007.

38. 李华罡. 税制结构变迁与优化的政治经济学分析[M]. 北京:中国税务出版社,2009.

39. 刘鹏. 中国税收效率问题[M]. 上海:上海三联出版社,2010.

40. 高培勇. "十二五"时期的中国财税改革[M]. 北京:中国财政经济出版社,2010.

41. 马艳. 现代政治经济学数理分析[M]. 上海:上海财经大学出版社,2011.

42. 蔡昌,张云华,郭宏宇,等. 中国财税研究——前沿政策案例[M]. 上海:立信会计出版社,2011.

43. 李永刚. 中国税制改革研究——基于拓展的最优税制理论[M]. 北京:立信会计出版社,2012.

44. 陈少克,陆跃祥. 税制结构的性质与中国税制改革研究[M]. 北京:经济科学出版社,2013.

45. 杨绍平,何云. 水法学案例教程[M]. 北京:中国水利水电出版社,2013.

中文文献(论文类)

46. 王亘坚. 我国税制改革的理论依据[J]. 财贸经济,1985(11):26-31.

47. 杜猛崑. 经济体制的转换与税收战略思想的转变[J]. 经济研究,1986(7):67-70.

48. 邓子基. 深化税制改革的理论分析与政策选择[J]. 财政研究,1988(5):42-46.

49. 程永昌. 走出税制改革理论研究的误区[J]. 吉林财贸学院学报,

1989(4):20－23.

50. 白景明. 加强直接税体系建设应成为税制结构改革的重点[J]. 涉外税务,1996(10):23－25.

51. 雅萨奇. 关于优化税制的管理成本[J]. 税收译丛,1997(5).

52. 邓力平. “理想优化”还是“现实优化”——新时期税制改革思想的选择[J]. 涉外税务,1997(1):18－21.

53. 维托·坦兹. 有效税制的质量特征[J]. 税收译丛,1998(3).

54. 邓力平. 优化税制理论与西方税制改革新动向[J]. 税务研究,1998(2):18－23.

55. 刘溶沧,马珺. 税收中性:一个理论经济学的分析[J]. 涉外税务,1999(1):9－13.

56. 夏杰长. 21 世纪世界税制改革的理论和经济背景、面临的困难与对策[J]. 经济研究参考,2000(24):39－45.

57. 贾康,白景明. 县乡财政解困与财政体制创新[J]. 经济研究,2002(2):3－9.

58. 阎坤,曹亚伟. 我国社会保障税制设计构想[J]. 税务研究,2003(5):43－49.

59. 刘怡,聂海峰. 间接税负担对收入分配的影响分析[J]. 经济研究,2004(5):22－30.

60. 林江,周征帆. 广东省“三资”工业企业税收流失估算及对策[J]. 涉外税务,2005(7):37－41.

61. 申嫦娥. 中国的经济增长、需求约束与税收结构[J]. 税务与经济,2006(6):64－68.

62. 陈金池. 正确认识税收中性原则[J]. 现代经济探讨,2006(5):85－87.

63. 石金黄,韩东林. 市场经济下税制改革的理论基础——税收相对中性论[J]. 特区经济,2007(2):157－159.

64. 冯文荣,陈少克. 地方政府行为与县乡财政困难的形成——基于两种预算约束的分析[J]. 宁夏社会科学,2007(6):38-42.

65. 周全林. 政府课税公平的影响因素分析[J]. 当代财经,2007(7):35-40.

66. 焦耘. 观念对税制结构变迁的影响分析[J]. 特区经济,2007(10):262-264.

67. 王国清. 马克思主义政治经济学教研中的"税收误区"和"税收盲区"释疑[J]. 财政研究,2008(2):12-15.

68. 张阳. 中国企业所得税税负归宿的一般均衡分析[J]. 数量经济技术经济研究,2008(4):131-141.

69. 冯文荣,陈少克. 珠海市外资企业税收流失测评与防范——基于转让定价避税的研究视角[J]. 郑州航空工业管理学院学报,2008(4):70-75.

70. 马海涛,肖鹏. 中国税制改革30年回顾与展望[J]. 税务研究,2008(7):27-30.

71. 王志刚. 中国税制的累进性分析[J]. 税务研究,2008(9):16-20.

72. 丰若非,刘建生. 清代杀虎口的实征关税与北路贸易[J]. 中国经济史研究,2009(2):15-26.

73. 马艳,李真. 马克思主义平均利润率变动规律的动态模型[J]. 海派经济学,2007(2).

74. 马艳. 马克思主义资本有机构成理论创新与实证分析[J]. 学术月刊,2009(5).

75. 李玉红,白彦锋. 地方税制改革格局中的主体税种选择问题研究[J]. 中央财经大学学报,2010(6):18-22.

76. 李冷. 现行税制、固定资产投资与中国税收增长持续高于经济增长的分析[J]. 经济问题,2009(10):22-25.

77. 吕冰洋. 我国税收制度与三类收入分配的关系分析[J]. 税务研究,2010(3):28-32.

78. 庞凤喜. 社会保障缴款"税""费"形式选择中若干问题辨析——兼与郑秉文研究员商榷[J]. 财政研究,2010(10):68-71.

79. 童光辉. 财政危机下的税制变迁与税收悖论——我国传统小农经济

与大国财政之间的张力[J]. 中央财经大学学报,2010(9):1 -5.

80. 郭庆旺,吕冰洋. 中国税收负担的综合分析[J]. 财经问题研究,2010(12):3 -10.

81. 吕冰洋,郭庆旺. 中国税收高速增长的源泉:税收能力和税收努力框架下的解释[J]. 中国社会科学,2011(2):76 -90.

82. 陈少克,袁溥. 对个人所得税费用扣除的理论思考——基于劳动力价值构成及其实现的视角[J]. 云南财经大学学报,2011(2):30 -37.

83. 靳万军. 中国增值税改革及其初步思考[J]. 税收经济研究,2011(4):1 -9.

84. 刘海庆,高凌江. 我国税制结构、税负水平与经济增长的关系研究——基于全国30个省级单位面板数据的PVAR分析[J]. 财经理论与实践,2011(5):68 -73.

85. 安体富,任强. 促进产业结构优化升级的税收政策[J]. 中央财经大学学报,2011(12):1 -6.

86. 李波. 税收政策促进产业结构优化的思考[J]. 税务研究,2015(4):17 -21.

87. 周波. 中国财政政策规则及其体制稳定性分析[J]. 数量经济技术经济研究,2012(2):84 -99.

88. 贾莎. 税收"超速增长"之谜:基于产业结构变迁的视角[J]. 财政研究,2012(3):34 -36.

89. 白景明. 经济增长、产业结构调整与税收增长[J]. 财经问题研究,2015(8):56 -61.

90. 李普亮. 产业结构调整与税收增长:抑制还是促进[J]. 税务与经济,2016(1):67 -74.

91. 曹海娟. 产业结构对税制结构动态响应的区域异质性——基于省级面板数据的PVAR分析[J]. 财经研究,2012(10):26 -35.

92. 沈坤荣,余红艳. 税制安排对产业结构的影响[J]. 经济纵横,2014(2):1 -7.

93. 储德银,建克成. 财政政策与产业结构调整——基于总量与结构效应双重视角的实证分析[J]. 经济学家,2014(2):80 - 91.

94. 朱志钢. 个人所得税改革依然任重道远[J]. 中国税务,2011(6):29 - 30.

95. 胡怡建. 推进服务业增值税改革促进经济结构调整优化[J]. 税务研究,2011(6):35 - 39.

96. 贾康. "十二五"税收改革展望[J]. 涉外税务,2011(7):13 - 17.

97. 杨森平,周敏. 调节城乡收入差距的税收政策研究——基于我国间接税的视角[J]. 财政研究,2011(7):72 - 74.

98. 常世旺,杨德强. 贫富差距调节与税制结构优化[J]. 财政研究,2011(8):29 - 32.

99. 刘蓉,何通艳. 产业结构调整视角下的税收制度改革[J]. 税务研究,2011(8):3 - 7.

100. 赵福昌. 税制结构与收入差距研究[J]. 中央财经大学学报,2011(9):19 - 24.

101. 王志刚. 新一轮税制改革的思考:挑战与希望[J]. 金融发展评论,2012(2):145 - 158.

102. 毛程连,侯敬雯. 在华外资经济流转税税收流失规模的比较研究[J]. 江苏大学学报(社会科学版),2012(2):80 - 88.

103. 黄景国. 对我国宏观税负问题的若干思考[J]. 财经理论与实践,1995(5).

104. 郭玉清,连晨浩,蒋冉. 中国最优宏观税负规模的估算[J]. 统计与决策,2007(19).

105. 贺俊,范小敏,曹苏. 基于内生增长模型的中国宏观税负研究[J]. 天津大学学报(社会科学版),2014(2).

106. 罗富政,罗能生. 税收负担如何影响产业结构调整——基于税负层次性和规模的讨论[J]. 产业经济研究,2016(1).

107. 杨灿明,詹新宇. 中国宏观税负政策偏向的经济波动效应[J]. 中国社会科学,2016(4).

108. 马海涛,郝晓婧. 现代化经济体系建设与税制改革[J]. 税务研究,2018(2):5-11.

109. 赵慧敏. 税收治理现代化的逻辑与演进[J]. 当代经济研究,2018(1):77-82.

110. 马海涛,段琦. "供给侧"财政改革背景下的税制重构——基于直接税和间接税相对关系的角度[J]. 苏州大学学报(哲学社会科学版),2016(3):100-109.

111. 贾康. 中国全面配套改革中的直接税改革问题[J]. 税务与经济,2018(5):1-4.

112. 托马斯·斯特纳. 环境税改革:理论、工业化国家的经验及不发达国家前景[A]. 伦达尔,恩杜鲁. 发展经济学新方向:当代的增长、环境与政府[C]. 北京:经济科学出版社,2000:271.

113. 司彦武. 环境税经济效应研究:一个理论综述[J]. 社会科学战线,2009(6):113-118.

114. 王金南. 科学设计环境保护税,引领创新生态文明制度[J]. 环境保护,2015(16):16-20.

115. 张世秋,李彬. 关于环境税的思考[J]. 环境保护,1995(9):21-24+35.

116. 张世秋. 环境税:箭在弦上尚需有的放矢——环境税若干问题讨论[J]. 环境保护,2015(16):31-35.

117. 王金南,等. 打造中国绿色税收——中国环境税收政策框架设计与实施战略[J]. 环境经济,2006(9):10-20.

118. 何云晶,黄德林,路红光,等. 中国环境税征收模式选择研究——基于熵权—模糊综合评判模型[J]. 中国国土资源经济,2013(7):47-52.

119. 邱峰. 开征水资源税的探索(上)——中国应对水资源问题之策[J]. 节能与环保,2013(3).

120. 高萍,殷昌凡. 设立我国水资源税制度的探讨——基于水资源费征收实践的分析[J]. 中央财经大学学报,2016(1).

121. 陈少英,王一骁. 论水资源税生态价值之优化——以央地收益权分配为视角[J].晋阳学刊,2016(2).

122.刘尚希,应亚珍.个人所得税:功能定位与税制设计[J].税务研究,2003(6):24-30.

123.李冬梅,马静.我国资源税改革的经济效应分析[J].东南学术,2014(2):99-104.

124.徐全红.我国资源税改革与基本公共服务均等化[J].中州学刊,2017(6):57-63.

125.徐全红.我国地方税体系构建中的资源税定位与改革[J].河南师范大学学报(哲学社会科学版),2017(3):63-69.

126.王晓洁,郭宁,杨梦.水资源费改税试点:成效、问题及建议[J].税务研究,2017(8):43-47.

127.彭定赟,肖加元.俄、荷、德三国水资源税实践——兼论我国水资源税费改革[J].涉外税务,2013(3):43-47.

128.邓力平,王智烜.发展中国家现代服务业与税收政策:理论模型与经验分析[J].财贸经济,2012(4):5-13.

129.苏玉峰.现代服务业作为经济内生增长引擎的典型相关性分析[J].统计与决策,2016(5):145-148.

英文文献

130. Alan J. Auerbach and Martin Feldstein. Handbook of Public Economics, Volume 2 and 3, New York: Elsevier Science B. V., 2002.

131. Howard and King, "The Political Economics of Marx (2nd)", London: Longman, 1985.

132. J. M. Buchanan, "Constitutional Constraints on Governmental Taxing Power", Stuttgart: Fisher Price Press, 1979, pp. 334-359.

133. Richard A. Musgrave, Peggy B. Musgrave. "Public Finance in Theory and Practice", McGraw-Hill Book Company, 1984.

134. Stern, N. H. "The Theory of Optimal Commodity and Income Taxa-

tion: An Introduction", Oxford: Oxford University Press, 1987.

135. A. B. Atkinson, 1977, "Optimal Taxation and the Direct versus Indirect Tax Controversy", The Canadian Journal of Economics, Vol. 10, No. 4 (Nov., 1977), pp. 590 - 606.

136. Agnar Sandmo, 1981, "Income tax evasion, labor supply, and the equity - efficiency tradeoff", Journal of Public Economics, Vol. 16 (Dec. 1981), pp. 256 - 288.

137. BUN M and MAKHLOUFI A. Dynamic Externalities, Local Industrial Structure and Economic Development. Regional Studies, 2007, 41(6): 823 - 837.

138. ANGELOPOULOS K, PHILIPPOPOULOS A. Tax Structure, Growth and Welfare in the UK. Oxford Economic Papers, 2008, 64(2): 237 - 258.

139. AMOLD J, SCHWELLNUS C, AMOLD J. Do Corporate Taxes Reduce Productivity and Investment at the Firm Level? Cross - country Evidence from the Amadeus Dataset. OECD Economics Department Working Papers, 2008(9).

140. Arndt, H. W., "R. I. Downing, Economist and Social Reformer", Economic Record, Vol. 52, September 1976.

141. Atkinson, A. B. and J. E. Stiglitz, 1976. "The Design of Tax Structure: Direct vs. Indirect Taxation", Journal of Public Economics 6, pp. 55 - 75.

142. Bird, Bird M., Eric M. Zolt, "Redistribution via taxation: The limited role of personal income tax in developing countries", UCLA Law Review, 2005, 52: pp. 1627 - 1696.

143. Cagetti Marco, Mariacristina De Nardi, "Estate Taxation, Entrepreneurship, and Wealth", American Economic Review, 2009, 99(1): pp. 85 - 111.

144. Christine Wong, 1991, "Central - local relations in a era of fiscal decline: the paradox of fiscal decentralization in post - Mao China." The China Quarterly, 28, 69 - 715.

145. Delia M. Boylan. "Taxation and Transition: The Politics of the 1990 Chilean Tax Reform", Latin American Research Review, Vol. 31, No. 1

(1996), pp. 7 -31.

146. Daniel Mullins and Bruce Wallin, “Tax and Expenditure Limitation: Introduction and Overview”,Public Budgeting & Finance,24(Winter 2004):2 -5.

147. Emmanuel Saez, 2004, “Direct or Indirect Tax Instruments for Redistribution: Short - run Versus Long - run”, Journal of Public Economics, 2004 (88), pp.503 -518.

148. Emran, M. Shahe and Joseph E. Stiglitz. 2005. “On Selective Indirect Tax Reform in Developing Countries”, Journal of Public Economics 89, pp. 599 -623.

149. F. P. Ramsey, 1927, “A Contribution to the Theory of Taxation”, the Economic Journal, Vol. 37, No. 145 (Mar., 1927), pp. 47 -61.

150. F. Y. Edgeworth, 1897, “The Pure Theory of Taxation”, the Economic Journal, Vol. 7, No. 25 (Mar., 1897), pp. 46 -70.

151. Heer Burkhard, Mark Trede, “Efficiency and distribution effects of a revenue - neutral income tax reform”, Journal of Macroeconomics, 2003, 25: pp.87 -107.

152. J. A. Mirrlees, 1971, “An Exploration in the Theory of Optimum Income Taxation”, the Review of Economic Studies, Vol. 38, No. 2 (Apr., 1971), pp. 175 -208.

153. James Alm. 1996, “What is an ‘Optimal’ Tax system?” National Tax Journal, Jan. 1996,pp.157 -178.

154. Joel Slemrod, 1990, “Optimal Taxation and Optimal Tax Systems”, Journal of Economic perspectives,Vol.4(Winter, 1990),pp.157 -178.

155. Joram Mayshar, 1990, “On Measures of Excess Burden and Their Applications”, Journal of Public Economics, Vol.43 (Dec. 1990), pp.263 -289.

156. Louis Kaplow, 2006, “On the Undesirability of Commodity Taxation Even When Income Taxation is not Optimal”, Journal of Public Economics, 2006 (90), pp.1235 -1250.

157. Marc Fleurbaey, 2006, "Is Commodity Taxation Unfair?" Journal of Public Economics, 2006(90), pp. 1765 – 1787.

158. Peter A. Diamond, 1998, "Optimal Income Taxation: An Example with a U – Shaped Pattern of Optimal Marginal Tax Rates", The American Economic Review, Vol. 88, No. 1 (Mar., 1998), pp. 83 – 95.

159. Piggott, John and John Whalley. 2001. "VAT Base Broadening, Self Supply, and the Informal Sector", American Economic Review 91, pp. 1084 – 1094.

160. Roger Gordon and Wei Li. "Tax Structures in Developing Countries: Many Puzzles and a Possible Explanation", UCSD and University of Virginia working paper.

161. Stern, N. H., 1976, "On the Specification of models of optimum Income Taxation", Journal of Public Economics, (Jul., 1976), pp. 123 – 162.

162. Sandmo, A. (1975): "Optimal Taxation in the Presence of Externalities", Swedish Journal of Economics, No. 77, pp. 86 – 98.

163. W. J. Corlett and D. C. Hague, 1953, "Complementarity and Excess Burden of Taxation", the Review of Economic Studies, Vol. 21, No. 1 (1953 – 1954), pp. 21 – 30.

164. Wang Zhi, Fan Zhai, "Tariff Reduction, Tax Replacement, and Implications for Income Distribution in China", Journal of Comparative Economics, 1998, 26: pp. 358 – 387.

165. K. Marsden. Link between Taxes and Economic Growth: Some Empirical Evidence, World Bank Staff Working papers, No. 605, 1983.

166. Pearce, D. The role of carbon taxes in adjusting to global warming[J]. Economic Journal, 1991(101):938 – 948.

167. Bovenberg, L. and R. de Mooij. Environmental levies and distortionary taxation[J]. American Economic Review, 1994(84):1085 – 1089.

168. Bovenberg, L., F. van der Ploeg. Consequences of environmental tax reform for unemployment and welfare[J]. Environmental and Resource Econom-

ics,1998(12):137 - 150.

169. Engen, E. M. , Skinner, J. S. . Taxation and Economic Growth. Fiscal Studies,1996,21(1) : 141 - 168.

170. Kneller, R. , Bleaney, M. , Gemmell, N. . Fiscal Policy and Growth: Evidence from OECD Countries. Journal of Public Economics,1999,74(2) : 171 - 190.

171. Widmalm, F. Tax Structure and Growth: Are Some Taxes Better than Others? . Public Choice,2001,107(4) : 199 - 219.

172. Koch, S. F. , Schoeman, N. J. , Tonder, J. J. V. . Economic Growth and the Structure of Taxes in South Africa: 1960 - 2002. South African Journal of Economics,2005,73(2) : 190 - 210.

173. Johansson, A. , Heady, C. , Arnold, J. , et al. . Taxation and Economic Growth. Paris: OECD Economics Department,2008.

174. Bujang, I. , Hakim, T. A. , Ahmad, I. . Tax Structure and Economic Indicators in Developing and High - income OECD Countries: Panel Cointegration Analysis. Procedia Economics & Finance,2013,7: 164 - 173.

175. Adkisson, R. V. , Mohammed, M. . Tax Structure and State Economic Growth During the Great Recession[J]. Social Science Journal,2014,51(1) : 79 - 89.

176. Arnold, J. , Schwellnus, C. . Do Corporate Taxes Reduce Productivity and Investment at the Firm Level? Cross - country Evidence from the Amadeus Dataset. OECD Economics Department Working Papers 641,2008.

177. Martin, R. , Preux, L. B. D. , Wagner, U. J. . The Impact of a Carbon Tax on Manufacturing: Evidence from Microdata. Journal of Public Economics,2014,117:1 - 14.

178. Temimi, A. , Zeitun, R. , Mimouni, K. . How Does the Tax Status of a Country Impact Capital Structure? Evidence from the GCC Region. Journal of Multinational Financial Management,2016,37: 71 - 89.

179. Stephen R. Lewis. Taxation for Development: Principles and Applica-

tions. Beijing: China Financial Economic Publish House,1998:234 -244.

180. J. Snape, J. de Souza. Environmental Taxation Law: Policy, Contexts and Practice. Vermont: Ashgate Publishing Company,2006: 116.

索　引

后 记

我战战兢兢地为书稿画上了一个不充实的句号，虽然稍感轻松，却不敢充分放松。在我的书桌、书架上和电脑里还存放着我读过的与尚未读完的书籍、杂志以及网上下载的已经没有出处的文献。我知道，这些文献构筑并不断地发展着现代税收理论，其思想指导并不断影响着各个国家、各个领域的税制改革实践，也影响着一批又一批在税收理论中探索的学子。在他们的影响和熏陶中，我也在税收领域学习、工作和探索了这么多年，奇妙的税收理论和复杂玄妙的税制体系常常让我“一头雾水”，也因此不断地刺激着我的好奇心。我常常在税收课堂上挥洒自如，却也常常熬夜至凌晨，翻读着各种税法条文；我也常常因为灵感释然，一篇税收政策方面的文章一气呵成……但更多的时候我却为税收理论掌握得不扎实而坐立不安，也因此常常生疑：我算不算税收领域中合格的学子？……但既然走上这条路，既然决心坚持走下去，那么，就不应害怕“路漫漫其修远兮”，需要的是鼓足勇气，“吾将上下而求索”！

本书是近几年对中国税制改革相关方面思考的总结。近年来中国税制改革一直在“新一轮税制改革”的框架下艰难推进，然而，正如本书提到的，中国税制的增长型税制结构的特性需要一个能使中国税制与经济社会可持续发展相互轨制的根本性的税制改革。而这个根本性的税制改革的方向需要从税制结构的性质研究入手。因此，本书从对税制结构性质的研究入手，通过对增长型税制结构、发展型税制结构的研究，将发展型税制结构作为税制改革的方向，并以此探讨中国税制改革问题。当然，在任何时期税制改革或调整都要与该时期经济发展方式相协调，研究中国税制问题需要探讨中国税制与经济发展方式的协调性问题。

本书是在我博士学位论文的基础上，经过五年多来的重新思考不断完善而形成的。因此，首先要感谢我的博士研究生导师陆跃祥教授，我的论文从选题、开题、初稿形成到定稿的每一个环节都包含着陆老师无尽的辛劳。从拜入陆老师门下那一天起，陆老师就一直鼓励我在中国财税问题上进行深入研究，并指导我从马克思经济学的角度对税制结构问题进行探讨。

感谢我的硕士研究生导师冯文荣教授，冯老师将我带入了财政税收研究领域，她的耐心指导为我后来继续从事财税问题研究奠定了较好的基础。特别是，在北师大珠海分校三年的任教过程中，冯老师又直接指导了我的教学过程，使我能够在高校的讲台上感受教学相长的美妙。在攻读博士学位期间以及博士毕业之后，冯老师也给予我很大的生活和学业上的支持，并对我的研究计划提出了中肯的建议。

在本书形成过程中，我的研究生程大燕、王银迪以及河南大学法学院本科生翁斌同学经常参与课题的研讨并直接参与部分工作：程大燕参与了第四章和第七章部分内容的撰写；王银迪参与了第六章和第七章部分内容的撰写；翁斌同学参与了第六章部分内容的撰写，并从法学的角度提出了有益的建议。同时，三位同学还参与了本书全部内容的校对工作。在此，对他们的辛苦努力表示感谢。

本书是我主持的教育部人文社会科学研究基金（14YJC790014）的成果，本书的出版得到中国经济出版社的大力支持，在此深表谢意。

税制改革问题是一个宏大的研究课题，涉及问题多且复杂。受作者学识、水平所限，本书有许多问题无法深入研究，错漏在所难免，敬请各界朋友批评指正。

陈少克

2018 年 12 月

于开封鼎立·国际城